CAMILLE DESMOULINS

CAMILLE DESMOULINS.

Frontispice.

Pl. 1

JULES CLARETIE

DE L'ACADÉMIE FRANÇAISE

CAMILLE DESMOULINS

OUVRAGE ILLUSTRÉ

DE 35 GRAVURES TIRÉES HORS TEXTE

ET DE DEUX LETTRES AUTOGRAPHES

PARIS

LIBRAIRIE HACHETTE ET Cie

79, BOULEVARD SAINT-GERMAIN, 79

1908

PRÉFACE

Il est dans l'histoire *des figures privilégiées qui passent à travers les drames les plus sombres en gardant toujours le charme d'un sourire et comme le rayonnement de l'amour. Une légende attendrie se forme autour de leur mémoire et l'auréole de la pitié en fait, jusque dans l'étude attentive de leur vie par les documents et par les textes, des personnages de roman dont les générations se transmettent avec une sorte de tendresse la mémoire. Tel est Camille Desmoulins qui nous apparaît en pleine Terreur au bras de sa Lucile et semble marcher avec elle à l'échafaud comme jadis, au seuil de Saint-Sulpice ; — la martyre ayant remis une robe blanche telle qu'elle la portait pour marcher à l'autel.*

La postérité est femme. Et elle a souri à Camille comme Lucile lui souriait. Elle lui a beaucoup pardonné parce qu'il fut beaucoup aimé. Son appel à la pitié traversera les siècles aussi sûrement que ses dernières et déchirantes lettres d'amour. Le petit avocat de Picardie devenu un gamin de Paris nous apparaît, tout à coup, transfiguré par l'idée de clémence, comme un justicier dans son journal, comme un poète dans sa douleur. Il tient de Tacite et de Shakespeare. Et elle, la jeune fille aux cheveux blonds, se change sans effort en romaine, mourant comme celui à qui son cœur de femme avait enseigné la douceur et les larmes.

Et cette poignante histoire garde ainsi comme un reflet de légende ; — et l'avenir s'attendrira éternellement devant ces deux jeunes têtes coupées qui échangeront toujours, dans la séparation suprême, leur dernier regard et leur dernier baiser.

Jules CLARETIE.

CAMILLE DESMOULINS
ET LES DANTONISTES

CHAPITRE PREMIER

LES PREMIÈRES ANNÉES

I. L'HOMME ET LE TERROIR || VOYAGE A GUISE || LA VIEILLE ET LA NOUVELLE VILLE || MAISON NATALE DE CAMILLE DESMOULINS || LA FAMILLE. II. NAISSANCE ET ÉDUCATION DE CAMILLE || LE COLLÈGE LOUIS-LE-GRAND || L'ABBÉ BÉRARDIER || DÉBUTS DE CAMILLE AU BARREAU. III. LA FRANCE EN 1789 || LES « CAHIERS » DES ÉTATS GÉNÉRAUX || ASSEMBLÉE ÉLECTORALE A GUISE || M. DESMOULINS LE PÈRE || DOLÉANCES DE LA PAROISSE DE CHAILLEVOIS || LE « LIVRE ROUGE ». IV. BROCHURES ET PAMPHLETS || LA « PHILOSOPHIE AU PEUPLE FRANÇAIS » DE CAMILLE DESMOULINS (1788) || L' « ODE AUX ÉTATS GÉNÉRAUX » || LA JEUNESSE DE CAMILLE || CHATEAUBRIAND || LE PALAIS-ROYAL || MOMORO ET LA « FRANCE LIBRE » || LE 13 JUILLET || LA COCARDE VERTE || LA PRISE DE LA BASTILLE.

I

C'EST une vérité que l'homme garde toujours au fond de la poitrine un peu de l'air natal dont son enfance et sa jeunesse ont été nourries. Le sol, en plus d'un cas, explique le tempérament et la vie de l'être qu'il a produit. Pourquoi ne pas demander au village, au coin de rue, à la demeure paternelle, s'ils n'ont point gardé quelque secret souvenir du personnage célèbre dont ils ont entendu les premiers cris, surpris ou abrité les premiers rêves? Il semble que les choses ont leurs regrets, comme elles ont leurs larmes, et qu'on retrouve en elles trace des existences qu'elles virent naître, se développer et mourir. D'ailleurs, l'âpre besoin qu'on a de tout connaître aujourd'hui force l'historien à étudier, pour ainsi dire, le décor de son drame, avant d'en raconter les actes divers.

Ce fut un matin d'avril, pendant que grondait autour de Paris le canon de la guerre civile, que je voulus aller demander à Guise des souvenirs de Camille Desmoulins, le « gamin de génie » que Paris attira, séduisit et garda pour jamais.

J'éprouvais à faire ce voyage une émotion réelle. Il semble, encore un coup, que les spectres des morts célèbres et que leur ombre « reviennent » où demeure leur souvenir. La petite ville de Guise que Camille évoquait au plus fort de la tempête révolutionnaire, comme un asile trop tôt quitté, comme un humble paradis à jamais perdu, cette tranquille cité du Vermandois, j'avais hâte de la voir et de l'interroger. Avait-elle fidèlement conservé la mémoire d'un de ses plus célèbres enfants? Cette partie jadis si lettrée de la Picardie était-elle reconnaissante à Camille Desmoulins de la gloire littéraire qu'il fit rejaillir sur elle? L'esprit du terroir a changé depuis cinquante ans; cet esprit narquois, railleur, gouailleur, *littérateur* et conteur à la façon des fabliaux, cet esprit frondeur de Picardie s'est tu peu à peu devant l'esprit de spéculation, d'industrie, qui a envahi tout le pays. Il ne reste plus à Vervins, à Guise, que de rares exemplaires de ces vieux érudits de province, tous gens fort savants et laborieux, travaillant dans leur pénombre à quelque œuvre patiente, loin de la grande lumière, mais plus près peut-être de la vérité. Sans doute je marchais à une déception et je n'allais pas même, là-bas, retrouver le fantôme de Camille.

On ne devine point, on ne pressent pas de loin la petite cité laborieuse de Guise lorsqu'on suit la route de Saint-Quentin à Guise, route peu accidentée, sans pittoresques surprises, mais riche, heureuse, avec des horizons de cultures et de blé. On aperçoit à peine, à l'horizon, lorsqu'on approche, la haute tour du château, puis, tout à coup, en descendant la côte par une sorte de faubourg aux maisons couvertes de chaume, on se trouve avec étonnement dans une ville curieuse d'aspect, calme, assoupie, vraie cité du temps jadis, dont les demeures qui, presque toutes, datent du dix-septième siècle, semblent reposer à l'abri du château fort, debout encore et solide au sommet d'une abrupte montée.

Il y a comme partout, au surplus, deux villes distinctes dans cette petite cité de Guise : la vieille et la nouvelle, mais la vieille domine encore. La vieille ville du quinzième et du seizième siècle, bâtie sur la colline, auprès du château ; la ville que nous montre, avec son vieux donjon et ses remparts aujourd'hui démolis, l'eau-forte de Joh. Peeters Delin (1572), n'existe plus, à vrai dire. Guise presque tout entière semble contemporaine de Desmoulins, des premières années de la Révolution. Mais cette demi-vétusté nous suffisait, à nous qui cherchions seulement la trace des mœurs et des souvenirs du dix-huitième siècle.

Les toits sont hauts, garnis d'ardoises ; les rues conservent encore l'aspect qu'elles avaient en 1750. Des crampons de fer, en forme de chiffres, incrustés dans les bâtiments, donnent la date de tous ces logis de petits bourgeois et de commerçants. On reconstitue, en longeant ces rues étroites mais régulières, la vie intime de jadis. On revoit dans les marchands et les débitants d'aujourd'hui les boutiquiers d'autrefois, les merciers, les drapiers. Le petit hôtel de ville au clocheton ardoisé n'entend plus, depuis des années, le tintement de son carillon, mais c'est bien là, on le devine, le timbre qui chantait toutes les joies et célébrait tous les deuils de la commune. Qu'il est humble et petit, cet hôtel de ville ainsi placé au pied du château fort, sous le regard de la citadelle et comme sous la menace de ses canons ! Il ne subsiste, dirait-on, que par la condescendance de cette perpétuelle menace, et le château, d'un seul coup, pourrait l'écraser. Mais la grosse masse de pierre n'est que la force, la puissance brutale, et la masure où s'entassaient les papiers de la cité, les actes de naissance, de mariage, les registres, les parchemins, la vieille maison de tous représente la loi. Ceci dure, et cela meurt. Les herbes parasites, la joubarbe et le lierre, rampent autour de la citadelle ou s'incrustent dans les interstices de ses pierres. La haute tour lépreuse, rongée de plaques jaunâtres, se dresse formidable mais inutile, comme un géant dont la vieillesse aurait désarmé le bras. Cette colossale construction aux murailles épaisses n'aurait pas, en 1870, arrêté l'invasion allemande pendant deux heures. Ses voûtes sombres, ses portes aux blasons sculptés dans le roc, ses couloirs sinistres sont peu de chose devant l'acier des canons modernes. Lorsque nous y passâmes, les gardes mobiles du pays faisaient, à l'ombre, l'exercice, tandis que le vent soufflait sur cette hauteur, d'où l'on aperçoit au loin les champs, les rivières, l'Oise, la Somme, les bouquets de bois, les villages cachés dans la verdure ou les replis de terrain ; à l'horizon Wiége, où dorment les humbles aïeux de Camille, et au pied de la citadelle, Guise, avec ses toits élevés, ses promenades, ses arbres, les bâtiments du Familistère, son aspect heureux, doux et gai de petite ville laborieuse.

J'allais, je regardais, je cherchais, et je m'imaginais Camille allant et venant, lui aussi, dans la cité picarde, suivant le cours de la petite rivière, un livre à la main, lisant, rêvant, ou jetant au vent qui soufflait ses fièvres d'enthousiasme adolescent. Il me semblait le retrouver au coin de ces ruelles, dans une de ces maisons voisines, — toutes recueillies, pleines de causeries et de livres, — ou sur le chemin du château, montant la pente qui conduit à la citadelle, s'arrêtant en chemin pour écouter en souriant un chant sorti de l'église, récitant devant la chapelle quelques vers de Voltaire, et devant le château quelques citations de Tacite.

C'est dans la grande rue, « rue du Grand-Pont, vis-à-vis la place d'Armes », pour parler comme les actes du temps, qu'est située la maison natale de Camille[1]. La maison est petite, propre, avenante, avec ses toits d'ardoise et ses murs blancs, d'un blanc de chaux éblouissant. Maison de bourgeois, d'honnêtes et braves gens attachés au devoir, au labeur quo-

[1] Nous avons relevé, sur des actes particuliers appartenant au propriétaire actuel de la maison, qui a bien voulu nous les communiquer, les renseignements suivants :

Dernier acte de vente (1852). Une maison située à Guise, Grande Rue, en face la place d'Armes, couverte en ardoises, consistant en trois corps de logis, dont le premier, donnant sur la rue, est élevé de deux étages avec plusieurs greniers au-dessus et cave au-dessous, écurie, remise, cour et jardin ; le tout tenant par devant à la Grand'Rue et par derrière à la place Lesur.

Précédents propriétaires :

1° Jean-Joseph-Benoni Ducrot, ancien avocat à la Cour royale de Paris, et la dame Henriette-Florence Alix, son épouse ;

2° Pierre-Alexis Hennequierre, décédé, propriétaire à Guise, et la dame Geneviève-Laurence-Virginie Taffin, sa veuve ;

3° M. Philippe-François Hennequierre et madame Marie-Louise-Victoire Merlin, son épouse ;

4° Jean-Benoît-Nicolas Desmoulins.

tidien, supportant sans soupir les nécessités dures de la vie et souriant chaque soir, au repos heureux succédant à une journée bien remplie. Point riches, à coup sûr, mais contents de leur sort, satisfaits du lot échu et plus fiers de leur renommée de probité que de leur petite et médiocre fortune [1]. Ce n'était pas le repos avec dignité, l'*otium cum dignitate* des anciens, c'était mieux, c'était le travail avec dignité. Tout le logis sent l'occupation d'habitude ; on devine, dans ces salles aux plafonds maintenus par des poutres, aux boiseries modestement sculptées, on revoit le cabinet de travail de l'homme de loi, la table encombrée de papiers du père, les rayons de la bibliothèque aux livres savants, aux gros traités de Droit, et il semble qu'on découvre le coin préféré de la ménagère, la table à ouvrage, la chaise où madame Desmoulins se tenait assise.

Le corps de logis donnant sur la rue a été abattu en par-

[1] M. Desmoulins le père avait le droit d'attacher plusieurs titres honorifiques à son nom, ainsi que le prouve la *copie conforme d'un sous seing privé entre les sieurs Desmoulins et Jorand*, relevée par nous sur les originaux inédits :

« Nous soussignés, Jean-Benoit-Nicolas Desmoulins, *seigneur du Buquoy, conseiller du Roi, lieutenant général civil, criminel et de police au bailliage de Vermandois*, siège royal de Guise, ressort et prévôté de Ribemont, y réunis, et *bailly général du duché et pairie de Guise*, y demeurant, d'une part,

» Et Charles-Louis Jorand, marchand au même lieu, sommes convenus de ce qui suit, savoir :

» Que moi, Desmoulins, m'engage de réédifier en totalité le mur qui sépare ma cour d'avec celle dudit sieur Jorand depuis le pied de sa maison jusqu'à celui de sa cave, etc. »

Le mur et les fruits deviennent alors mitoyens. (Acte du 28 décembre 1773.)

On remarquera que M. Desmoulins est désigné dans cet acte par ce titre : seigneur *du Buquoy*. C'est ce qui explique pourquoi un des frères de Camille portait ce nom de *Dubuquoy* qui a intrigué les biographes. Il n'est pas rare de voir, dans nos provinces, les propriétaires donner à leurs enfants le nom de l'une de leurs terres.

tie; c'était là que logeaient les époux. La petite maison située dans le jardin et qui porte ce millésime sur ses murs : 1772, fut bâtie sans doute lorsque les enfants nés et grandissant, la demeure parut un peu étroite. Là encore, dans ce bâtiment nouveau, élevé pendant l'enfance de Camille, on retrouve l'ombre de ces paisibles et tristes souvenirs d'autrefois, les escaliers que cette enfance devait rendre bruyants, la cuisine, un honnête et gai tableau de Chardin, toute flambante aux jours où le cousin de Viefville des Essarts rendait visite à la maison, ou encore lorsque le prince de Conti s'arrêtait sous le toit du lieutenant général. Le passé revit entre ces murailles blanches, dans ce petit jardin fleurissant, dans ce coin de terre qui semble avoir conservé le souvenir de ses hôtes d'autrefois, souvenir oublié des vivants, passé évanoui, humble et doux passé, honnête, calme, paisible, uni et sévère comme l'existence toute de probité de l'aïeul, triste et trempé de larmes comme la destinée d'un honnête homme.

Là, chose étrange, dans un des corps de logis de cette maison, aujourd'hui[1] propriété de M. Bailly, — un homme vit, un aimable et curieux vieillard, ancien professeur de danse, petit, souriant, poli, et qui, depuis 1810, n'a pas quitté sa demeure toute pleine de vieilles gravures et de curiosités minéralogiques recueillies par lui. J'ai essayé de trouver dans la mémoire de ce charmant petit vieillard un écho du bruit que dut autrefois faire ici Desmoulins. Bruit évanoui, inutile écho. Doucement, finement, M. Feydeau (c'est le nom du nonagénaire) hochait sa tête spirituelle, narquoise et ridée comme un Holbein. « Je ne connais pas... je ne sais pas... La dernière fois qu'on a parlé de Camille

[1] En 1874.

Desmoulins à Guise, » et, se reprenant : « qu'on a parlé du *citoyen Camille Desmoulins*, ce fut lorsque notre préfet, M. de la Forge, vint ici pour passer les mobiles en revue... Je n'ai pas d'autre souvenir. » Ils sont un peu tous comme ce vieillard, les habitants de Guise. Ils ont oublié leur malheureux compatriote, — ce généreux fou, cet écervelé de génie, qui donna sa vie à la République, — ils l'ont oublié, après l'avoir méconnu et calomnié peut-être.

On m'avait dit qu'il existait, à l'hôtel de ville de Guise, dans la salle des délibérations du conseil municipal, un portrait intéressant de Camille. J'entre et le demande. Deux gardiens qui me suivaient me montrent, pendus au mur de la petite salle, des portraits de grands seigneurs en costumes d'autrefois, avec la cuirasse et la perruque. « Ce doit être celui-là, » me dit l'un d'eux désignant un portrait du gros et gras M. de Beaulieu, qui défendit Guise au temps jadis. Évidemment on ne pouvait, songeait cet homme, s'inquiéter que des grands. Mais le portrait d'un petit avocat et d'un pauvre écrivain ! « Il est peut-être là, après tout », me dit l'homme ouvrant une sorte de placard sombre où juges et greffiers suspendaient dans la poussière, leurs toques et leurs robes de lustrine noire, et où l'on amasse en même temps le bois destiné à la cheminée municipale. Pêle-mêle, dans l'ombre, gisaient en effet des cadres dédorés, de vieux portraits, des bustes de personnages détrônés, rois ou reines. Là tous les détritus de nos révolutions, tout ce que notre pauvre et triste France a tour à tour acclamé et repoussé, porté avec aveuglement au Panthéon ou rejeté au ruisseau avec rage, toutes les royautés tombées et fanées, tous les battus, gisaient, rapprochés par le hasard d'une ironique communauté de destin. Le buste blanc du vaincu de Sedan faisait face au buste bronzé du roi Louis-Philippe. En prenant dans le tas des cadres, mon homme tira tour à tour une lithographie représentant le duc d'Orléans, et une gravure : le duc et la duchesse de Berry ; Napoléon Ier en manteau impérial maculé par les mouches après un portrait de Cavaignac, dont le verre était cassé. Puis, tout à coup Camille Desmoulins, un portrait lithographié de Camille, d'après François Bonneville, sans aucune valeur artistique au surplus. Il était là, poudreux, sali, enfoui, oublié, exilé, et depuis des années il demeurait dans cette ombre et cette poussière du passé. « Né à Guise », lisait-on au-dessous de la figure. Mais qui le savait ou s'en inquiétait dans la petite ville picarde ? Nul n'est prophète en son pays, paraît-il, pas même les martyrs.

II

Camille Desmoulins est en effet né à Guise le 2 mars 1760 et non en 1762, comme l'ont affirmé plusieurs historiens, et comme lui-même, en avril 1794, le laissait croire lorsqu'il répondait au président du Tribunal révolutionnaire : « J'ai *trente-trois ans*, l'âge du sans-culotte Jésus. » En 1794, Camille Desmoulins achevait sa trente-quatrième année [1]. Il devait s'en souvenir au lendemain de son jugement. « *Je meurs à trente-quatre ans* », s'écriait-il dans sa dernière lettre à Lucile.

La Picardie, terre puissante où la plante humaine pousse,

[1] 1760. — « Le deuxième jour du présent mois est né et a été baptisé le troisième jour de mars Lucie-Simplice-Camille-Benoist, fils de maistre Jean-Benoist-Nicolas Desmoulins, lieutenant-général civil et criminel au bailliage de Guise, et de dame Marie-Magdeleine Godart, son épouse. Le parrain, M. Joseph Go-

pour ainsi dire, plus vigoureuse et plus emplie de sève qu'ailleurs, compte les hommes de combat par dizaine ; c'est la patrie de Condorcet, qui naquit à Ribemont ; de Babeuf, le rêveur égalitaire, fils de Saint-Quentin ; du vieux Calvin, des Saint-Simon, des Guise, et, pour remonter plus haut, du prêcheur de croisades, l'illuminé et ardent Pierre l'Ermite. La lutte violente de l'émancipation des communes s'était, au Moyen âge, affirmée plus vive et plus décisive sur ce terrain que partout ailleurs. On jugerait que le sang picard s'échauffe et bat plus promptement ; les têtes y sont bouillantes, et le Picard Michelet a marqué d'un mot son pays : *la colérique Picardie*.

La Picardie est cependant aussi le pays de la raison droite, fortifiée par je ne sais quelle humeur narquoise et prudente qui devient finesse chez le paysan, sagesse chez l'homme qui pense. Dans cette famille Desmoulins, le chef même de la maison, M. Desmoulins, lieutenant général au bailliage de Guise [1], offre justement un exemple de cette calme raison opposée à l'humeur embrasée et à l'ardeur picarde. C'était,

dart, son oncle maternel, de la paroisse de Wiége ; la marraine, dame Magdeleine-Élisabeth Lescarbotte, de cette paroisse, qui ont signé avec nous le présent acte. »

(*Registres de la paroisse de Guise.*)

C'est dans l'église de Saint-Pierre et Saint-Paul, à Guise (diocèse de Laon), que fut baptisé Camille. Il est assez curieux que Camille et Lucile Desmoulins se soient, l'un et l'autre, appelés *Lucie*.

[1] Jean-Benoît-Nicolas Desmoulins, né le 28 janvier 1731, décédé à Guise le 22 vendémiaire an IV, était le fils de Jean-Benoît Desmoulins et de Marie-Madeleine Gaudion. Reçu licencié ès lois, il exerça d'abord la profession d'avocat. Il devint lieutenant général civil et criminel au bailliage du duché de Guise, sur proposition du prince de Condé, duc de Guise, le 5 juin 1757 et obtint des provisions du roi le 17 août 1768. Dans un acte sous seing privé du 28 décembre 1773, il prend les qualités de « *seigneur du Bucquoy, conseiller du roi, lieutenant*

GUISE. — PORTAIL DE L'ÉGLISE SAINT-PIERRE. (Phot. Chaseray.)

GUISE. — MAISON NATALE DE CAMILLE DESMOULINS.

GUISE. — VUE GÉNÉRALE DU FORT. (Phot. Chaseray.)

Pl. 2

nous l'avons dit, un homme grave et laborieux, fort estimé de ses compatriotes, dont il administrait avec probité les intérêts, fidèle à ses devoirs publics, heureux de son bonheur privé, vivant, sans envie et sans trouble, dans ce calme intérieur où nous devions trouver, quand nous le visitâmes, les uniformes bleus des dragons saxons. M. Desmoulins nous apparaît ainsi dans sa maison honnête et bien tenue, comme un de ces vieux légistes dont la province comptait jadis tant d'exemples et qui, retirés dans une sorte de pénombre, travaillaient là sans bruit à quelque œuvre profonde et forte. Souvent bien des renommées plus brillantes, des gloires du Parlement parisien s'inclinaient devant la science de ces savants inconnus et leur demandaient avec respect le secours de leurs lumières. Ces laborieux chercheurs, silencieux et vivant face à face avec leurs propres travaux, ne se montraient ensuite pas plus fiers du suffrage de leurs glorieux émules, et la consultation donnée, reprenaient, assurés et tranquilles, leur travail interrompu. M. Desmoulins le père avait, de cette sorte, entrepris une Encyclopédie du Droit qui ne devait jamais voir le jour, et dont les manuscrits ont été dispersés.

M. Desmoulins n'était pas riche. Sa femme Madeleine Godard, du village de Wiége[1], lui avait cependant apporté une petite dot, qui servait, en partie, à l'éducation des enfants nés de cette union toute d'affection loyale et de calme

général civil et criminel au bailliage de Vermandois, siège royal de Guise, ressort et prévôté de Ribemont, y réunis, et bailli général du duché et pairie de Guise.

Félix Godart. *Camille Desmoulins d'après ses œuvres.*

[1] Marie-Madeleine Godart, née à Wiége le 17 février 1731, décédée à Guise le 9 germinal an II. Elle était fille de Joseph Godart, de Wiége (1695-1758) et de Marie-Jeanne de Viefville, de Malgy (1708-1732).

bonheur. Les deux époux eurent sept enfants : quatre garçons, dont l'aîné fut Camille et les deux autres *Dubuquoy* et *Sémery*, qui vécurent en soldats, et trois filles, dont l'une se fit religieuse et dont l'autre existait encore en 1837, lorsque M. Matton aîné, parent de Camille Desmoulins, publia, au bénéfice de cette survivante de la famille, une édition des *Œuvres de Camille Desmoulins* [1].

Camille était le plus âgé des fils de M. Desmoulins et celui qui, par son intelligence, par le feu de ses yeux noirs ardents, par la précocité de ses reparties et l'éveil de son esprit, donnait à ses parents le plus d'espoir. Le lieutenant général au bailliage était déjà fier de cet enfant dont il voulait développer, quitte à faire de lourds sacrifices pécuniaires pour arriver à ce résultat, les qualités évidentes. On en ferait un homme de

[1] Paris, Ebrard, éditeur. 2 volumes in-8°. Cette édition Matton, faite par un sincère admirateur de Camille et par un homme excellent et savant, a servi de type à toutes celles qui ont suivi.

Les frères et sœurs de Camille Desmoulins, tous nés à Guise étaient :

a) Henriette-Émeri-Angélique Desmoulins, 1761-1770 ;

b) Marie-Élisabeth-Émilie-Toussaint Desmoulins, mariée en premières noces à M. Morcy et en secondes à M. Lagrange. Elle était née en 1762. C'est elle qui vivait encore en 1837 ;

c) Armand-Joseph-Louis-Domithille Desmoulins, dit *du Bucquoy* fief que son père possédait sur le territoire d'Audigny, né en 1765, soldat depuis 1787 au onzième régiment, ci-devant Royal-Roussillon, cavalerie. Il fut tué dans la Vendée en 1793 ;

d) Anne-Clotilde-Pélagie-Marie Desmoulins, Mme Lemoine, née en 1767 ;

e) Lazare-Nicolas-Norbert Desmoulins, dit *du Sémery* fief appartenant à son père et situé sur le territoire de Puisieux. Né en 1769, soldat depuis 1790 au dixième bataillon de chasseurs, ci-devant de Gévaudan. Prisonnier en 1793 au siège de Maëstricht. La famille ne recevant plus de ses nouvelles l'avait cru tué à l'ennemi. Il vivait encore le 6 mai 1807 ;

f) Clément-Louis-Nicolas Desmoulins, né en 1770, encore vivant le 6 pluviôse an XII.

loi, un avocat au Parlement de Paris, et cet enfant bouillant et résolu serait ce que M. Desmoulins le père avait renoncé à devenir jamais. Le malheur était que l'éducation complète à cette époque coûtait cher. Jamais, sans le concours d'un parent éloigné, la famille Desmoulins n'eût pu faire de Camille le lettré, l'érudit étonnant qu'il devint. M. de Viefville des Essarts, ancien avocat au Parlement parisien, plus tard député du Vermandois aux États Généraux, obtint pour le jeune Camille une bourse au collège Louis-Le-Grand[1]. Là, dans ce vieux lycée où son souvenir survit encore[2], Camille Desmoulins étudia avec une ardeur superbe, se livrant tout entier, corps et âme, à cette antiquité qu'il devait toujours chérir, se nourrissant du miel athénien et de la moelle romaine, puisant dans ce passé l'amour juvénile de ce grand mot de République, dont il ne comprenait peut-être le sens qu'à demi. Il en était plus amoureux que conscient, mais toute son âme s'enthousiasmait à ce mot dont lui parlait avec charme une harangue de Cicéron, avec audace une tirade de Lucain, avec netteté un chapitre de Tacite. Plus tard, lorsqu'il allait se vanter d'avoir prononcé, le premier et tout haut, ce mot, il devait évoquer ces souvenirs lumineux du collège, ce temps d'incubation morale et intellectuelle où le germe républicain grandissait en lui, où, adolescent encore, il était déjà des *dix républicains* qu'on

[1] Camille fit ses premières études dans une pension tenue par des religieux au Cateau-Cambrésis (Godart, *loc. cit.*).

[2] La mensongère *Biographie* de Leipzig, dont nous aurons à redresser plus d'une erreur au courant de cette histoire, affirme contre toute vérité, que Camille Desmoulins fut élevé au collège Louis-le-Grand, *aux frais du chapitre de la cathédrale de Laon*. M. Édouard Fleury, auteur d'une très sévère et souvent inexacte *Histoire de Camille Desmoulins*, n'ose pas affirmer l'authenticité de *cette tradition*.

aurait eu, disait-il, de la peine à trouver dans Paris en 1788.

Voilà ce qui nous couvre de gloire, dit Camille Desmoulins, d'avoir commencé l'entreprise de la République avec si peu de fonds ! Ces républicains étaient pour la plupart des jeunes gens qui, nourris de la lecture de Cicéron dans les collèges, s'y étaient passionnés pour la liberté. On nous élevait dans les écoles de Rome et d'Athènes et dans la fierté de la république, pour vivre dans l'abjection de la monarchie et sous le règne des Claudes et des Vitellius ; gouvernement insensé, qui croyait que nous pourrions nous passionner pour les pères de la patrie, du Capitole, sans prendre en horreur les mangeurs d'hommes de Versailles, et admirer le passé sans condamner le présent, *ulteriora mirari, præsentia secuturos*[1].

Le secret de cet esprit indépendant, est déjà là tout entier. Évidemment Camille fut dès ses premières années et demeura toujours un politique littérateur, si je puis dire, et son admiration, en quelque sorte artistique, pour l'antiquité, détermina en grande partie l'affection qu'il porta à une forme de gouvernement où ses rêves de démocratie élégante et de liberté idéale prirent sans cesse le vêtement de l'Attique ou de Rome. En outre, il y aura toujours du lettré en lui, et il sera jusqu'à la dernière heure l'homme qu'on vit, un jour, transporté d'aise à la lecture d'un passage d'Ézéchiel, où il trouvait la révolution prédite mot par mot.

Dans ce collège Louis-le-Grand, où il se trouvait avec plusieurs compatriotes, — Lesur (de Guise), le futur auteur de l'*Annuaire*, entre autres, — Camille Desmoulins avait rencontré un adolescent de son âge, boursier comme lui et de trois classes en avant de Camille, entretenu à Paris par le

[1] *Histoire secrète de la Révolution* (dite *Histoire des Brissotins*, 1793), page 11.

collège d'Arras. Celui-là s'appelait Maximilien Robespierre. On s'imagine les causeries juvéniles de ces deux enfants aux fronts déjà pleins de pensées, les chocs de sentiments de ces deux caractères opposés, l'un ardent et exalté, l'autre méditatif et sévère [1]. Quelles confidences, quels espoirs, quelles chimères emporta le vent qui passait dans les arbres du jardin, et quels jeunes rêves vit croître cette *Chartreuse de Gresset*, petite chambre au quatrième étage, où Gresset, étant maître d'études, avait, en effet, rimé sa *Chartreuse* et où Camille parfois, seul, se mettait à composer des épîtres ! « J'étais né pour écrire des vers, » disait plus tard, au pied de l'échafaud, le malheureux Camille, et il devait se rappeler alors, non sans émotion, l'*Épître* qu'il adressait à *MM. les administrateurs du collège Louis-le-Grand*. C'est là qu'on trouve, cité par lui avec une expression de reconnaissance que l'avenir ne démentit pas, le nom de son professeur aimé entre tous, le principal du collège, celui qu'il appelait *le bon abbé Bérardier,* cœur excellent, esprit d'élite, ami qui devait, après lui

[1] M. Eugène Despois, dans une remarquable étude sur Camille Desmoulins, donne une décision assez curieuse extraite du recueil des délibérations du collège Louis-le-Grand, page 211 :

« Du 19 janvier 1781.

« Sur le compte rendu par M. le principal des talents éminents du *sieur de Robespierre,* boursier du collège d'Arras, lequel est sur le point de terminer son cours d'étude, de sa bonne conduite pendant douze années, et de ses succès dans le cours de ses classes, tant aux distributions des prix de l'Université qu'aux examens de philosophie et de droit :

« Le bureau a unanimement accordé audit *sieur de Robespierre* une gratification de la somme de six cents livres ; laquelle lui sera payée par M. le grand maître des deniers du collège d'Arras, et ladite somme sera allouée à M. le grand maître dans son compte en rapportant expédition de la présente délibération, et la quittance dudit *sieur de Robespierre.* »

Plus tard, sur ce même registre de délibérations on trouve « une bourse accordée à Horace-Camille Desmoulins *pour services rendus par son père.* »

avoir servi de maître, le conseiller un jour et lui survivre [1].

On ne saurait d'ailleurs trouver de paroles plus émues et plus sincères. L'*Année littéraire* de 1784 cite avec éloge ces adieux de Camille à ses maîtres, et elle a raison : le ton en est fort juste (nous ne parlons pas bien entendu de la forme) :

> ... J'oserai faire entendre une voix
> Faible, mais qui, du moins, ne sera point vendue.
> Désormais, ô ma lyre, à jamais détendue,
> Tu ne charmeras plus mes maux et mon ennui !
> Mais, cher à l'innocence, et du faible l'appui,
> Je pourrai quelquefois goûter ce bien suprême :
> Je ferai des heureux. Eh ! qui dans ce séjour,
> Élevé près de toi, n'en veut faire à son tour,
> Bérardier ? Ce lieu même, où, sur les rives sombres,
> Gresset, avant le temps, crut voir errer nos ombres,
> Retracer bien plus tôt le séjour enchanteur
> Je l'ai vu sous tes lois, trop tard pour mon bonheur,
> Des bosquets d'Académe ou l'heureux Élysée.
> Que dis-je ? Près de toi, doucement abusée,
> L'enfance ici se croit sous le toit paternel.
> O Bérardier, reçois cet adieu solennel [2] !

[1] Outre Robespierre, Camille eut, pour condisciples, à Louis-le-Grand, le futur journaliste Suleau, cousin de Beaumesnil, qui devint procureur du roi de la commune de Montdidier, J.-B. Vacheroz, et un certain Danton, homonyme du célèbre tribun. — « Danton, un camarade de collège, que j'ai dans le parti opposé, écrit en 1792 Camille à son père, et qui m'estime assez pour ne pas étendre jusqu'à moi la haine qu'il porte à mes opinions. »

Jamais ces lignes n'ont pu s'appliquer à George-Jacques Danton, né à Arcis-sur-Aube le 26 octobre 1759.

[2] Quelques biographes se sont demandé si Camille Desmoulins avait été ce qu'on appelle un *bon élève*. On ne saurait en douter. L'auteur d'un travail intitulé : *Aperçus littéraires et politiques sur Camille Desmoulins* nous donne ces renseignements sur lui :

Ce n'est pas cette *Épître*, dont on trouvera le compte rendu dans le numéro du *Journal de Paris* du 12 août 1784, qui peut nous assurer que Camille Desmoulins eût été poète. Ses premiers vers sont ceux d'un rhétoricien, rien de plus, et ils n'ont de valeur qu'au point de vue psychologique ; mais ils nous montrent bien l'état de cette jeune âme, au milieu de ce collège dont Camille fait un tableau idyllique, à la Gessner :

Là, du patricien la hauteur est bannie,
Et la seule noblesse est celle du génie.

« Au concours de l'Université, il eut, surtout dans les compositions latines, un succès qu'il dut à la vivacité de sa conception plus qu'à une application soutenue. Sa pétulance lui eût mérité, à bon droit, cette note portée sur les registres d'un collège des jésuites, à l'article Crébillon : *Puer ingeniosus, sed insignis nebulo.* Plein d'esprit, franc *polisson.* » — L'auteur se trompe, *nebulo* veut simplement dire *gamin.*

L'abbé Bérardier, principal du collège Louis-le-Grand, et que Desmoulins aimait particulièrement, fut d'ailleurs vénéré et chéri de ses élèves. On peut lire dans le numéro du *Journal de Paris* du 13 mai 1788, une lettre signée *Brocas, curé de Saint-Benoît,* aux « auteurs du journal », lettre datée du 10 janvier, et qui raconte qu'au mois d'octobre 1787, les écoliers du collège, menacés de perdre l'abbé Bérardier et voulant lui donner une dernière marque publique de leur attachement, avaient résolu de devancer sa fête et de la célébrer avant qu'il quittât la place de principal. Ils avaient donc ramassé une somme de six cent quatre-vingt-seize livres. Mais l'abbé Bérardier refusa, et les invita, soit à reprendre leurs cotisations, soit à consacrer cette somme à « quelque bonne œuvre plus utile ». « Ils ont », dit le curé Brocas, « adopté volontiers le second moyen. En conséquence, ils m'ont fait remettre la somme de six cent quatre vingt-seize livres pour être employée à procurer la liberté des pauvres et honnêtes citoyens de ma paroisse menacés de captivité ou déjà arrêtés pour dettes de mois de nourrice, et à d'autres bonnes œuvres suivant ma volonté. »

Je trouve encore dans un article de M. Despois cette curieuse indication, que Camille Desmoulins obtint au grand Concours, en 1778, un accessit d'*amplification française* (c'était le titre qu'on donnait au discours français dans l'ancienne Université). Le *Palmarès,* rédigé en latin, selon l'usage du temps, cite : *Camilla Benedictus Desmoulins, Guisius, è Collegio Ludovici Magni.* Cette même année, le

Tous cultivent les dons qu'en eux le ciel a mis ;
En comptant leurs rivaux, ils comptent leurs amis ;
Leurs talents nous sont chers, leurs succès sont les nôtres,
Et le laurier d'un seul couronne tous les autres.
Je vis avec ces Grecs et ces Romains fameux,
J'étudie une langue immortelle comme eux.
J'entends plaider encor dans le barreau d'Athènes :
Aujourd'hui c'est Eschine, et demain Démosthènes.
Combien de fois, avec Plancius et Milon,
Les yeux mouillés de pleurs, j'embrassai Cicéron !

Un tel enthousiaste, lorsqu'il quittait Paris et les salles du collège, devait paraître assez bizarre et excessif aux bonnes gens de Guise, dont l'accueil lui paraissait sans doute toujours assez étonné pour qu'il dût leur en garder quelque rancune. En maint endroit ses lettres en font foi. Il arrivait, bouillant, apportant dans la petite ville son humeur d'étudiant et de jeune fou ; et ses espiègleries, en changeant de milieu, semblaient bientôt des inconvenances. C'est, du moins, le seul souvenir qu'il ait laissé dans sa ville natale, et c'est là ce qui arrive le plus communément, il faut l'avouer, à tout homme dont les idées sont en avance sur celles des compatriotes qui l'entourent et des amis d'autrefois. Un habitant de Guise [1], dans une lettre fort intéressante qu'il nous écrivait il y a quelques années, nous rappelait les souvenirs d'une très vieille dame appartenant à l'une des familles les plus anciennes de Guise, et qui avait conservé jusqu'aux

premier prix d'amplification était remporté par l'élève André Chénier, *Andreas Maria de Chénier, Constantinopolitanus, è Collegio Navarræo.* Voilà deux lauréats prédestinés. (Voir M. Despois sur Michelet, premier prix de discours français en 1816. *Revue politique* du 15 août 1874.)

[1] M. Chérubin.

limites reculées de la vie humaine où elle était parvenue, une intelligence intacte et des souvenirs très distincts de ces temps éloignés. Lorsque le nom de Camille Desmoulins venait sur ses lèvres, elle qualifiait assez sévèrement ce qu'elle appelait sa *légèreté* dans les relations de société. Elle avait encore sur le cœur, pour les avoir vues se produire dans son salon de jeune femme, quelques plaisanteries « risquées », disait-elle, et qui sentaient le basochien.

Peut-être faut-il confondre cette tradition avec celle dont M. Édouard Fleury s'est fait l'écho dans son livre sur *Camille Desmoulins et Roch Marcandier,* et qui nous montre non seulement un Desmoulins espiègle et railleur, léger, puisque le mot a été dit, mais violent encore et bondissant devant toute discussion :

On raconte, au sujet de son enthousiasme, dit M. Fleury [1], une scène d'une étrange violence. Camille était en vacances. Il avait été passer quelques jours chez un parent de sa famille. En son honneur, on donnait un dîner où se trouvaient réunies les notabilités du pays. Quelqu'un de la société savait avec quelle facilité le jeune étudiant s'exaltait quand on lui offrait la discussion sur ses héros de prédilection, sur les perfections du gouvernement démocratique, sur les sublimités de la métaphysique républicaine. C'était un curieux spectacle à donner au dessert que celui d'un de ces accès de colère où tombait Camille, quand il rencontrait un contradicteur actif, pressant et convaincu. La bataille lui fut donc présentée. L'ardent jeune homme donna dans le piège, répliqua d'abord avec politesse, avec assez de calme. Lorsqu'il vit son adversaire secouer ironiquement la tête en l'entendant développer ce que Camille nommait de nouveaux principes, il se sentit saisi de pitié, essaya de railler, puis bientôt prit feu, puis s'irrita en se heurtant aux obstacles, aux argu-

[1] Tome I, p. 15 de son livre.

ments. Des sarcasmes le jetèrent hors de lui. Des hérésies, ce qu'il appelait des hérésies, lui firent perdre toute retenue. Les yeux en feu, l'injure à la bouche, tremblant de tous ses membres, il se leva, jeta la serviette à la tête de l'obstiné royaliste qui niait la république ; d'un bond il s'élança sur la table qu'il inonda de débris, qu'il improvisa en tribune, préludant ainsi à ses triomphes futurs du café de Foi, et de là, au milieu des éclats de rire des uns, des reproches des autres, de l'émotion des parents, il parla longuement, chaleureusement, étalant ses convictions, maltraitant la tyrannie, portant aux nues son idole idéale, répétant les lieux communs jusque-là relégués dans le domaine de la théorie et qu'il se chargea bientôt de faire passer dans la pratique, dans la vie politique d'une nation qu'il contribuera si puissamment à pousser dans tant d'excès. Ruisselant de sueur, la figure enflammée, il descendit enfin au milieu du silence de stupéfaction chez ceux-ci, de colère chez ceux-là, chez tous de regret d'avoir amené une pareille scène.

L'écrivain auquel nous empruntons cette anecdote, tenait à prouver que la violence naturelle de Camille devait le conduire fatalement à un excès de plume dont nous ferons justice nous-même. Mais, certes, dans le soin qu'il apporte à peindre Camille sous des couleurs sombres, M. Fleury a mis vraiment trop de hâte ; il s'est contenté de rendre, si je puis dire, plus écumante une simple scène d'exaltation juvénile que provoqua la taquinerie de madame Godart de Wiége, un jour des vacances de 1784 qu'elle avait Camille Desmoulins à dîner. M. Matton aîné, l'éditeur des *Œuvres de Camille Desmoulins*, a rapporté beaucoup plus simplement, et par conséquent avec plus de vérité, cette scène qui ne prouve rien qu'une vivacité en tous cas généreuse chez l'étudiant dont le cerveau était tout plein des *Philippiques* de Cicéron et des *Révolutions* de l'abbé Vertot.

C'était là, en effet, ses épées de chevet. Les *Révolutions romaines* de Vertot l'avaient transporté d'admiration ; ces drames sanglants où apparaissent, tour à tour, le visage austère de Brutus et les têtes marquées pour la mort des Gracques, ce défilé saisissant et surhumain — inhumain aussi, pourrait-on dire — où Virginius tient son poignard, où Curtius éperonne son coursier et le pousse au gouffre, où les Fabius combattent comme des Macchabées de Rome, où Caton se frappe de son glaive pour ne point survivre à sa défaite : ce long martyrologe de héros avait habitué Camille, et bien d'autres, à ne plus voir dans la lutte éternelle de l'humanité, qu'une sorte de pompeuse tragédie. Cette Rome, cette louve antique dont nous avons tous sucé le lait, nourrit en effet dans l'homme un idéal de vertu sauvage, bien différent de l'humble et solide honnêteté de tous les jours. Aujourd'hui, l'humanité est lasse de l'héroïsme théâtral, elle est avide au contraire de labeur patient, de dévouement durable et de sacrifices civiques qui n'ont rien de sculptural. Et cela vaut mieux. Ce n'est pas nous qui demanderons jamais de ramener la vertu à des proportions bourgeoises ; mais nous croyons qu'il est temps qu'on lui laisse des proportions humaines. C'est encore le moyen de l'atteindre et de la répandre plus sûrement.

Camille, enivré de ses lectures, en était encore à la vertu antique, — marmoréenne, si je puis dire, — romaine, en un mot. Il allait s'applaudir qu'on lui eût donné, à son baptême, trois prénoms de Romains *Camillus-Sulpicius-Lucilius*. Il avait usé ou perdu au moins vingt exemplaires de ces *Révolutions romaines* de Vertot dont il avait toujours, dit M. Matton, un volume dans sa poche. On a conservé un exemplaire des *Philippiques* de Cicéron tout chargé de notes manuscrites, où Camille laisse échapper les impressions courantes de ses lectures. Ces deux livres, encore une fois, ne le quittaient jamais.

Ainsi, laborieux, passionné pour la science, Camille avait brillamment achevé ses études. Il quitta le collège Louis-le-Grand avec une certaine émotion, qu'il laissa échapper dans ses vers, commença son droit aussitôt[1], et bachelier en septembre 1784, licencié en mars 1785, il prêta serment, cette même année, comme avocat au Parlement de Paris[2]. Il avait alors vingt-cinq ans.

Nous avons trouvé peu de traces des débuts de Camille Desmoulins au barreau[3]. — Camille n'était point né orateur. Admirablement doué comme écrivain, d'une instantanéité de pensée et d'expression vraiment étonnante, hardi, aiguisé, primesautier, il était, à la tribune, bientôt décontenancé et médiocre. Il bégayait. Ce n'était point, il est vrai, le bégayement ordinaire, l'infirmité désagréable ; c'était plutôt le balbutiement de l'homme troublé qui cherche à se remettre de son émotion ; au début de la phrase et comme mise en train, si je puis dire, il laissait échapper des *hon, hon* multipliés (*Monsieur Hon,* c'était le nom que Lucile donnait à Camille). Le vieux M. Moreau de Jonnès, mort en 1870, à quatre-vingt-douze ans, nous a souvent conté qu'il avait entendu parler Camille Desmoulins. Tout d'abord, la ha-

[1] Camille fut reçu maître ès arts le 3 août 1781.

[2] Le 7 mars 1785.

[3] Il ne parait pas avoir figuré au barreau autrement que comme avocat consultant. Les seuls clients que ses œuvres nous révèlent sont : 1° La société des amis de la Constitution de Marseille, défenderesse, contre d'André, demandeur en calomnie (décembre 1791) ; 2° Dithurbide et la dame Beffroi contre le ministère public (infraction à la loi sur les jeux, tribunal de police correctionnel, janvier 1792).

rangue était désagréable, la voix hésitante et dure, mais le bégayement disparaissait peu à peu, à mesure que l'orateur s'échauffait, et sans nul doute, lorsqu'il était fortement secoué et emporté par son inspiration, Camille ne devait plus bégayer. Il n'en est pas moins vrai, qu'il eût fait, à ce prix, un pitoyable avocat. Il ne plaida donc que rarement et sans éclat. Il avait d'ailleurs le feu sacré de l'écrivain, il ressentait cet invincible aiguillon qui met la plume à la main comme il y mettrait une épée ; il jetait sur le papier ses projets, ses espoirs, et, vivant assez pauvrement du produit de copies ou de requêtes faites pour des procureurs, rimant parfois une chanson, forgeant une épigramme, errant çà et là, à travers ce grand Paris où il rêvait de se faire une place, aujourd'hui écoutant le *Figaro* de Beaumarchais du fond du parterre, demain, entrevoyant Ginguené ou Chamfort, il fourbissait ses armes, il se préparait à l'assaut prochain, il sentait déjà la poudre dans l'air, il se répétait peut-être déjà, dans son ombre, au haut de sa mansarde et comme du fond de sa vie ignorée : Et moi aussi je jetterai ma pensée au monde !

III

L'heure était déjà venue où ce monde agité, secoué, craquant de toutes parts, sentait sourdre en lui comme une germination nouvelle.

Le roi, cédant à la volonté nationale, résolut de réunir en janvier 1789 les États Généraux qui n'avaient pas été tenus depuis cent soixante-quinze ans (1614), si bien qu'en publiant, en 1771, un *Dictionnaire universel de la France*, R. de Hesseln, cité par M. L. Lalanne, avait pu dire à l'article *États* : « Les États Généraux ne sont plus d'usage. » On juge donc, lorsque la nation apprit que douze cent soixante-quatorze députés : trois cent-huit du clergé, deux cent quatre-vingt-cinq de la noblesse et six cent quatre-vingt-un du tiers état, allaient discuter ses intérêts, régler la vie nouvelle à laquelle elle aspirait, si la joie et les illusions de bonheur furent grandes.

En Picardie, dans cette province si fort éprouvée (surtout dans le Soissonnais, réduit à la misère par le rigoureux hiver de cette année, et dans le Vermandois), l'espoir fut plus grand peut-être que partout ailleurs ; les pauvres gens se croyaient déjà affranchis des poids écrasants que supportaient leurs épaules.

Les *cahiers* des provinces, ces voix éloquentes, ces doléances de la foule, allaient enfin frapper les oreilles du roi. Les paysans, courbés sous le faix comme le bûcheron de La Fontaine, allaient pouvoir appeler et se plaindre, sans redouter que la mort seule répondît à leurs appels. Qu'on s'imagine les songes heureux qu'on faisait, par tout le pays, dans les « chaumines enfumées » ! — « Le roi va savoir enfin ce que nous souffrons ! Nos *cahiers* le lui diront et nos députés, à Versailles, ne manqueront pas de le lui redire ! Le roi instruit, c'est la nation sauvée. » Quels rêves !

Occupons-nous seulement, dans cette histoire, du coin de terre où Camille était né. La rédaction des cahiers et la nomination des députés à l'Assemblée des trois ordres devait avoir lieu le 16 mars à Laon.

A Guise, la première assemblée électorale eut lieu le 5 mars, en l'auditoire du siège, sous la présidence de M. Desmoulins, lieutenant général au bailliage de Vermandois, siège royal de Guise, ressort et prévôté de Ribemont ;

M. Saulce (Jean-Baptiste) étant procureur du roi, et M. Mariage, greffier, secrétaire. L'appel des commissaires des paroisses démontra que deux cent quatre-vingt-douze étaient présents.

La deuxième assemblée eut lieu en l'église des Révérends Pères Minimes de Guise. Là furent nommés soixante-quinze députés pour l'assemblée des trois ordres à Laon. Le père de Desmoulins pouvait, s'il l'eût voulu, être de ceux qui devaient figurer bientôt à Versailles. « Le lieutenant général, disent les *Archives du greffe de Laon*, ayant été élu à l'unanimité, moins une voix de la paroisse de Bernot, *applaudit à cette voix comme au symbole de la liberté,* mais remercia pour cause de santé, après avoir témoigné de sa sensibilité de l'honneur d'une telle confiance. » Ainsi, nous voyons, dès l'abord, cet homme modeste, libéral et sage, refuser ces honneurs qu'ambitionnera son fils et qui coûteront si cher, non seulement à celui-ci, mais à tous les deux.

Dans la liste des soixante-quinze commissaires députés à Laon, je trouve notés, par ordre d'élection :

N° 1. Jean-Louis Deviefville des Essarts, avocat et subdélégué à Guise.

N° 2. Adrien-Jean-Louis Deviefville, maire de Guise.

N° 24. Lucie-Simplice-Camille-Benoît Desmoulins, avocat à Guise [1]. Puis, avec eux, des procureurs, des meuniers, des marchands de moutons, des laboureurs surtout. L'homme qui tient à la terre, l'homme du pays, le *paysan*, sort de son sillon pour la première fois.

[1] C'est pourquoi Camille signera bientôt son *Ode aux États Généraux* : Camille Desmoulins, *avocat, député du bailliage de Guise*. Son père, d'abord élu, avait refusé, comme on l'a vu, par raison de santé.

Ce n'était là que les élections préparatoires aux élections décisives des députés aux États Généraux. Le procès-verbal de l'assemblée du tiers état à Laon enregistre une lettre du marquis de Condorcet, qui « demande qu'on introduise dans *le Cahier* un vœu pour la suppression de la traite des noirs. » Le 16 mars 1789, cette assemblée eut lieu à Laon « en la salle destinée aux exercices publics du collège de Saint-Jean de l'Abbaye » ; elle était présidée par Caignart du Rotay, lieutenant général du bailliage de Vermandois. Déjà de nobles mouvements se montrent parmi ceux qui assistent à ces réunions. Dans son discours présidentiel, Caignard du Rotay, répondant à une députation du clergé au *tiers,* laissera deviner comme la première pensée de ce sacrifice passager, hélas ! qui produira l'électrique et superbe séance de la nuit du 4 août : « Nous avions donc bien lu dans vos cœurs, disait-il, lorsqu'à l'assemblée du tiers état du 9 de ce mois, nous lui avons annoncé qu'il serait bientôt témoin de la grandeur d'âme des deux premiers ordres de l'État, qu'il les verrait infailliblement s'empresser de porter aux pieds du trône le tribut volontaire de leurs privilèges pécuniaires, qu'il les verrait en faire *une offrande honorable à la patrie* ! » Ainsi, plusieurs, en partant, pouvaient espérer que de cette secousse décisive sortirait non seulement la fin, mais l'abandon volontaire des privilèges.

Les 20, 21 et 22 mars eut enfin lieu la nomination des députés aux États Généraux : l'assemblée élut MM. Le Carlier, maire de Laon ; Viéville des Essarts, député de Guise ; Devismes, avocat à Laon ; Bailly, laboureur à Crécy-au-Mont ; L'Éleu de La Ville-aux-Bois, conseiller du Roi, élu en l'élection de Laon ; Leclerc, laboureur à Lannois.

Nous verrons bientôt Camille Desmoulins, qui regrettera

L'ABBÉ BÉRARDIER, PAR MOREAU. (Bibliothèque Nationale. Estampes.)

VUE DU COLLÈGE LOUIS-LE-GRAND
CÔTÉ DE LA RUE DES GRÈS.
(Bibliothèque Nationale. Estampes.)

PORTE
DU COLLÈGE LOUIS-LE-GRAND.
(Bibliothèque Nat[le]. Estampes.)

que son père n'ait pas eu un petit grain d'ambition [1], se consoler un peu en se disant que le député de Guise est Viéville ou plutôt Defiefville des Essarts, subdélégué du bailliage de Guise, et son cousin [2].

Ces députés une fois nommés, allait-on écouter leurs plaintes à Versailles ? Les Cahiers de ce coin de terre française contiennent et répètent la plupart des doléances communes à la France tout entière, et lorsqu'on aura publié le recueil complet de ces *Cahiers* aux États Généraux, on sera surpris de l'unanimité des réclamations dans les diverses parties de ce grand corps souffrant et accablé. C'est bien là vraiment le « *même cri* », le « *cri universel* » dont parlera

[1] Il reportera son souvenir sur ces journées : « Rappelez-vous, dira-t-il, ces larmes que j'ai vues couler de tous les yeux à votre discours, lorsqu'en qualité de président vous avez ouvert l'assemblée de votre bailliage secondaire ; rappelez-vous ces deux cent quatre-vingt-dix-sept suffrages que vous avez recueillis pour la députation sur deux cent quatre-vingt-dix-huit électeurs. »

[2] Le bailliage de Vermandois comprenait en 1789 deux cent soixante-quatorze communes. (Voy. Malleville, *Histoire de Laon*.)

Le bailliage présidentiel était ainsi composé :

MM. Caignart du Rotay, lieutenant général ;
Dogny, lieutenant général de police ;
Pelée de Tréville, lieutenant criminel ;
L'Éleu, lieutenant particulier ;
François, lieutenant assesseur ;
L'Éleu, doyen,
Laurent,
De Martigny,
De la Campagne,
Dagneau,
Romain,
} conseillers ;
Fouant, procureur du Roi ;
Delattre de la Motte, avocat du Roi ;
Dumoutier, greffier.

Consultez la *Nomenclature sommaire des Archives du greffe de Laon*, par Amédée Combier, juge d'instruction au tribunal civil de Laon. (Laon, in-4°.)

Camille Desmoulins dans la *France libre*[1]. Les Cahiers des États Généraux se ressemblent et demandent, par exemple : « A quoi sert la ferme ? A ruiner la populace. » Ou encore, ils se plaignent : « La distribution des impôts se fait par faveur. L'état ecclésiastique a tous les biens de la France et la noblesse, et il ne paye aucun subside à l'État ny au Roy. » (*Plaintes et doléances que la commune et habitants de la paroisse de Wissignicourt ont à faire à nos seigneurs députés de Sa Majesté aux États Généraux. A Laon le* 16 *mars* 1789.) « Si l'on réduisait le nombre des laquais et des employés des fermes, l'agriculture y gagnerait », dit une voix du district de Monaigu. On remarquera d'ailleurs le ton résigné de ces réclamations presque soumises.

La petite paroisse de Berrieux se plaint d'avoir à payer quatre mille cinq cent quarante-cinq livres d'impôts, elle qui ne compte que *cent dix feux*[2]. Il y avait de ces écrasantes iniquités et qui, bien avant 1789, frappaient les esprits clairvoyants. « Je connais un village à trois lieues de Paris », écrivait déjà Grimm en juillet 1763, vingt-six ans

[1] Dans chaque province, un érudit devrait publier ces cahiers. Déjà M. Antonin Proust a fait pour l'Anjou, M. Duval pour la Marche, M. Chassin pour Paris, etc., ce que je voudrais voir faire pour toute la France.

[2] « Si, dans un temps de moisson, et le champ glané, disent les doléances de Berrieux, une pauvre personne qui aura une vache et qui n'aura plus de litière à lui donner, a le malheur d'être prise à ramasser des chaumes, on la punit sans miséricorde ; si encore, dans un temps d'hiver, il arrive qu'un pauvre homme ait le malheur de tuer un corbeau, on le punit rigoureusement sous prétexte qu'on dit qu'en tirant avec un fusil il peut mettre le feu au village, et que le port des armes lui est défendu. Et un domestique de notre grande maison est-il parrain, cinq ou six coups de fusil se font entendre d'un bout du village à l'autre, et l'on ne prétexte point de danger. Nous savons que les gentilshommes ont droit de chasse, mais nous doutons si leurs domestiques ont le même privilège ! »

avant ce mouvement général de la nation, « je connais un village composé de deux cents feux, dans un pays de vignobles, et par conséquent pauvre [1] ; ce village paye au Roi, tous les ans, quinze mille livres de taille et de capitation ; les vingtièmes, les aides, le contrôle et tout le grimoire des autres impositions, montent à une autre somme de quinze mille livres. Voilà donc le Roi qui tire d'un chétif village trente mille livres par an. Il y a beaucoup de princes en Allemagne qui tirent à peine cette somme de tout un bailliage [2]. »

Mais, de toute la France peut-être, la plainte la plus tragique, la plus douloureuse et la plus profonde, est celle que font entendre les habitants de la paroisse de Chaillevois. C'est une page lugubre qu'il faut citer tout entière dans sa forme et son orthographe... *Ab unà disce omnes.*

La communauté de Chaillevois est composée d'environt deux cent personnes, père, mère, enfants et petits enfants. La plupart des abitants n'ont aucune propriété ; seux qui an onte cé cy peux de chose qu'il n'ent faut point parlé ; ils sonte presque tout vigneront, cè à dire qu'il cultive presque tout à la vigne comme mercenaire ; un vigneront peut cultivé un arpent de vigne tout oplus, on luy païe pour la culture d'une arpent de vigne de cent verges la somme de cinquante livres, an outre cinq livres pour l'entretien, jusqu'à la vandange, après la principal culture et cinq livres pour refouir après la vendange, somme totalle soixante livres. Le vigne-

[1] C'était le temps où, le vin ne pouvant toujours être consommé sur place et les transports faisant défaut, on vidait les tonneaux par les champs pour conserver les fûts. Nous avons pu voir encore pareille chose dans notre enfance, en Périgord. Depuis, les chemins de fer ont fait des pays vignobles les pays riches. (Note de la première édition.)

[2] *Correspondance littéraire et philosophique*, t. III, p. 411, à propos d'une feuille intitulée : *la Richesse de l'État*, par M. Roussel, conseiller au Parlement.

ront et ocupé à cè culture depuis le 15 février jusqu'à la mi-novembre, neuf mois de lanné, il est vrai que celuy qui est capable de faire la moisson peut la faire dans cet interval ; s'il est bon ouvrier, sa moisson lui vaut une quarantaine de franc ; s'il trouve occasion de faire quelque journé dans les autres trois mois cè cy peut de chose que céla ne méritte point d'entrer en conte ; il est évident par cette exposé que tout le gain d'un vigneront ce réduit environ cent franc par an ; en supposant que la femme gagne moitié, ce qu'on ne peut pourtant pas supposé si elle a plusieurs enfans, le gain sera porté à cent cinquante livres ; avec cette modique somme il faut ce logé, ce nourire, sabiller insi que ce enfants. La nourriture ordinaire et du pain trampé dans de lau salée que ce n'est pas la peine de dire qu'on n'y mest du beurre ; pour de la chaire on n'ent mange le jour du mardy gras, le jour des Pasques et le jour de la fette patron ; lors qu'on va au préssoire pour le maître et lors qu'on va au noces. On peut aussy mangé quelque fois de fevres et des aricot lorsque le maître n'empèche pas d'en maitre dans cè vigne. Les frais du Roy en taille capitation ce monte à six livres non compry le frais de corvé ; pour celuy qui n'a absolument rien, il faut qu'il paie une livre de sel quatorze à quinze sols selon le nombre d'enfans.

Il an faudra an un une livres chaque semaine an autre une livres par quinzaine an un plus an autre moins ; ce prix énorme et cause que plusieurs ne peuvent pas même mangé est qu'on apèle de la soupe ; que si par maleur les mary ou la femme et quelquefois l'une et l'autre a contractée l'abitude d'usé du tabac, ce n'est qu'en ce refusant le pain et an refusant au enfans qu'on peut en avoire un onces de tant en tant, un pauvre vigneront vien tils malade outre son bien cesse, sy il apele un chirurgien, ce chirurgien, pour un voiage, une petite seigné, une méchante médecine, luy demandera plus qu'il ne gangnes dans une sémaine, s'il est asigné de la part de quel'qun pour dettes ou pour quel autre sujet, un huissier lui fera payé plus qu'il ne gangnes dans deux sémaine.

une santance pour le moindre objet possible le réuinera de fons en comble, ce les plus gran fléaux que céluy de la justice, s'il dépouilles une piesse de vin, il n'est lui est point libre d'en vandre une bouteille en détaille, et il faut qu'il meurt de fin en antandant qu'il trouve à vandre en gros, et alors il faut donner sept ou huit franc à la ferme. Voilà comment le petit peuple et heureux sous les mélieurs des Roy, au milieu d'une nation convante comme la plus généreuse de toute les nations, dans un siècle où on ne parle que d'humanité et de bien fésances, et cépendant cè ce petit peuple qui est la portion la plus précieusse de la nations, puisque cè celle qui travaille le plus, le sort de jens de travaille est a peut près le même partout, ils onte apeine du pain à mangé, et de laux aboire et de la paille pour ce couché et un réduit pour ce logé. Leur état est pire que celuy des sauvages de l'Amérique. Si les Roy savoient ce que vale trois sols, et qu'il y a des millions d'abitants dans son royaume qui, en travaillant depuis le matin jusqu'au soir, non pas trois sols pour vivre, car enfin cela et évident d'après les calculle qu'on vien de faire.

Telles sontes les doléances des abitants de Chaillevois. Dieu veule qu'il touche le entrailles de Sa Majesté et des États Généraux qui vont être asemblé pour opérée à la régénération de la France.

En foy de quoy nous avons signé :

Joseph Flamant ; Balidoux ; Flamant ;
Aubin ; Druet ; Joseph Payen [1].

L'a-t-on lue, cette plainte touchante, cette lamentation du « petit peuple », bien faite pour « toucher les entrailles de Sa Majesté » et pour donner à l'avenir une juste image du lamentable état de choses que la Révolution allait détruire ? Nous parlons bien souvent, du fond de nos épreuves nationales, — et sans nous corriger pour y parvenir, — de la *régé-*

[1] *Archives de Laon. — Bailliage de Vermandois et siège présidial de Laon.*

nération de la France ; mais ceux-là avaient plus que nous le droit d'en parler, qui, comme les pauvres gens de Chaillevois, avaient à peine « du pain à manger, de l'eau à boire et de la paille pour dormir, » et qui se contentaient de faire entendre à Louis XVI ces mots, aussi sombres qu'un glas : *Si les rois savaient ce que valent trois sols !*

Quand on a lu les *Mémoires du marquis d'Argenson*, on ne peut plus être étonné par des plaintes semblables. Depuis longtemps le gouvernement de la France était, selon le mot de d'Argenson en 1751, une *anarchie dépensière*. La cour était (l'expression est du marquis encore) le « tombeau de la nation », de ces pauvres gens dont parle la Bruyère, et qui se retirent la nuit dans leurs tanières, vivant de pain noir, d'eau et de racines.

La misère sévissait, épouvantable, incroyable, mortelle. Un curé de village portait, en 1709, sur le registre de sa paroisse : « Je certifie à tous qu'il appartiendra, que toutes les personnes qui sont nommées dans le présent registre *sont tous morts de famine* (*sic*), à l'exception de M. Descrots et de sa fille. » Et en note : « On a mangé des charognes mortes depuis quinze jours (le blé manquait) ; les femmes ont étouffé leurs enfants de crainte de les nourrir [1]. »

Trente ans après, d'Argenson continue à écrire que la misère « avance au dedans du royaume à un degré inouï ; les hommes *meurent*, dit-il, *dru comme des mouches*, de pauvreté, et en broutant l'herbe. » Le premier président de la cour des aides, Le Camus, haranguant le Roi, cette même année, ne craignit pas de mettre sous les yeux du monarque « ce

[1] Voyez la *Famine de 1709 dans le val de la Loire* (*Mémoires de la Société d'émulation de Moulins*).

peuple qui gémit dans la misère, sans pain et sans argent, obligé de disputer la nourriture aux bêtes qui sont dans les champs[1] ». D'Argenson dira encore, avec une sombre énergie, que les paysans « ne sont plus que de pauvres esclaves, des bêtes de trait attachées à un joug ». En dix ans, la peste venant en aide à la famine, la population de la France avait diminué d'un tiers, et les deux tiers restants demeuraient courbés sous le besoin. En 1752, le roi, la reine et la dauphine se rendant à Notre-Dame, un pauvre homme montrant du pain noir s'accrocha à leur carrosse pour crier : « *Misère ! famine ! Voilà ce qu'on nous fait payer trois sous la livre !* » — N'est-ce pas là comme le prologue de ces journées où l'on allait chercher à Versailles le *boulanger*, la *boulangère* et le *petit mitron* ? Ce peuple affamé était déjà exaspéré. D'Argenson s'écriait : « Quand le peuple ne craint rien, il est tout. » Et d'un ton réellement prophétique : « Toutes ces matières sont combustibles », ajoutait-il, dès 1751 ; « une émeute peut faire passer à la révolte, et la révolte à une totale révolution où l'on élirait de véritables tribuns du peuple, et où le roi et ses ministres seraient privés de leur *excessif pouvoir de nuire.* » Et plus loin : « La révolution est certaine : il n'y a plus qu'à *se détacher de sa patrie* et à se préparer à passer sous d'autres maîtres. » Les révolutionnaires, du moins, au lieu de se détacher de la patrie, se rattachèrent au contraire à elle plus étroitement, plus énergiquement, et ils ne voulurent qu'elle seule, souveraine et maîtresse.

En attendant, la France agonisait et jetait ses plaintes poignantes.

[1] Ed. Scherer. *Étude sur d'Argenson et la France sous Louis XV.*

Or, tandis que les pauvres gens, *les animaux à face humaine* de la Bruyère, vivaient ou plutôt agonisaient ainsi, une société frivole, insensible, affolée de plaisir, tourbillonnait au faîte d'un *monument* dont les souffrants formaient la base. Le temps n'était pas loin où la publication du *Livre rouge* allait apprendre en quelles mains passait le Trésor public, et pour qui travaillaient les malheureux [1]. Les maîtresses, les procureuses, des abbés, des prestolets, des maréchaux, des nourrices, des coureurs de ruelles, les lecteurs de la reine, des personnages crossés et mitrés, recevaient des pensions souvent énormes, dont beaucoup étaient réversibles, ou encore des pots-de-vin, des dons, de véritables richesses. « M. Ducrot, coiffeur », nous dit Camille, « touchait dix-sept cents livres de retraite pour avoir coiffé mademoiselle d'Artois, morte à l'âge de trois ans, avant d'avoir eu des cheveux, et mademoiselle X... jouissait de quinze cents livres de pension pour avoir blanchi une seule fois les manchettes de feu Mgr le Dauphin. » (*Révolutions de France et de Brabant*, n° 20, page 227.) Sans compter que le Roi, comme disait la *France libre*, faisait publiquement le *monopole des grains* [2]. « O le bon temps ! ô le beau règne ! » s'écriait l'annotateur. « *Mais que dira la postérité ?* »

[1] *Le Livre rouge ou liste des pensions secrètes sur le Trésor public*, contenant les noms et qualités des pensionnaires, l'état de leurs services, et des observations sur les motifs qui leur ont mérité leur traitement, in-8° en rouge, de l'imprimerie royale, 1790. Ce livre, imprimé en rouge, parut par livraisons, ou plutôt par fascicules, comme on dirait aujourd'hui. Il donna lieu à la publication d'un cahier in-8° portant pour titre : *Coup d'œil sévère mais juste sur le livre intitulé : le Livre rouge*. L'auteur de cette réponse écrivait : « Il y a des vengeances indignes d'une Assemblée nationale. » Ce n'est pourtant qu'en faisant la lumière sur toutes choses qu'on parvient à la vérité. *La vérité, voilà mon Dieu !* avait mis en exergue l'éditeur du *Livre rouge*.

[2] Ce n'est nullement là une calomnie de Camille, et tous les historiens qui

La postérité donnera un souvenir au roi, qui, en signant, le 5 juillet 1788, l'arrêt *concernant la convocation des États-Généraux du Royaume,* voulut essayer de donner une forme plus libérale au gouvernement de la France ; mais, en reprochant à ce même monarque d'avoir cédé ensuite aux gens

comptent sont d'accord sur ce point (Lacretelle, *Histoire du dix-huitième siècle*, t. IV, p. 274 ; Droz, t. I, p. 66 ; Henri Martin, t. XVI, p. 298 de la 4e édition ; Michelet, *Révolution française*, t. I, p. 76, 126, 270). Nous nous bornerons à citer Droz qui, certes, n'est pas suspect d'exagération :

« Terray défendait l'exportation dans telle province, les blés y tombaient de prix ; il en achetait et les revendait dans telle autre province, qu'il avait affamée en y excitant l'exportation. Louis XV faisait le même trafic pour grossir son trésor particulier. Louis XV, par une étrange aberration d'esprit, s'était habitué à distinguer en lui l'homme et le roi, et souvent l'homme spéculait, jouait, agiotait contre le roi et contre la France. Ce fut avec horreur qu'on vit, dans l'*Almanach national* de 1774, le nom d'un individu qualifié de *trésorier des grains pour le compte du Roi*. L'indiscrétion de l'imprimeur fut châtiée ; mais la feuille manuscrite avait été vue au contrôle général ; et sans doute un commis, digne de Terray, avait appris sans étonnement que Louis XV faisait commerce du pain de ses sujets. »

Dès 1781, Mirabeau flétrissait hautement cette infâme spéculation de Louis le *Bien-Aimé* : « Le roi, chose horrible à penser, le roi, non seulement autorisant, mais faisant le monopole aux dépens de la subsistance de son peuple ! » (*Lettres de cachet*, chap. XII, p. 303.)

Et dans la note 35, p. 317, il donne en preuve la mention expresse, officielle, qui est faite dans l'*Almanach royal* de 1773, du sieur Mirlavaud, comme *trésorier des grains au compte du Roi*. Sur cette indication de Mirabeau, des incrédules ont feuilleté l'*Almanach royal* de 1773, et, n'y ayant rien trouvé de tel, ils ont prétendu que le fait allégué par lui est faux. Ils ont eu raison de dire que l'Almanach de 1773 ne contient pas l'imprudent article ; mais ils n'avaient qu'à chercher dans celui de 1774, le dernier qui ait paru sous Louis XV, et ils l'y auraient découvert. Il est à la page 553, entre celui de la *Société royale d'agriculture* et celui des *Jurés-crieurs*, et il est ainsi conçu : *Trésorier des grains au compte du roi. M. Demirlavaud, rue Saint-Martin, vis-à-vis la fontaine Maubué.* La table des matières contient aussi (p. 571 B) ce titre d'office : *Trésorier des grains au compte du Roi*. L'Almanach de 1773, p. 541, ne le contient pas. (Voy. Prudhomme, introduction aux *Révolutions de Paris*, p. 34.)

qui montrèrent pour les idées nouvelles une haine active et maladroite, elle déplorera que, dès 1789, la patrie, si déchirée, si unanime dans ses vœux, n'ait pas pu saluer l'avènement du règne définitif de la liberté ! Ceux qui opposeront alors leurs répugnances et leurs résistances à ces vœux seront d'ailleurs bien coupables. Un des hommes les plus modérés de l'Assemblée nationale, celui dont Burke a dit qu'il fut le dernier « qui ait veillé au chevet de la monarchie mourante », Malouet, si opposé à tout excès, traçait cependant aux ministres de Louis XVI, avant les élections, la règle de leur conduite à tenir : « Le vœu de la France, disait-il, a appelé les États Généraux : il est indispensable de lui obéir... Obligés d'invoquer les conseils et les secours de la nation, *vous ne pouvez plus marcher sans elle* ; c'est dans sa force qu'il faut puiser la vôtre [1]. » La monarchie eût été sauvée peut-être, ou du moins on eût conjuré les périls qui la menaçaient, si les conseilleurs du Roi eussent compris que l'accord était désormais nécessaire entre la nation et le roi, et que la force matérielle, pas plus que la force morale, ne se trouvait du côté du passé. Mais quoi ! il était dit que le malheureux Louis XVI se laisserait entraîner à sa perte, et par celle que *Monsieur*, le comte de Provence, et les pamphlets inspirés par lui appelaient déjà l'*Autrichienne* avant que le peuple, imitant la cour, lui eût donné ce nom ; et par des hommes qui, comme M. de Montmorin, semblaient prendre à tâche de précipiter une monarchie qu'ils croyaient, — les aveugles ! — peut-être servir.

[1] Voyez la seconde édition des *Mémoires de Malouet*, publiés par son petit-fils le baron Malouet (2 volumes, 1874, chez E. Plon et Cie).

IV

Le mouvement politique par la convocation des États Généraux avait été immense. Les brochures sortaient de terre. L'arrêt même du 5 juillet 1788 n'avait-il pas dit : « Sa Majesté invite *tous les savants et personnes instruites de son royaume,* et particulièrement ceux qui composent l'Académie des inscriptions et belles-lettres, à adresser à M. le garde des sceaux tous les renseignements et mémoires sur les objets contenus au présent arrêté » ? On eût dit que le feu était mis aux poudres et aux cervelles. Toutes les « têtes grosses d'in-folio », comme dit Camille Desmoulins, s'étaient mises à éclater. Mangourit, avec son *Tribun du peuple au peuple,* avait fait entendre le *premier coup de tambour.* Le comte Avenel d'Entraigues publiait un *Mémoire* quasi-républicain ; on réimprimait ou on relisait les écrits où Necker, Mirabeau, le marquis de Beauvau, mettaient en circulation ces idées communes à la grande masse de la nation : la répartition égale de l'impôt, l'anéantissement de toute exemption, etc. On discutait, depuis 1787, le travail où Linguet, l'adversaire de la Bastille, attaquait, à propos de l'*impôt territorial,* les privilèges et combattait avec énergie le système fiscal de l'ancien régime. La fameuse brochure de Sieyès *Qu'est-ce que le tiers état ?* était, on peut le dire sans exagération, dans presque toutes les mains. Il s'en vendit en trois semaines trente mille exemplaires. Cerutti, Target, Rabaut Saint-Étienne, Servan, Touret à Rouen, Volney en Bretagne, Clavière, Condorcet, Brissot, apportaient leur contingent de brochures militantes à la masse d'écrits lus et commentés partout avec fièvre. Déjà Carra osait écrire, dans l'*Orateur pour les États Généraux* : « Le peuple est le véritable souverain et le Roi n'est que son premier commis. »

Que faisait Camille Desmoulins à cette heure, et son esprit ne s'était-il point embrasé devant un tel spectacle ? Dans la nomenclature des écrits politiques les plus influents qui ont précédé l'ouverture des États Généraux, je trouve (voy. l'*Introduction historique* au *Moniteur*) une brochure signée de *M. Desmoulins*, « *la Philosophie au peuple français*, par M. Desmoulins, 1788. »

Une pensée de Sénèque sert d'épigraphe à cet écrit : « *Expergiscamur, ut errores nostros coarguere possimus. Sola autem nos philosophia excitabit, sola somnum excutiet gravem.* » (SENECA : *De philosophia.*)

Le *Moniteur* cite un fragment de ce travail, et le morceau suffit à donner l'idée du reste :

> Il est temps que vous leviez la tête, et que vous la leviez constamment ; il est temps que vous rentriez dans vos droits, et que vous recouvriez votre liberté originelle (le mot est joli, il dénote bien le Desmoulins de la *France libre*) ; l'entreprise est formée, les premiers mouvements sont produits ; mais ce n'est pas assez, il faut que vous résistiez jusqu'à ce que vous soyez sûrs du triomphe. Ah ! que vous seriez à plaindre si vous veniez à mollir devant vos ennemis ! Vous seriez cent fois plus malheureux que vous ne l'étiez avant d'avoir songé à secouer vos chaînes. Vous retomberiez dans cette honteuse et triste servitude de vos infortunés ancêtres, etc.

« L'auteur, ajoute le *Moniteur*, développe ensuite les principes d'un plan de Constitution. »

Cette brochure est-elle vraiment de Camille ? A mon avis, on n'en peut douter. En 1788, Desmoulins avait vingt-huit ans ; il était encore inconnu et « disponible » ; actif d'ailleurs, la plume facile, comment supposer que la fièvre générale ne l'ait pas poussé à écrire et à donner, lui aussi, ses idées sur la Constitution future ! C'eût été chose trop malaisée, pour un avocat homme de lettres, que de garder le silence en un moment où la parole était à la France tout entière. Presque à la même heure, mais un peu plus tard, l'enthousiasme de Camille pour ces États Généraux qui devaient, — il le croyait avec la majorité de la nation, — faire le bonheur de la patrie, son admiration pour les « *tribuns* », lui dictaient une *Ode* demeurée assez longtemps introuvable et que nous avons pu réimprimer, après bien des recherches, dans notre édition des *Œuvres* de Camille ; ode assez médiocre sous le rapport de la facture, comme tous les vers que Desmoulins a signés, mais curieuse comme symptôme et qui montre bien où en étaient, en 1788, les rares esprits qu'une éducation toute classique avait préparés à l'amour, sinon à la conception nette de la République.

Camille Desmoulins, dans cette *Ode,* célèbre le roi, qui veut mettre décidément la vérité à la place du mensonge :

> Cher prince, des rois le modèle,
> Eh bien, nous doutions de ta foi,
> Et qu'au-dessus de Marc-Aurèle
> La France dût placer son roi !

Mais la satire amère et attristée de l'état où se trouve la nation tient plus de place, dans cette ode, que les louanges au souverain qui a écouté la prière du peuple :

> Pour les nobles toutes les grâces ;
> Pour toi, peuple, tous les travaux,

dit Camille ; et sur ce ton, il continue :

L'homme est estimé par les races
Comme les chiens et les chevaux.
Pourtant au banquet de la vie
Les enfants qu'un père convie
Au même rang sont tous assis :
Le ciel nous fit de même argile,
Et c'est un fil aussi fragile
Que tourne pour eux Lachésis.
L'impôt prend sa course incertaine.
Dans le parc et dans le château
Il ne pose son pied qu'à peine,
Et foule vingt fois le hameau.
Ton glaive trop longtemps repose :
Du pauvre prends enfin la cause,
Venge Naboth, Dieu protecteur !

Necker, cependant, « descend de la montagne », accompagné de la Raison, et, pareil à Moïse, les tables à la main, il va renverser le veau d'or :

Le peuple sort de dessous l'herbe :
Déjà, de ses mille cités,
Il voit, plein d'un espoir superbe,
Partir ses mille députés.
La Prière lente et boiteuse,
De son succès n'est plus douteuse,
Elle a monté devant Louis !

Et, s'adressant aux députés : *Tonnez,* leur dit en terminant Camille,...

Tonnez, et tribuns de la plèbe,
De l'esclavage et de la glèbe
Effacez les restes honteux !

Ce ne furent point là les seuls vers qu'ait alors tracés Desmoulins. Le recueil intitulé : *Satires* ou *Choix des meilleures pièces de vers qui ont précédé et suivi la Révolution* (32 p. in-8°, à Paris, l'an Ier de la Liberté, avec gravures), contient plusieurs pièces de vers signées du nom de Desmoulins. Il y en a d'infâmes. Son biographe, trop sévère, M. Ed. Fleury, n'hésite pas à l'en accuser, quoique Camille, dans le n° 29 de ses *Révolutions de France et de Brabant,* se soit vigoureusement défendu d'en être l'auteur. Il qualifie ces pièces de *cyniques* et de *dévergondées*. — « Quelques-unes sont même, ajoute-t-il, d'une grossièreté dégoûtante. » Et il conclut ainsi :

Le libelliste a pris une épigraphe tirée de Voltaire. L'épigraphe qui lui convient le mieux est le mot de Desfontaines : *Il faut bien que tout le monde vive*. Quand aurons-nous une bonne loi sur la liberté de la presse ? Quelque indulgence que je professe pour la liberté, j'ai senti tout ce qu'elle avait de danger en voyant mon nom trois fois au bas des pièces de cet infâme recueil [1].

L'*Ode aux États Généraux* fit peu de bruit, et Desmoulins dut s'en trouver légèrement piqué. Le moment approchait cependant où il allait avoir *son heure*. Je m'imagine Camille, errant à travers ce Paris, qui déjà sentait le salpêtre, allant, venant, courant à Versailles, où les députés se rassemblaient, s'exaltant au spectacle de la procession solennelle qu'éclairait le soleil de mai, la veille de l'ouverture des États Géné-

[1] Il y a cependant là une pièce de vers où nous ne pouvons méconnaître la tournure d'esprit de Camille ; dégrisé de son amour pour Louis XVI, qu'il ne compare plus à Marc-Aurèle, Desmoulins rimera, deux ans après, en 1790, une satire contre le roi et contre la reine. Ces vers ne contiennent que des aménités, comparés à ceux que le recueil des *Satires* attribue à Camille et à Marie-Joseph Chénier.

raux [1], retournant à Paris, où tout fermente, écoutant les propos de la rue et les paroles des politiques du café Procope, se glissant à travers les groupes qui, fiévreux, encombrent le Palais-Royal, et que domine de toute la tête le colossal marquis de Saint-Huruge ; puis, allant au club, au café, sur les places, entraîné par le plaisir d'entendre « *les plans admirables des zélés citoyens.* » Le sang devait faire battre à les rompre les artères de ce jeune homme, certain de sa puissance, pétillant d'esprit, embrasé d'ambition, *enflammant les autres*, selon son expression, et *s'enflammant lui-même*. Chateaubriand, qui le vit à cette époque, nous le dépeint sous des couleurs assez noires : râpé, jaune et besoigneux (Voy. les *Mémoires d'Outre-Tombe*). C'est, en effet, l'heure difficile pour Camille, l'heure d'obscurité, d'incertitude, d'espoirs soudain abattus, de défaillances, puis d'exaltations nerveuses. Il portait déjà dans sa tête sa première brochure à succès, *la France libre*, et il écrivait à son père qu'il en était « tout

[1] « Ce fut hier pour moi un des beaux jours de ma vie », écrit Camille à son père le 5 mai 1789. « Il auroit fallu être un bien mauvais citoyen pour ne pas prendre part à la fête de ce jour sacré. Je crois que quand je ne serois venu de Guise à Paris que pour voir cette procession des trois ordres, et l'ouverture de nos États Généraux, je n'aurois pas regret de ce pèlerinage. Je n'ai qu'un chagrin, ç'a été de ne pas vous voir parmi nos députés. Un de mes camarades a été plus heureux que moi ; c'est de Robespierre, député d'Arras. Il a eu le bon esprit de plaider dans sa province. »

Et plus loin :

« Je vous en ai beaucoup voulu à vous et à votre gravelle. Pourquoi avoir montré si peu d'empressement pour obtenir un si grand honneur ? Ç'a été le premier de mes chagrins. »

Camille ajoute :

« J'ai écrit hier à Mirabeau pour être, s'il y a moyen, un des coopérateurs de la fameuse gazette de tout ce qui va se passer aux États Généraux, à laquelle on souscrit ici par mille, et qui va rapporter cent mille écus, dit-on, à l'auteur. Voulez-vous que j'aille souscrire pour vous ? »

STATUE DE CAMILLE DESMOULINS AU PALAIS-ROYAL.
(Phot. Hachette et Cie.)

CAMILLE DESMOULINS HARANGUANT LE PEUPLE DANS LE JARDIN DU PALAIS-ROYAL
(12 JUILLET 1789).
D'après une gravure de Prieur. (Bibliothèque Nationale. Estampes.)

occupé ». Je le vois, à Versailles, dans ces journées des lundi et mardi 22 et 23 juin 1789, où, par la pluie battante, les députés, empêchés par les gardes d'entrer dans la salle des séances royales, couraient les rues sans savoir en quel endroit s'assembler. De quelle colère le Picard dut-il se sentir saisi lorsqu'il vit les représentants de la nation chassés ainsi, mais de quel enthousiasme aussi lorsqu'il les entendit jurer qu'ils ne se sépareraient pas avant d'avoir fondé la liberté !

Tous ont montré, écrit-il (lettre à son père, 24 juin), une fermeté romaine et sont décidés à sceller de leur sang nos libertés.

Tout Paris est en combustion, ajoute-t-il. Le Palais-Royal est plein comme un œuf ; on applaudit partout le duc d'Orléans avec transport. Le roi passe, personne ne dit mot ; M. Bailly, président de l'Assemblée, paraît, tout le monde bat des mains ; on crie : *Vive la nation !*

On suit, pour ainsi dire, pas à pas, dans ces lettres, les progrès de la Révolution. On tâte le pouls à ce Paris enfiévré. Tout à l'heure Camille va dire : « L'incendie croît. *Jam proximus ardet Ucalegon.* » On a arraché de l'Abbaye les gardes françaises qui ont fraternisé avec le peuple. Déjà, dès ce mois de juin, il est question de marcher sur la Bastille et sur Vincennes. Camille, entraîné par le courant, écrit à son père, ami du prince de Condé, qui même dînait souvent à Guise, chez M. Desmoulins : « *Votre prince de Condé* n'ose paraître. Il est honni, berné, hué, chansonné. »

Et, dans cette même lettre, le journaliste de demain trace, de sa plume alerte, pittoresque et française, le tableau de Paris en ces jours qu'il appellera lui-même, plus tard, des jours *caniculaires* :

On a fouetté il y a quelques jours une comtesse dans le Palais-

Royal, où elle tenoit des propos contre M. Necker. Au Palais-Royal, ceux qui ont la voix de Stentor se relaient tous les soirs. Ils montent sur une table ; on fait troupe et on écoute la lecture. Ils lisent l'écrit du jour le plus fort sur les affaires du temps. Le silence n'est interrompu que par les *bravo* aux endroits les plus vigoureux. Alors les patriotes crient *Bis* ! Il y a trois jours, un enfant de quatre ans, plein d'intelligence et bien appris, fit le tour du jardin, en plein jour, au moins vingt fois, porté sur l'épaule d'un crocheteur. Il crioit : « Arrêt du peuple français. La Polignac, exilée à cent lieues de Paris. Condé, *idem*. Conti, *idem*. D'Artois, *idem*. La Reine... je n'ose vous le répéter ! »

Ces fièvres ont d'ailleurs leurs effets terribles. Tout à l'heure Camille racontera le *châtiment exemplaire* infligé, au Palais-Royal, à un espion de police.

On l'a déshabillé, on a vu qu'il était fouetté, marqué ; on a retrouvé sur lui un martinet ; ce sont les menottes de corde dont se servent ces vils coquins. On l'a baigné dans le bassin, ensuite on l'a forcé comme on force un cerf, on l'a harassé, on lui jetoit des pierres, on lui donnoit des coups de canne, on lui a mis un œil hors de l'orbite ; enfin, malgré ses prières et qu'il criât merci, on l'a jeté une seconde fois dans le bassin. Son supplice a duré depuis midi jusqu'à cinq heures et demie, et il avait bien dix mille bourreaux.

Quelle folie furieuse s'empare donc des foules à de certaines heures, que Camille se sente gagné par la frénésie de ces « dix mille bourreaux » au point qu'il ne ressente pas, devant ce forfait anonyme, la fureur et le dégoût que doit éprouver un homme de cœur ? Il verra plus tard que le *châtiment* infligé à l'espion de police n'est que le prologue d'autres crimes du même genre. Et qui sait s'il n'y avait pas déjà des massacreurs de Septembre parmi les gens acharnés, durant cinq heures, contre un malheureux à demi mort ?

Cependant la guerre continue et s'organise. D'un côté, on forme trois camps autour de Paris, des parcs d'artillerie comme au pont de Sèvres ; de l'autre, on continue à faire des motions et des discours. « Il pleut des pamphlets tous plus gais les uns que les autres, écrit Desmoulins. » Les soldats se mêlent au peuple. *Vive le tiers état !* est le cri universel. Tout occupé de sa brochure, *la France libre,* qu'il vient d'achever, Camille en a remis le manuscrit à son libraire, Momoro, dès le 20 juin. Momoro se faisait déjà appeler *le premier imprimeur de la liberté nationale.* Il n'en était pas moins un imprimeur fort prudent, et cet homme, qui accusera plus tard Camille d'être un modéré, qui deviendra un *hébertiste* en 93, refuse en 89 de publier l'ouvrage de Desmoulins, le trouvant trop redoutable. Le pauvre Desmoulins en frémit de colère. « Si j'étais bien en fonds, dit-il à son père, j'achèterais une presse, tant je suis révolté du monopole de ces fripons. »

Mais si Momoro, — cet honnête négociant de Momoro qui, au dire d'Arnault, chargeait des pistolets en disant : Voilà pour les porteurs de traites ! — hésite et tremble à la veille du 14 juillet, alors que les régiments suisses et allemands menacent les patriotes, il se montrera fort rassuré au lendemain de la prise de la Bastille, et la *France libre,* imprimée dès les premiers jours de juin 1789, sera mise en vente le 18 juillet, lorsque le peuple sera victorieux. Ce prudent Momoro était de ceux qui, selon le précepte de Mathurin Régnier, savent *naviger* selon le temps qu'il fait.

La prise de la Bastille allait d'ailleurs donner à Camille Desmoulins une popularité soudaine ; la table du jardin du

Palais-Royal, sur laquelle il allait monter, devait être comme le piédestal de sa renommée. Le Palais-Royal, — nous l'avons vu, était le foyer ardent, le cœur même du Paris de 89. Nouvellistes et faiseurs de motions, discoureurs et agitateurs, tous se coudoyaient autour de l'arbre de Cracovie. Où Diderot conversait jadis avec le neveu de Rameau, Saint-Huruge maintenant discutait avec Fournier l'Américain, et la foule, bouillante, entraînée, formait autour de tout personnage porteur d'un renseignement quelconque un de ces groupes affairés, nerveux, facilement excitables, qu'on voit grossir aux jours d'orage.

La situation respective de la cour et de la nation était, en juillet 1789, fort tendue. Necker, populaire et dévoué alors aux intérêts du peuple [1], essayait d'arracher le roi à ce *bourdonnement de conseils, violents en projet, sans capacité dans l'exécution*, dont parle Malouet. Louis XVI, au lieu de céder à la sagesse du Genevois, penchait sensiblement du côté de ceux qui parlaient de sévir, ou bien encore il était, selon le mot de son frère, le futur Louis XVIII, au comte de La Marck, semblable *à une boule d'ivoire huilée* qui glisserait dans la main.

« Le dédain avec lequel on parlait, à la cour, du parti populaire, dit encore Malouet, persuadait aux princes qu'il n'y avait qu'à enfoncer son chapeau pour le disperser ; et, le moment venu, l'on ne savait pas même enfoncer son chapeau. » Le roi, qui, pour dissimuler sa faiblesse, ses hésita-

[1] Necker, le favori de la nation, avait été celui des grands. L'engouement pour Necker datait de loin. Quelques jours après qu'il eut été pour la première fois, renvoyé du ministère Calonne (mai 1781), on vit la duchesse de Lauzun, de toutes les femmes la plus douce, et surtout la plus timide, attaquer, dans un jardin public, un inconnu qu'elle entendait mal parler de Necker.

tions, feignait parfois de dormir tandis que ses conseillers parlaient, prit cependant, une fois, le parti le plus violent : il enfonça son chapeau. Necker fut sacrifié ; le ministre congédié devait, en outre, sortir de France.

Lorsque Paris apprit que son favori était exilé, le courroux fut grand. Au Palais-Royal, la fièvre redoubla. Ce n'était plus de la fermentation, c'était de la rage. Cette journée du dimanche 12 juillet devait coûter cher à la royauté.

Camille Desmoulins, irrité et résolu, fougueux au milieu d'un groupe, exaltant ses voisins, exalté par eux, saisissant dans la foule des symptômes de colère, poussé par ceux qui l'entourent, et se faisant comme le porte-voix de tous, monte sur une table, et, dans ce moment d'enthousiasme, domptant son léger bégayement d'habitude : « Citoyens, s'écrie-t-il, vous savez que la nation entière avait demandé que Necker lui fût conservé ?... J'arrive de Versailles... Necker est renvoyé !... Ce renvoi est le tocsin d'une Saint-Barthélemy de patriotes. Ce soir, tous les bataillons suisses et allemands sortiront du Champ-de-Mars pour nous égorger... Il n'y a pas un moment à perdre ! Nous n'avons qu'une ressource, c'est de courir aux armes et de prendre des cocardes pour nous reconnaître ! » — « J'étouffais d'une multitude d'idées qui m'assiégeaient, écrit Desmoulins deux jours après, je parlais sans ordre, mais ces mots enflammés allaient droit au cœur de cette foule. » Ce jeune homme aux cheveux noirs, maigre, avec de grands yeux noirs pétillants de vie, cet inconnu de la veille, entrant ainsi dans l'histoire par une improvisation bouillante, exprimait avec sa véhémence ardente tout ce que ressentaient de colère les six mille citoyens qui l'entouraient. L'outrage était pour tous, mais un seul poussait le cri et protestait au nom de la nation entière.

« Quelles couleurs voulez-vous pour nous rallier? continuait Desmoulins. Voulez-vous le vert, couleur de l'espérance, ou le bleu de Cincinnatus, couleur de la liberté d'Amérique et de la démocratie? » La foule répond : « Le vert! le vert! Des cocardes vertes! » Et cette révolution commence comme débute le printemps.

Camille attache, le premier, un ruban vert à son chapeau. Les arbres du jardin, dépouillés de leurs feuilles, fournissent des cocardes aux citoyens électrisés. C'est une pluie de verdure sous les branches des tilleuls; le soleil joue sur ces étoffes joyeuses des modes d'été, et Camille, animé, brillant, toujours debout, dominant cette foule qui l'acclame, tire de dessous son habit deux pistolets, qu'il montre au peuple et s'écrie : « Amis, la police est ici! Elle m'observe, elle m'espionne. Eh bien! oui, c'est moi qui appelle mes frères à la liberté! Mais je ne tomberai pas vivant entre ses mains! Que tous les bons citoyens m'imitent! Aux armes! »

L'étincelle avait jailli[1]. Elle venait de tomber de cette table de café que le citoyen Beaubourg, qui hissa dessus Desmoulins, appellera *la table magique*. La foule, maintenant, suit Camille, qui traverse le jardin; elle lui fait escorte, il l'entraîne, et ce flot humain ira où le conduira ce jeune homme de vingt-neuf ans, qui, le ruban vert au chapeau, incarne maintenant — et incarnera pour l'avenir — la Révolution et l'espérance.

Paris tout entier était debout. Le prince de Lambesc ajoutait à la fureur de tous en sabrant, au Pont-Tournant, la

[1] « Je descendis étouffé d'embrassements; les uns me serraient contre leurs cœurs; d'autres me baignaient de leurs larmes; un citoyen de Toulouse, craignant pour mes jours, ne voulut jamais m'abandonner. » Camille Desmoulins, *le Vieux Cordelier*, numéro 5.

foule exaspérée. Les cavalcades et les charges du Royal-Allemand vont pousser le peuple à l'émeute. On les accueille aujourd'hui à coups de pierres, demain ce sera à coups de sabre. Camille a parcouru les boulevards, traînant après lui un torrent grossissant de curieux. En signe de deuil, on ferme les spectacles. La foule envahit l'Opéra et fait baisser le rideau du théâtre. D'autres ont l'idée d'aller arracher à la galerie de figures de cire du sculpteur Curtius le buste de Necker et celui du duc d'Orléans, et de les promener, voilés de noir, à travers Paris. Il faut toujours quelque mise en scène à ce peuple d'artistes.

La nuit venait. La grande ville, parcourue et gardée par des divisions de soldats du guet, des gardes françaises et des corps de bourgeois armés, s'endormait à demi au bruit des coups de feu tirés par intervalles. — Qu'était-ce? Deux patrouilles ennemies qui, se rencontrant dans les ténèbres, en venaient aux mains. On entendait partout des bruits lugubres, de ces appels sinistres des nuits de guerre, des coups lourdement frappés sur les volets des boutiques. C'étaient des patriotes qui forçaient les arquebusiers à ouvrir leurs boutiques, afin d'armer les premiers bataillons de la garde urbaine. Camille était, avec le général Danican, à la tête de ces veilleurs de nuit. « J'avais, disait-il dans le *Vieux Cordelier,* j'avais alors l'audace de la Révolution [1]. »

[1] Il n'est pas, sur ce point, de meilleur historien que Camille lui-même. Voici la lettre qu'il écrivait à son père sous l'impression du moment, le 16 juillet :

« Maintenant, on peut vous écrire, la lettre arrivera. Moi-même j'ai posé hier une sentinelle dans un bureau de la poste, et il n'y a plus de cabinet secret où on décachette les lettres. Que la face des choses est changée depuis trois jours! Dimanche, tout Paris était consterné du renvoi de M. Necker; j'avais beau échauffer les esprits, personne ne prenait les armes. Je vais, sur les trois heures, au Palais-Royal; je gémissais au milieu d'un groupe sur notre lâcheté à tous,

Pendant ce temps, à Versailles, on s'organisait pour la lutte. Les gardes du corps passaient la nuit en bataille. Le pont de Sèvres était protégé par du canon. Ordre était donné de le faire sauter si on ne pouvait le défendre. Le lundi matin, 13 juillet, Paris fourmillait d'hommes armés de bâtons et de fusils, de piques, de sabres, de pistolets. Les armuriers avaient donné jusqu'à leurs vieilles hallebardes. Ce n'était pas assez : on devait aller, le 14 juillet, chercher des armes aux Invalides. Cette force armée, répandue dans Paris, pouvait être un danger terrible. Il y avait, parmi cette multitude affolée, des gens qui parlaient d'incendier les hôtels des aristocrates. L'hôtel de Breteuil et le Palais-Bourbon étaient déjà menacés. Les Électeurs, assemblés à l'Hôtel de ville, préservèrent la cité de ce danger, et faisant, eux aussi, de l'ordre avec du désordre, créèrent un corps de milice

lorsque trois jeunes gens passent, se tenant par la main et criant aux armes. Je me joins à eux ; on voit mon zèle, on m'entoure, on me presse de monter sur une table ; dans la minute j'ai autour de moi six mille personnes. — « Citoyens, dis-je alors, vous savez que la nation avait demandé que Necker lui fût conservé, qu'on lui élevât un monument, et on l'a chassé ! Peut-on vous braver plus insolemment ? Après ce coup ils vont tout oser et pour cette nuit ils méditent peut-être une Saint-Barthélemy pour les patriotes. » J'étouffais d'une multitude d'idées qui m'assiégeait ; je parlais sans ordre. « Aux armes ! ai-je dit, aux armes ! Prenons tous des cocardes vertes, couleur de l'espérance. » Je me rappelle que je finis par ces mots : « Oui ! c'est moi qui appelle mes frères à la liberté. » Et, levant un pistolet : « Du moins, ils ne me prendront pas en vie et je saurai mourir glorieusement ; il ne peut plus m'arriver qu'un malheur, c'est de voir la France devenir esclave. » Alors je descendis ; on m'embrassait, on m'étouffait de caresses. — « Mon ami, me disait chacun, nous allons vous faire une garde, nous ne vous abandonnerons pas, nous irons où vous voudrez. » Je dis que je ne voulais point avoir de commandement, que je ne voulais être que soldat de la patrie. Je pris un ruban vert et je l'attachai à mon chapeau le premier. Avec quelle rapidité gagna l'incendie ! » (Correspondance 21, *Journal de Vervins* du 20 juin 1884. Citée par Godart, p. 24.)

bourgeoise de soixante-dix-huit mille hommes, en seize légions. Le marquis de la Salle fut élu pour commander en chef et M. le chevalier de Saudray pour commander en second cette milice qui devint la garde nationale.

Ce fut cette garde bourgeoise qui, comprenant aussitôt son rôle, désarma, dès le soir même, une quarantaine de gens sans aveu dont la plupart, le matin, avaient pillé la maison des Lazaristes, et, sous prétexte d'y trouver du blé, y avaient enfoncé les caves et s'étaient gorgés de vin [1].

Bientôt les citoyens « de tout rang, de tout ordre, de tout âge » se font inscrire sur la liste des « soldats de la patrie » et se décorent de la cocarde verte que Camille Desmoulins vient d'inventer, comme s'il était le poète de la Révolution. Bientôt, car elle rappelle les couleurs du comte d'Artois, cette cocarde sera remplacée par des cocardes ou des rubans rouge et bleu, — couleurs de la ville, — et lorsqu'on y ajoutera le blanc, couleur du roi, on aura inventé cette cocarde tricolore qui fera le tour du monde avec nos drapeaux, et, intimement liée au sort de notre chère France, connaîtra comme elle toutes nos gloires, comme elle supportera toutes nos humiliations. Les drapeaux de la ville sont déployés, on sonne le tocsin, on tire des salves d'artillerie, on barricade les faubourgs (d'Argenson n'avait-il pas prévu dès longtemps ces barricades futures ?) ; trois mille gardes françaises se mêlent hardiment au peuple ; tout ce qu'il y a de fer dans Paris devient une arme ; le plomb est fondu et se change en balles, et le comité permanent des Électeurs

[1] Une trentaine de ces forcenés, tant hommes que femmes, furent trouvés le lendemain noyés pêle-mêle ou expirants dans des flots de vin. (Narration du *Moniteur* du 17 au 20 juillet 1789.)

continue à veiller sur la ville que remplit le tumulte et le bruit des armes.

Il y eut, dans le fracas de ces terribles jours, de magnifiques traits d'héroïsme aujourd'hui oubliés. A deux heures du matin, dans la nuit du 13 au 14 juillet, on vient annoncer à l'Hôtel de ville que quinze mille faubouriens descendent du faubourg Saint-Antoine vers la place de Grève pour s'emparer de l'Hôtel de ville.

— Ils ne le prendront pas, répond un des électeurs, Le Grand de Saint-René, car je le ferai sauter à temps !

Il fait rouler par les gardes de la ville six barils de poudre jusqu'au cabinet voisin de la salle commune et attend là qu'on veuille forcer l'Hôtel de ville. Devant une telle résolution, nul de ces furieux n'osa tenter d'enlever la maison commune.

Le mardi 14 juillet devait voir tomber la Bastille.

Un beau soleil a fêté ce grand jour,

dit Béranger, qui, tout enfant, marcha sur les débris des tours. La vérité est que le temps fut couvert et nuageux durant une grande partie de la journée [1]. Il y avait eu, la veille, des averses considérables et un coup de vent violent, avec tonnerre le soir, ce qui eût dû faire rentrer chez eux les Parisiens, si le mot de Pétion était toujours vrai. Mais il ne s'agissait pas d'une émeute, c'était une révolution que Paris allait voir passer.

Dès le matin, le cri de Paris était celui-ci : *A la Bastille !* La population voulait en finir. Les canons de Launey, bra-

[1] Voyez le *Journal de Paris*. Les réverbères allumés à huit heures cinquante-cinq minutes devaient, à ce moment de l'année, être éteints à minuit.

qués sur le faubourg, lui paraissaient une provocation. Thuriot de la Rosière, député par le district de Saint-Louis de la Culture, demande au gouverneur de les faire descendre. De Launey refuse, mais ses officiers jurent qu'ils ne feront aucun usage de leurs armes si on ne les attaque pas. Cependant, le peuple et les gardes françaises s'amassaient en grondant devant la Bastille. Lorsque Thuriot sortit, un assez grand nombre de citoyens désarmés se présentèrent réclamant des armes et des munitions. Le gouverneur fait baisser le pont-levis ; la foule entre, mais aussitôt (qui avait donné cet ordre ?) le pont se relève, et les citoyens qui ont pénétré jusque dans la première cour sont accueillis par un feu roulant de mousqueterie. On les fusille littéralement, et ceux du dehors, exaspérés, courent aussitôt à l'Hôtel de ville en criant vengeance.

Désormais la multitude est déchaînée. Armés de sabres, d'épées, de haches, des milliers d'hommes se précipitent vers la Bastille avec l'élan de la rage. Les femmes et les enfants se joignent à ce torrent humain, qui roule du côté de la forteresse une foule de soldats, d'ouvriers, de pompiers, d'officiers, d'*abbés,* dit le *Moniteur,* « tous mus par une impulsion commune. » Le combat s'engage bientôt. Un ancien soldat au régiment Dauphin, Louis Tournay, et un ex-soldat de Royal-Comtois, Aubin Bonnemère, enfoncent les portes de l'avancée, et le combat s'engage autour du pont-levis. Un assaillant, nommé Bernard, tombe foudroyé de trente-deux coups, sans doute d'une *amusette* chargée à mitraille. Un autre, qu'on emporte, dit à ses compagnons : « Tenez bon, mes amis ; je meurs, mais vous la prendrez ! »

Un moment on put croire que la lutte allait cesser ; des députés de l'Hôtel de ville arrivaient, portant un drapeau blanc. Ce ne fut qu'une éclaircie dans cet orage populaire. La forteresse, par trois fois, refusait de parlementer et continuait le feu. De cette lutte énergique et qui s'exaspérait en durant, nous ne citerons que quelques traits consolants qui témoignent à la fois de la fureur et de l'héroïsme des assaillants. La foule saisit, dans la cour de la Bastille, une jeune fille qu'on entraîne près du premier pont, tandis que des furieux s'écrient : « A mort ! c'est la fille de Launey ! Qu'il rende la place ou qu'on tue sa fille ! » Des misérables la couchent sur une paillasse et vont y mettre le feu, lorsque Aubin Bonnemère se précipite, arrache la pauvre enfant à ces forcenés, la remet à des soldats et retourne au combat. Moins d'un an après, le 5 février 1790, Aubin Bonnemère recevait un sabre d'honneur, et, de la main même de cette enfant (c'était mademoiselle de Monsigny), une couronne civique que la jeune fille posa en pleurant sur la tête de son sauveur [1].

La relation du *Moniteur,* la plus complète et la plus impartiale de toutes les relations de cette rude journée, donne bien la physionomie même de ce combat violent, obstiné, héroïque en somme. On y voit le gouverneur de Launey, attendant le secours promis par M. de Bezenval, et M. de Flesselles hésiter, temporiser, et « prendre le parti le plus dangereux de tous, celui de n'en prendre aucun ». Un moment, lorsque décidément la forteresse appartenait aux assaillants (le premier qui monta sur les tours était J.-B. Humbert ; Hérault de Séchelles le suivit), M. de Launey, éperdu

[1] « Un citoyen, M. Binot, qui avait été témoin de la bravoure de Bonnemère, offrit à ce héros une rente viagère réversible, dit le *Moniteur,* sur la tête de son épouse. »

de colère et de douleur, voulut faire sauter la Bastille. Un officier l'empêcha de descendre jusqu'à la sainte-barbe et d'y mettre le feu. Le gouverneur, exaspéré, allait et venait, cherchant un baril de poudre, répétant à ses soldats qu'il fallait s'ensevelir sous les débris de la forteresse ; mais on battait déjà la chamade et on arborait le drapeau blanc sur la tour de la *Bazinière*. Bientôt les assiégeants allaient sauter au cou des invalides et des Suisses qui, les voyant entrer, criaient *Bravo !* Malheureusement cette fraternisation dura peu ; des décharges nouvelles, une panique farouche rendent à la foule qui s'engouffre dans la Bastille toute sa furie. Elle ne combat plus, elle massacre. Béquart, ce même officier qui, tout à l'heure, avait empêché le gouverneur de faire sauter la forteresse, est percé de coups d'épée ; un coup de sabre lui abat le poignet, et cette main, cette « même main à qui tant de citoyens doivent leur salut », la foule la porte en triomphe dans les rues de Paris, tandis que le malheureux Béquart est attaché à un gibet où il meurt, à côté d'un nommé Asselin, son compagnon d'armes et de supplice.

M. de Launey, lui, résolu à ne pas survivre, veut se percer le cœur avec sa canne à épée (il n'était point en uniforme, mais vêtu d'un frac gris avec un ruban ponceau) ; le grenadier Arné, un des vainqueurs de la Bastille, lui enlève son arme. Et tandis que la foule arrachait les cheveux au gouverneur et le menaçait de ses épées, M. de Launey se tournait vers Arné et vers Hullin, qui le tenaient et le protégeaient, en leur disant : « Est-ce là ce que vous m'aviez promis ? Ne m'abandonnez pas ! »

Peu de temps après (mais l'agonie fut trop longue et trop douloureuse encore), M. de Launey allait être égorgé sur les marches de l'Hôtel de ville, où on le conduisait. Nous avons retrouvé le nom de son principal meurtrier, car bien des bras frappèrent à la fois. C'était un nommé Dénot, cuisinier de son état, venu là par hasard, et qui, dit-il, « voyant passer un homme qu'on entraînait sur les marches de l'Hôtel de ville et qu'on lardait de coups de sabre et de baïonnette, le frappa dans le dos et lui coupa la tête avec son couteau [1] ». Une férocité latente se révélait tout à coup, — comme il arrive, hélas ! trop souvent, — chez ce comparse d'un grand drame.

La fureur du peuple était terrible. On tuait le major de Launey, M. de Losme, et l'on portait sa tête au bout d'une pique. On égorgeait M. de Méray, aide-major, dans la rue des Tournelles ; on assommait M. de Persan, lieutenant des invalides, sur le Port-au-Blé ; M. de Montbarey, ancien ministre de la guerre, devait périr aussi. Cependant, un cri sortait déjà de ces milliers de poitrines, — un grand cri de clémence et de pitié : *Grâce !* Les gardes françaises répétaient : *Grâce ! grâce !* Un des héros de la journée, héros par le courage et par la bonté, Élie, trouva le véritable mot, et qui fit cesser les massacres : *Grâce aux enfants !* dit-il à ceux qui traînaient des adolescents parmi les captifs. Superbe, les cheveux hérissés sur son front en sueur, tenant à la main une épée tordue, cet homme fit courir dans la foule un frisson de pitié : « Point de sang sur nos lauriers, dit-il,

[1] *Documents inédits*. Interrogatoire de ce Dénot : « A lui demandé si c'étoit avec ce couteau qu'il avoit travaillé la tête du sieur de Launey, il a répondu que c'étoit avec un couteau noir plus petit ; que lui ayant observé qu'il étoit impossible de couper des têtes avec un si petit et si foible instrument, il a répondu qu'en sa qualité de cuisinier il savoit travailler les viandes... » Plus loin : « Que s'il a agi ainsi, il a cru faire un acte patriotique et mériter une médaille en détruisant un monstre. » Dénot accuse aussi Launey de lui avoir donné un coup de pied. »

avant que les créneaux de la Bastille ne s'écroulent, car le soleil les verra tomber demain. Que tous ces prisonniers, plus malheureux que coupables, jurent ici d'être fidèles à la nation ! » Et tandis que cette multitude, qui sentait la poudre, applaudissait à ce serment, les prisonniers de la Bastille, désormais sauvés, juraient devant Élie de donner leur sang dans l'avenir non plus au roi, mais à la France.

Pendant ce temps, la foule pénétrait dans les cachots, touchait avec terreur les vieux instruments de torture, les engins fantastiques et les corselets de fer ; — Louis XVI au surplus n'en avait-il pas aboli l'usage en abolissant la torture ? — elle délivrait les sept prisonniers qui se trouvaient encore enfermés dans la forteresse : l'un d'eux, M. de Solages, enfermé là en 1782, à la réquisition de son père pour dérangement d'affaires, n'avait, depuis sept ans, reçu une seule lettre ni de sa famille ni de ses amis ; il ignorait tout ce qui s'était passé en France depuis son arrestation, et que son père était mort, et que M. Lenoir n'était plus lieutenant de police, et que le Roi avait assemblé à Versailles les États Généraux. « Ayant demandé à son porte-clefs, dit le *Moniteur,* la cause des coups de fusil qu'il entendait de sa chambre, on lui dit que le peuple était révolté à cause de la cherté du pain. » M. de Solages put voir bientôt que ce n'était pas une révolte, mais bien, nous le répétons, comme on le disait au Roi, une *révolution*.

Un autre prisonnier, Tavernier, fils naturel de Pâris-Duverney, était détenu à la Bastille depuis le 4 août 1759. Il commençait à croire, après ces trente ans, « qu'il n'existait sur la terre d'autres humains que ses geôliers. » Un autre enfin, du nom de Whyte, apparaissait à la lumière sans qu'on sût d'où il venait ni qui il était au juste. On l'avait un jour transféré du donjon de Vincennes à la Bastille. Depuis combien d'années était-il là ? On l'ignorait ; et lui-même, devenu aliéné, ne pouvait donner aucun renseignement sur sa vie. Il regardait sans les voir ceux qui venaient d'emporter la Bastille ; il les écoutait sans les comprendre. L'insensé passait, inconscient, à travers la grande ville en fête. Il n'échangea son cachot que contre un cabanon. On le mena peu de jours après à Charenton, parmi les fous.

Cette journée avait coûté la vie à quatre-vingt-dix-huit assiégeants ; quatre-vingt-trois restèrent sur place, quinze périrent de leurs blessures, soixante-treize furent blessés ou estropiés. « Les assiégés, » dit le *Moniteur,* « ne perdirent qu'un homme pendant le combat ; quatre officiers et quatre soldats furent pendus ou égorgés après l'action. »

Deux jours après, le 16 juillet, le Comité permanent de l'Hôtel de ville arrêta que la Bastille serait démolie, *sans perdre de temps* et *jusque dans ses fondements,* sous la direction de deux architectes. Les *Mémoires* de Bailly nous apprennent que l'assemblée générale des Électeurs approuva et confirma bientôt cet arrêté, qui fut proclamé par les trompettes de la ville, dans la cour de l'Hôtel, au nom de Lafayette, commandant général. Un homme qui devait tour à tour célébrer tous les gouvernements [1], et qui allait se décerner à lui-même le surnom de *Patriote,* Palloy, le *patriote Palloy,* faisait tailler des réductions du modèle de la Bastille dans les pierres du monument, forgeait des épées avec le fer des chaînes et fabriquait avec le plomb des gouttières des cadres représentant la journée du 14 juillet. Un an après, sur l'em-

[1] Nous avons trouvé dans ses papiers encore inédits des vers à Napoléon Ier et à Louis XVIII.

MINIATURE DE CAMILLE DESMOULINS.
(Collection de M. Cain.)

LE LUXEMBOURG EN 1793, PAR HILAIRE.
(Collection de M. Sardou.)

Pl. 5

placement de la vieille citadelle, une inscription disait, joyeuse et ironique : *Ici l'on danse !*

Mais ce n'était pas seulement un monument de pierre que les Parisiens venaient de détruire, c'était tout un passé qu'ils venaient de renverser. Le fait matériel fut déjà considérable dans la mêlée du 14 juillet ; mais le fait moral, que ne voient pas ceux-là qui s'attachent à diminuer la portée du combat, le fait moral fut immense. Tout ce que les hautes tours de la Bastille représentaient d'arbitraire et de mauvais souvenirs, — lettres de cachet, violation de la liberté individuelle, constante menace aux libertés publiques, — tout ce qui se dressait de vieux abus sous cette forme colossale, forme pétrifiée, s'était écroulé subitement. Les horreurs de la lutte disparaissaient devant cette réalité inespérée, « inconcevable », dit Desmoulins, et, pour ainsi dire, rayonnante : *La Bastille est prise !*

Désormais la nation, ayant prouvé sa force, pouvait espérer qu'on ne lui contesterait pas son droit. Dès le lendemain, Louis XVI, sur le conseil du duc de Liancourt, se rendait à l'Assemblée, et, sans escorte, seulement suivi de ses deux frères, il s'adressait aux députés « debout et découvert ». Pour la première fois, le Roi, au lieu de parler des *États Généraux,* nomma l'Assemblée de son vrai nom, du nom qu'elle tenait d'elle-même, l'*Assemblée nationale.* « Nos députés, écrit Desmoulins, le reconduisirent en triomphe au château. Il pleura beaucoup, à ce qu'on assure. Il retourna à pied, n'ayant pour garde que nos députés qui le ramenaient. » Tous, confondus, mêlés, sans distinction d'ordres, formaient de leurs bras une vivante chaîne qui le protégeait contre la foule accourue. Pourquoi Louis XVI ne comprit-il point, dès ce jour, que son véritable, son unique appui consistait dans cette réunion d'hommes, dont la plupart ne lui demandaient qu'à faire le pays libre ?

Mais quoi ! le soir de cette journée terrible de la prise de la Bastille, Louis XVI se contentait d'écrire sur le *Journal* où il notait ses impressions quotidiennes, ce mot étrange, incroyable, impossible, qu'on trouve inscrit à la date du 14 juillet : *Rien* [1]. — Rien, lorsque tout était commencé !

Camille Desmoulins, dans ces journées tumultueuses, avait eu la fièvre, comme Paris. Il avait donné le signal de la tempête ; on le vit, marchant à côté de Target, l'épée nue, tout joyeux du triomphe populaire, et il était sur la brèche de la Bastille à côté de ceux qui arboraient le pavillon des gardes françaises. C'est dans ses lettres embrasées qu'il faut retrouver l'élan et l'éclat de ces heures ardentes. Tandis que, déjà effarés, le comte d'Artois et ses deux fils, le prince de Condé, le duc de Bourbon, le duc d'Enghien, le prince de Conti, le duc et la duchesse Jules de Polignac, les princes de Lambesc et de Vaudemont, le vieux maréchal de Broglie, le duc de la Vauguyon, le baron de Breteuil, etc., abandonnaient le Roi et commençaient l'émigration dès le 16 juillet, la nation au contraire se sentait maîtresse d'elle-même, et on eût pu dire, devant la Bastille livrée à la pioche des démolisseurs, comme Gœthe devant les soldats de Valmy : « De ce lieu et de ce jour date une nouvelle ère dans l'histoire du monde. »

Camille raconte que, le soir, la patrouille de miliciens et de gardes françaises dont il faisait partie rencontra, un peu avant minuit, un détachement de hussards qui entrait par la porte Saint-Jacques. — *Qui vive ?* s'écria le gendarme qui com-

[1] Voyez la publication de ce journal par M. Nicolardot.

mandait la patrouille. L'officier de hussards répondit : *France ! Nation française !*

La France ! voilà ce qui venait de naître : la France nouvelle, éprise de liberté, ivre d'espérance, demandant sa régénération à la démocratie ; la France, cette chose qui s'incarnait la veille dans le Roi et qui désormais allait être composée de la nation tout entière groupée sous le drapeau tricolore, né dans le feu du combat, et ses vierges couleurs toutes saturées déjà de l'odeur de la poudre !

CHAPITRE DEUXIÈME

PREMIERS COMBATS

I. ANALYSE DE LA « FRANCE LIBRE » || CAMILLE ET LA RÉPUBLIQUE || LE « DISCOURS DE LA LANTERNE AUX PARISIENS ». II. LETTRES DE CAMILLE A SON PÈRE || LIAISON AVEC MIRABEAU || LES « RÉVOLUTIONS DE FRANCE ET DE BRABANT » || FRÉRON || UN PAMPHLET RÉPUBLICAIN ET UN PAMPHLET ROYALISTE || LES « ACTES DES APOTRES » || COMBATS A COUPS DE PLUME || CAMILLE ET LA FÉDÉRATION EN 1790 || ATTAQUES CONTRE MIRABEAU || MORT DE MIRABEAU. III. POLÉMIQUES ET PROCÈS || MIRABEAU-TONNEAU, TALON, MALOUET || LES DUELLISTES || LE COMÉDIEN DESESSARTS ET SANSON LE BOURREAU || ATTITUDE DE CAMILLE.

I

Le 12 juillet 1789, on peut dire que Camille Desmoulins était entré dans l'histoire. Il n'en sortira plus. Il appartient désormais, corps et âme, à la Révolution triomphante. Il en sera, jusqu'au mois d'avril 1794, le journaliste le plus étincelant et le plus personnel. Avec son tempérament nerveux, féminin, facilement excitable, emporté vers tous les excès, capable cependant de ce second mouvement qui n'est pas toujours le plus mauvais, quoi qu'en ait dit une parole trop illustre, il reflétera, avec une éloquence passionnée et un irrésistible esprit, toutes les pensées, tous les espoirs, toutes les chimères de la foule. Il sera le scribe au jour le jour de tout ce qu'entraînera ce mouvement prodigieux, le chroniqueur ironique et exquis de tout ce que ces années volcaniques verront naître et mourir. Dès le lendemain de la prise de la Bastille, Camille publia cette *France libre* qu'il avait composée dans les derniers jours de mai et de juin 1789. L'opposition seule de son libraire l'avait, nous l'avons vu, empêché de mettre au jour ce travail, et il est donc souverainement injuste d'accuser, comme le fait M. Ed. Fleury, Camille d'avoir *profité du moment* pour publier une œuvre courageuse la veille, beaucoup moins téméraire le lendemain. Rendons, encore un coup, à Momoro le reproche que mérite Momoro.

La *France libre,* « cet ouvrage patriotique », comme l'appelle Desmoulins, devait, malgré le retard, avoir dans le pays un véritable retentissement. Chacun la lut ; c'était une critique alerte et savante du passé, une œuvre de combat et d'aspiration vers l'avenir. Les *politiques* du Palais-Royal y applaudirent, comme, quelques jours auparavant, aux paroles de l'ardent jeune homme. Mirabeau, dont la brochure nouvelle s'inspirait parfois, prit l'opuscule sous sa protection. Et ces pages en valaient la peine. C'était là le premier cri de liberté ; c'était, pour rappeler un mot de M. Louis Combes, comme le « chant de l'alouette gauloise » saluant l'aurore de l'affranchissement. Le ton en était si alerte et si entraînant, que, dès l'abord, Camille Desmoulins se vit en butte aux attaques de ceux qu'effrayaient sa verve et sa juvénile audace. Non seulement les gens qui voulaient, comme Malouet, par exemple, ou Mallet du Pan, — que Camille appellera bientôt, sans trop d'atticisme, *Mallet pendu,* — essayer de transformer, de réformer, et non de renverser la monarchie, mais surtout les plus acharnés royalistes s'en prirent à la brochure, ne pouvant attaquer l'auteur. Des moines, à Oléron, pillèrent la boutique d'un libraire coupable d'avoir mis en montre la *France libre.* Une rixe s'ensuivit, et le pauvre diable de marchand en demeura « estropié pour le reste de sa vie [1]. » Le Parlement de Toulouse fit mieux ; il censura la brochure de Camille et la condamna à être brûlée par la main du bourreau. Camille s'en vengea en dédiant son second écrit, le *Discours de la Lanterne,* à « Nosseigneurs du Parlement de Toulouse ». — « Et puisse ma chère *Lanterne* obtenir de vous la même faveur ! Je doute que ce cadet fasse autant fortune que son aîné ; mais je vous prie de ne point mettre de jalousie dans ma famille. »

La *France libre* ne méritait certes pas la condamnation du Parlement toulousain ; et Pascal eût dit sans doute que le courroux des moines d'Oléron n'était pas une raison. Camille, analysant dans cet opuscule les diverses questions à l'ordre du jour, en ces premiers mois de 1789, discutait tour à tour « la délibération par tête et par ordre », opposait, avec un rare talent et une étonnante prestesse de style, les droits de la nation à ceux de la noblesse, guerroyait contre le clergé devenu corps politique, et cela avec une érudition et un esprit dignes des *Provinciales* ; puis, après avoir montré qu'une démocratie n'est pas incompatible avec une certaine noblesse, celle de la valeur personnelle et non celle du rang, il passait en revue, avec un parti pris de dénigrement qui n'était pas toujours très loin de la vérité, la longue galerie des rois, traçant d'une plume vigoureuse le tableau trop souvent sinistre de ce qu'on appelle « le bon vieux temps ». On a comparé ce tableau satirique au livre sans valeur de Lavicomterie : *Les crimes des rois de France* ; mais le style de Camille, son esprit, sa verve, son ironie, sont autrement fins, alertes et attiques.

[1] Ed. Fleury, *Camille Desmoulins et Roch Marcandier*, t. I, p. 50.

Au surplus, le chapitre le plus caractéristique de cette *France libre*, celui qui en marquait le sens et en déterminait la portée, c'était le chapitre VI, où Desmoulins se demandait *Quelle constitution convient le mieux à la France*. « Je m'attends aux clameurs que ce paragraphe va exciter », disait-il. En effet, après avoir intenté un procès aux rois, il concluait, citant Dioclétien, contre la royauté elle-même : « Comment les peuples ont-ils pu placer leurs espérances dans un seul homme ! » C'était implicitement proclamer que la constitution que Desmoulins souhaitait à la France et réclamait pour elle, était une constitution républicaine. « Ce sera la nation qui se régira elle-même, à l'exemple de l'Amérique, à l'exemple de la Grèce. Voilà le seul gouvernement qui convienne à des hommes, aux Français, et aux Français de ce siècle. » — « Quelle parité y a-t-il entre un roi et une nation ? » ajoutait-il. « Mettez d'un côté Louis XVI, et de l'autre côté l'Assemblée nationale. De quel côté seront les lumières et l'expérience ? » Quant à cette République même, Desmoulins la veut *une*, comme on la proclamera plus tard : « Pourquoi vouloir être des Bretons, des Béarnais, des Flamands ? Y aurait-il alors sous le ciel un nom plus beau que celui de Français ? C'est à ce nom déjà si célèbre qu'il faut tous sacrifier le nôtre. »

Ainsi, comme tous les hommes de cette rude époque, Camille est essentiellement *patriote*. Ce mot, dont le seul duc de Saint-Simon se servait sous Louis XIV, tout le monde s'en fait gloire en 1789. Mais tout le monde n'est pas républicain. Camille, sur ce point, est un précurseur, et il a peut-être, le premier de tous les écrivains de la Révolution, réclamé l'avènement de la République. Je me trompe. Le comte d'Entraigues, dans son *Mémoire sur les États Géné-*

raux, leurs droits et la manière de les convoquer, avait dit, dès 1788 : « *Ce fut sans doute pour donner aux plus héroïques vertus une patrie digne d'elles, que le ciel voulut qu'il existât des républiques ;* et peut-être pour punir l'ambition des hommes, il permit qu'il s'élevât de grands empires, des rois et des maîtres. » D'Entraigues avait donc précédé Camille. Mais la brochure du comte fut bien vite oubliée. La *France libre,* au contraire, mit littéralement le feu aux poudres.

Camille, né pour le tapage et enchanté de son succès, se grisait déjà, si je puis dire, de sa popularité naissante et de l'ardeur joyeuse qui animait aussi toute la nation. Ses lettres à son père se ressentent de cet enthousiasme et de cette ivresse :

Vous ne vous faites pas, écrit-il, une idée de la joie que me donne notre régénération. C'était une belle chose que la liberté, puisque Caton se déchirait les entrailles plutôt que d'avoir un maître.

Puis, le jeune homme, à qui du moins on ne reprochera jamais de ne point se *livrer,* ajoute avec franchise :

Mais, hélas ! je voudrais bien me régénérer moi-même, et je me trouve toujours les mêmes faiblesses, le dirai-je, les mêmes vices ! Ce n'est pas celui du moins de ne pas aimer mon père !...

Non certes ; mais, parmi ces vices, il faut reconnaître qu'il y en a un fort dangereux, la vanité. Camille, affamé de gloire, se contente trop facilement d'une renommée secondaire. Il avait écrit la *France libre,* malgré sa forme agressive et ironique, pour les esprits lettrés et les penseurs ; il va bientôt écrire le *Discours de la Lanterne* pour cette partie du public qui donne la popularité bruyante, mais non la réputation solide et respectée.

Quel pamphlet cependant, et quel prodige de malice et d'élan que ce *Discours de la Lanterne aux Parisiens,* qui forme dans l'œuvre de Camille Desmoulins comme l'antithèse du *Vieux Cordelier* ! C'est en effet un Camille au rire terrible que nous montre ce *Discours,* et c'était déjà un sinistre projet que de mettre un écrit sous l'invocation de cette lanterne, à laquelle on pendait, le 14 juillet, un invalide à cheveux blancs, qui servait d'espion à M. de Launey, puis, trois mois après, Foullon et le boulanger François. Oui, il y eut là, au coin de la place de Grève et de la rue de la Vannerie, surmontant une boutique d'épicerie, une branche de fer, sans réverbère, au-dessous de laquelle le peuple traînait en hurlant ceux qu'il voulait pendre. Le cri lugubre : *A la lanterne !* retentissait ainsi sous une enseigne portant ces mots : *Au coin du Roi.* Il y a de ces ironies dans les choses humaines. Eh bien, ce fut ce réverbère, cette branche de fer, cette lanterne, que Desmoulins rendit célèbre ; ce fut elle à laquelle il donna la première place dans un pamphlet, dont l'épigraphe, par un sarcasme nouveau, était tirée de saint Mathieu : *Qui malè agit odit lucem.* — Ce que Desmoulins traduisait par : *Les fripons ne veulent pas de lanterne.*

Rien de plus tragique, en somme, que ce pamphlet dont Camille Desmoulins se repentira plus tard, et qui lui valut (hélas ! il le réclama lui-même) le surnom de *procureur général de la lanterne.* Rien de plus éloquent aussi. L'esprit même qui nous paraît si mal employé aux personnalités meurtrières nous éblouit. L'écrivain érudit multiplie avec un bonheur achevé les citations, les rapprochements, les anecdotes. C'est un modèle d'alacrité belliqueuse. Mais quelle guerre ! Camille a beau dire, en faisant parler la *Lanterne* elle-même : « Non que j'aime une justice trop expéditive, vous savez que j'ai donné des signes de mécontentement lors de l'ascension de Foullon et Bertier ; j'ai cassé deux fois le lacet fatal », — la vérité est qu'il pousse à des mesures de rigueur. Il dénonce, le malheureux! lui qui flétrira si rigoureusement les délateurs! Un an après, il se félicitera d'avoir « donné sa démission de procureur général de la lanterne », et, songeant à ces fureurs des foules se proclamant justicières : « C'est un grand mal, dira-t-il, que le peuple se familiarise avec ces jeux. » Et c'est à Marat qu'il répondra alors (dans ses *Révolutions de France et de Brabant*), c'est à Marat qu'il dira : « Les exécutions du peuple sont atroces, alors qu'il envoie le cordon avec autant de facilité que le fait Sa Hautesse à ceux qu'elle disgracie. Marat, vous nous ferez faire de mauvaises affaires! » Soit, le remords viendra vite. Mais que Desmoulins ait exercé, comme il le dit, un seul jour, cette « grande charge » de procureur du réverbère, c'est en effet beaucoup trop, et il versera plus tard des larmes amères, sur ces pages que ses pleurs n'effaceront pas.

Disons-le bien vite aussi, il y a autre chose dans ce *Discours de la Lanterne* que des personnalités et des dénonciations, il y a un véritable souffle patriotique et une verve bien française. Déjà, cette République qu'il a présentée dans sa *France libre,* il la fait connaître telle qu'il la souhaite, élégante, spirituelle, accessible, telle qu'eût pu l'imaginer le *Mondain* de Voltaire, et aussi éloignée de l'écrasement du despotisme que de l'austérité glacée et de la règle farouche d'une République jacobine. Il souhaite des fêtes et des plaisirs, les repas libres des cités antiques, une sorte de fédération immense et d'embrassement, une République où le bruit des baisers tiendrait plus de place que les cris de haine : une République fraternelle, toute d'amour et de plaisir. Ce

Gaulois, en effet, a devant les yeux la vision d'Athènes. « Ce qui me console de ne pouvoir faire rire mes lecteurs autant que Molière, dit-il quelque part, c'est que Molière était triste..... Je ne suis pas aussi mélancolique et taciturne. » Il réclame donc un peu de gaieté dans l'État. « J'avais rêvé, dira-t-il plus tard, d'une *République que tout le monde eût aimée.* » Retenons ce mot : c'est le véritable testament de Camille.

En somme, Desmoulins, à l'examiner de près, n'est point satisfait de ce *Discours de la Lanterne* comme il l'était de la *France libre*. Un secret instinct de lettré l'avertit qu'il a, comme on dit, forcé la note et dépassé le but. Il a publié tout d'abord cet écrit anonyme de crainte de « déchoir dans l'opinion ». La brochure s'étant vendue, il hésite un moment à en donner une seconde édition ; car on est « las de toutes ces feuilles ». Comme on reconnaît bien là, dans ces hésitations et ces mécontentements, l'homme mal pondéré, d'une nature si fébrile, qui écrira à son père : « Dans un moment, je trouve la vie une chose délicieuse, et le moment d'après je la trouve presque insupportable, et cela dix fois dans un jour. » Natures dangereuses à autrui et à elles-mêmes, lorsqu'elles sont engagées dans les luttes d'une révolution, et qui sont faites pour vivre de l'existence plus libre de l'homme de lettres, existence où leurs hésitations mêmes donnent chaque jour des faces nouvelles et comme des coups de fouet quotidiens à leur talent.

II

A cette époque de sa vie (septembre 1789), Camille Desmoulins, matériellement et moralement, n'était pas heureux. Logé à l'*hôtel de Pologne*, en face de l'*hôtel de Nivernais*, il était besoigneux, et nous le voyons plus d'une fois demander à ses parents, aux braves gens de Guise, de lui venir en aide : « Vous m'obligerez de m'envoyer des chemises et deux paires de draps, le plus promptement possible », écrit-il le 20 septembre. Il est fatigué d'habiter ces petits hôtels parisiens : « Je compte être dans mes meubles à la Saint-Remy. » — « Envoyez-moi six louis, dit-il bientôt encore à son père. » Ses premières brochures lui ont sans doute rapporté peu de chose. Mais du moins il a la gloire : « Je me suis fait un nom, et je commence à entendre dire : *Il y a une brochure de Desmoulins* ; on ne dit plus : *D'un auteur appelé Desmoulins,* mais : *Desmoulins vient de défendre le marquis de Saint-Huruge*[1]. » Ce « nom » qu'il s'est fait console évidemment quelque peu Desmoulins de la gêne où il est encore. C'est à peine maintenant s'il regrette que son père, n'acceptant point le mandat de député, n'ait pas du moins prêté son influence à l'élection de son fils :

Vous avez manqué de politique, lui écrit Camille, quand, l'année dernière, vous n'avez pas voulu venir à Laon et me recommander aux personnes de la campagne qui auraient pu me faire nommer. Je m'en moque aujourd'hui. J'ai écrit mon nom en

[1] Victor Amédée, marquis de Saint-Huruge, l'agitateur populaire, venait d'être arrêté et conduit au Châtelet. Desmoulins prit sa défense (septembre 1789) dans une brochure intitulée : *Réclamation en faveur du marquis de Saint-Huruge,* qui a perdu aujourd'hui beaucoup de son intérêt. « Je ne dirai pas, écrivait Camille, pour le défendre : Il est gentilhomme, il est filleul du roi de Sardaigne ; je dis : Il est citoyen français. » Le marquis de Saint-Huruge, né à Mâcon en 1750, mourut oublié en 1810, après avoir été un des plus fougueux orateurs de la foule.

plus grosses lettres dans l'histoire de la Révolution que celui de tous nos députés de Picardie.

Il revient cependant plus d'une fois sur l'espèce d'abdication de son père, et, incapable de bien comprendre l'amour du calme qui satisfait cet homme laborieux[1] : « L'activité vous manque, dit-il, vous restez dans votre cabinet, et il faut se montrer dans les démocraties. » M. Desmoulins, le père, devait tristement sourire en recevant ces lettres, et la gloire nouvelle de son fils ne lui montait pas au cerveau. Au contraire, il continuait plus résolûment, dans sa petite cité de Guise, son œuvre modeste et lentement poursuivie.

Pendant ce temps, Camille, après un nom, se faisait des amis. L'auteur du *Tableau de Paris,* Mercier, l'avait présenté dans plusieurs maisons. Mirabeau s'était constitué son hôte. Là, chez Mirabeau, à Versailles [2], Camille se trouvait à l'aise et il écrivait gaiement : « Je sens que sa table trop délicate et trop chargée me corrompt. Les vins de Bordeaux et son marasquin ont leur prix que je cherche vainement à me dissimuler, et j'ai toutes les peines du monde à reprendre ensuite mon austérité républicaine et à détester les aristocrates, dont le crime est de tenir à ces excellents dîners. »

Pour le moment, Desmoulins suit évidemment l'inspiration de Mirabeau, comme il suivra plus tard celle de Dan-

[1] Les ennemis de Camille ont voulu faire croire qu'il haïssait son père. « Sa première cause », dit la *Biographie de Leipzig,* « fut contre son père, qui *lui refusait une pension.* — Tu vises à l'échafaud, lui répondit alors M. Desmoulins le père. » Toutes les lettres du père à son fils démentent victorieusement ces infâmes calomnies.

[2] Il habita chez Mirabeau, à Versailles, du 15 septembre au 6 octobre 1789. (Godart, p. 31.)

ton. A ces natures faibles, il faut des mâles pour conseils, comme au lierre il faut un appui.

Camille, plus ou moins satisfait de sa renommée grandissante, au fond mécontent encore et troublé, — se soucie toujours du *qu'en dira-t-on* de sa ville natale et des propos que peuvent recueillir ses parents :

> Si vous entendez dire du mal de moi, dit-il, consolez-vous par le souvenir du témoignage que m'ont rendu MM. de Mirabeau, Target, M. de Robespierre, Gleizal et plus de deux cents députés. Pensez qu'une grande partie de la capitale me nomme parmi les principaux auteurs de la Révolution. Beaucoup même vont jusqu'à dire que j'en suis l'auteur.

Ici, Camille force un peu la note. Mais son amour-propre a bientôt de quoi se sentir légèrement rabattu lorsque l'hôte de Mirabeau, revenant de Versailles, songe qu'il n'a pour gîte, dans ce grand Paris, qu'une hôtellerie de second ou de troisième ordre. « *Et voilà que j'ai trente ans !* » dit-il alors avec une sorte d'amertume effrayée. Trente ans, le premier pas vers la maturité décisive ; l'âge où le sourire devient moins confiant sur les lèvres plus contractées, l'heure où l'on s'aperçoit que tout ce qui s'aplanissait devant vous, lors de la vingtième année, se hérisse en obstacles ; l'âge où, après avoir compté ses amis, on ne compte plus que ses rivaux ; Camille avait trente ans et il végétait ? On lui rendra cette justice, que, laborieux, inspiré, plein de l'amour de son œuvre, il fit, dès que cette pensée l'assaillit, un effort violent pour l'étouffer. Il résolut de ne plus seulement se contenter de quelques pages imprimées sous forme de brochure, il voulut fonder un journal, un de ces journaux personnels comme il en existait tant à cette heure ; et, dès le mois de novembre 1789, Camille hardiment se mettait à l'œuvre. Le premier numéro des *Révolutions de France et de Brabant* apparaissait bientôt (28 novembre). Le journal de Desmoulins devait durer ainsi jusqu'au mois de juillet 1792 (n° 86), époque à laquelle Camille, menacé à la suite de l'affaire du Champ-de-Mars, envoya, comme il le dit, à la Fayette sa *démission de journaliste*.

Camille Desmoulins avait, suivant en cela la mode, emprunté le mot de *Révolutions* à des journaux déjà en faveur, et il ajouta au nom de la France celui du Brabant, qui venait de se mettre si vaillamment en rébellion contre l'empire [1]. Ce *journal*, le monument le plus incisif, le plus étincelant, le plus cruel souvent, le plus inspiré toujours, de la Révolution française, consistait en une brochure hebdomadaire, recouverte de papier gris et ornée d'une gravure, la plupart du temps caricaturale, dont Camille laissait (il revient volontiers sur ce détail) la responsabilité à son libraire Garnéry. Combien de fois Desmoulins répétera-t-il, en effet : « Je proteste contre les gravures placées en tête de mes numéros. L'Assemblée n'a point aboli toutes les servitudes. »

Durant les premiers mois de la publication de ces *Révolutions de France et de Brabant*, dont le succès fut rapide, Camille Desmoulins demeura seul occupé de cette tâche laborieuse : il suffit à tenir le public en haleine ; mais plus tard, en 1790, Camille se déchargea en partie de ce travail sur Stanislas Fréron, son ami, qui devait plus tard devenir à la fois et son collaborateur nominal pour la *Tribune des Patriotes* et son collègue à la Convention nationale.

[1] Bientôt il effaça le mot de *Brabant*, déclarant qu'il abandonnait *un peuple assez stupide pour baiser la botte de Bender*.

LES DEUX MAISONS DE LA PLACE DE L'ODÉON.

LA MAISON DE CAMILLE DESMOULINS A BOURG-LA-REINE, L'ALLÉE DES TILLEULS.

Pl. 6

Fréron, esprit alerte, le fils du critique Fréron si bien flagellé par Voltaire, était homme à *doubler*, comme on dit, Camille Desmoulins. C'était un écrivain instruit, spirituel, lisant et traduisant Pétrarque, « ni méchant, ni ambitieux, a dit de lui Arnault, mais indolent et insouciant. » Voici le traité passé entre lui, Camille et le libraire Laffrey, et cette pièce inédite donnera, je pense, une curieuse idée des prix alors payés aux journalistes et de leurs rapports avec les libraires :

Nous soussignés Camille Desmoulins et Stanislas Fréron, le premier demeurant rue du Théâtre-François, le second rue de la Lune, porte Saint-Denys, d'une part, et Jean-Jacques Laffrey, demeurant rue du Théâtre-François, de l'autre, sommes convenus de ce qui suit :

1° Moi, Camille Desmoulins, m'engage à déléguer à Stanislas Fréron la somme de trois mille livres sur celle de dix mille livres que Jean-Jacques Laffrey s'est engagé, par acte entre nous, à me payer annuellement pour le prix de la rédaction de mon journal intitulé *Révolutions de France et de Brabant*, de trois feuilles d'impression, sous la condition expresse qu'il sera fourni par mondit Stanislas Fréron une feuille et demie d'impression à chaque numéro, et ce pendant tout le tems de mon traité avec mondi Laffrey.

2° Moi, Stanislas Fréron, m'engage à fournir pour chaqu numéro dudit journal des *Révolutions de France et de Brabant*, composé de trois feuilles et demie, à la décharge de mondit Camille Desmoulins, bien entendu que cette feuille et demie formera moitié des trois feuilles dont est composé chaque numéro, de laquelle feuille et demie d'impression je m'engage à livrer la copie le mercredi de chaque semaine et le reste dans la journée du jeudi, et ce à compter inclusivement du trente-troisième numéro jusqu'à la fin du traité passé entre Camille Desmoulins et Jean-Jacques Laffrey.

3° Moi, Jean-Jeacques Laffrey, accepte la délégation faite par Camille Desmoulins de la somme de trois mille livres payables, en payemens égaux, à l'émission de chaque numéro, à Stanislas Fréron, aux clauses et conditions que dessus, et m'engage en outre à payer audit Stanislas Fréron la somme de mille livres, également payables en payemens égaux à l'émission de chaque numéro, lesquelles mille livres seront en sus dudit traitement de trois mille livres, à la charge par mondit Stanislas Fréron de fournir pour ledit journal une feuille de plus par semaine, laquelle sera consacrée aux nouvelles, à commencer au trente-neuvième numéro, époque du prochain trimestre.

Et moi, Stanislas Fréron, m'engage à fournir aux époques convenues ladite feuille d'impression, moyennant la somme de mille livres, en sus des trois mille livres déléguées par Camille Desmoulins.

Fait triple entre nous, à Paris, ce quatre juillet mil sept cent quatre-vingt-dix.

Signé : Stanislas Fréron.

Approuvé ce que dessus. Signé : Laffrey.

C. Desmoulins[1].

Il y avait alors à peine un an que les *Révolutions de France et de Brabant* duraient, et Camille, on le voit, avait déjà cessé d'être besoigneux. « On a trouvé mon premier numéro parfait, écrivait-il à son père, en novembre 89, mais soutiendrai-je ce ton ? » Il le soutint certes, et vaillamment.

Et en réalité, les *Révolutions de France et de Brabant* offrent à la postérité le tableau le plus éclatant de ces mois troublés qui s'écoulent entre le 28 novembre 1789 et le mois

[1] *Inédit*. Communiqué par M. de Lescure.

de juillet 1792. Elles ont la jeunesse et l'élan, la fougue, l'alacrité joyeuse, la gaieté de sève gauloise, acidulée parfois d'un rictus plus amer ; Lucien et Aristophane n'eussent pas inventé des railleries plus mordantes. Les traits partent semblables à des flèches légères dont la pointe s'enfonce et déchire plus profond que l'épiderme. Camille est un implacable adversaire. Ce Picard athénien ne connaît pas encore cette vertu suprême, la pitié.

Il s'amuse de tout, de cette aurore d'affranchissement qui semble se lever sur le monde. Il « boit du punch à la santé des Anglais qui boivent du vin à la santé de la France. » Il jette, peut-être pour légitimer le titre de sa gazette, des accents pleins d'espoir aux patriotes du Brabant soulevés contre Joseph II : « Courage, Brabançons, songez que les Français vous regardent ! » Chaque semaine, sa brochure *enrichie* ou plutôt alourdie d'une gravure contre laquelle Camille protestera plus d'une fois, sa causerie hebdomadaire passe en revue les hommes et les choses[1]. Il attaque, avec une verve infinie, les abus à peine déracinés et les courtisans encore puissants.

Il ne laisse rien passer, ni palinodie, ni sottise. Il relève tout avec une adresse et une vivacité étonnantes. M. de

[1] « Je proteste, dit-il dans son numéro 17, contre la gravure en tête de mon dernier numéro. J'ai déjà observé que je ne me mêlois point du frontispice et des figures, à l'exception de trois ou quatre dont j'ai donné l'idée. Mais je n'en dois pas moins à mon caractère et à mon principe de déclarer que je ne suis point complice de l'insolence et de l'outrage fait à la nation assemblée dans l'estampe du numéro 16. C'est un véritable délit, un crime de lèse-nation dans le graveur, et je le dénonce au Châtelet pour avoir représenté, dans la séance du 4 février, le roi son chapeau sur la tête au milieu de l'Assemblée nationale. » (*Révolutions de France et de Brabant.*)

Boufflers fait-il un discours où, parlant au roi et à la reine, il vante la « grâce presque divine » de Marie-Antoinette.

Boileau, écrit aussitôt Camille, disait à Louis XIV :

L'univers sous ton règne a-t-il des malheureux ?

Mais il était de l'Académie française. Ce qui est bien plus étonnant, c'est que le chancelier de l'Hôpital, dans son poème des États Généraux, disait à François II : A-t-il jamais existé une femme plus douce et plus indulgente que sa respectable mère (Catherine de Médicis)? *Tous les rois et les reines sont comme le malheureux François second qu'on empoisonna par l'oreille.*

Le « *détestables flatteurs* » de Racine est-il plus éloquent que ces deux lignes de Camille contre les courtisans ?

Le vicomte de Mirabeau, celui qu'on appelait Mirabeau-Tonneau, est le point de mire des facéties armées en guerre de Desmoulins. Tandis qu'il célèbre « M. de Robespierre, son cher camarade de collège, l'ornement de la députation septentrionale », il accable Mirabeau-Tonneau, et non seulement de son style, mais de ses gravures. Encore un coup, Desmoulins n'était pour rien dans l'*illustration* de ses numéros : mais la caricature soulignant le pamphlet est terrible contre ses ennemis. Le burin s'allie à la plume pour l'œuvre mordante, pis que cela, meurtrière.

Le chef-d'œuvre de Camille Desmoulins et le plus remarquable, à coup sûr, de ces numéros des *Révolutions de France et de Brabant*, c'est le n° 34, où il raconte cette fête de la Fédération au jour anniversaire de la prise de la Bastille (14 juillet 1790), fête qu'il appelait la *pâque* un mois auparavant, en s'écriant (n° 30, p. 285) : « C'est le jour de l'affranchissement de la servitude d'Égypte et du passage de la mer Rouge. C'est le premier jour de l'an premier de la liberté... C'est le jour prédit par le prophète Ézéchiel, c'est le jour des destinées, c'est la grande fête des lanternes. » J'aime peu ce nouveau trait cruel terminant cette énumération biblique, et la nature profondément artistique de Camille se peint, à coup sûr, bien mieux lorsque, à propos des airs de musique dont on veut faire précéder la fête, il écrit avec une émotion d'ailleurs assez fréquente chez lui :

> J'aime fort cette idée de l'ouverture de la fête. Je me souviens, la première fois que je suivis la foule qui me portait ce jour-là aux Tuileries, avec quel plaisir j'entendis la sérénade, encore qu'elle fût donnée à un roi. J'étais loin des lumières, et le ciel était couvert de nuages. Seul, et par le recueillement à cent lieues de la foule, fermant les yeux pour mieux entendre, j'attendais le premier coup d'archet[1].

La fête venue et passée, Camille en retrace les péripéties avec un enthousiasme bien fait pour nous donner, après quatre-vingt-quatre ans, une sorte d'élan rétrospectif. O rêves de ces premiers jours de la Révolution française ! Heures d'espoir où l'on pouvait croire que la liberté était enfin conquise ! Échappées de joies patriotiques, sourires et enivrement d'un peuple qui ne prévoyait pas tant d'épreuves et tant de malheurs à venir !

Les gardes nationales des départements affluaient dans Paris. On construisait au Champ-de-Mars les tribunes pour les patriotes, lorsque le bruit se répand que quinze mille ouvriers ne peuvent assez hâter les travaux pour qu'ils soient terminés à temps. Aussitôt un même entraînement

[1] N° 30, p. 293.

gagne la population tout entière, et Camille nous montre, au Champ-de-Mars, « une fourmilière de cent cinquante mille travailleurs, roulant des brouettes et creusant la terre dans un atelier de quatre-vingt mille toises et à perte de vue. »

Toutes les familles, toutes les corporations, tous les districts sont là, tambours en tête, musique sonnant, femmes, enfants, trois par trois, la pelle sur l'épaule, chantant la chanson nouvelle : *Ça ira !* Des vieux, des vieilles élèvent à l'envi l'autel de la patrie, du serment civique, du serment de la liberté et de l'égalité ! On raconte que Saint-Just, traînant la brouette, rencontra là madame du Barry elle-même, une pelle à la main. Légende ou vérité, ce souvenir donne le ton de l'enthousiasme parisien, enthousiasme qu'on retrouve tout entier dans ces pages ardentes, éloquentes, fébriles, les plus alertes de Desmoulins : « Un patriote arrache une brouette des mains d'un abbé dédaigneux et va jeter la terre à la voirie. » Les invalides, les paysans conduits par leurs maires en écharpe, accourent ; un homme aux reins cassés est hissé sur les épaules de Charles Denis, un vieil invalide du temps de Louis XIV, qui travaillait malgré sa jambe de bois. Les collégiens, les pensionnaires, la montagne Sainte-Geneviève, les élèves de l'Académie de peinture, de l'École vétérinaire, la fleur de l'Auvergne, les porteurs d'eau, les forts de la halle « qui valent bien les forts d'Israël » ; les imprimeurs, ceux de M. Prudhomme avec la couverture du journal les *Révolutions de Paris* ; les charbonniers, les chartreux, conduits par M. Gerle, sortis de leurs sépulcres, égarés « parmi les oies de frère Philippe et demandant quel est ce psaume : *Ça ira* », tous accourent, pleins de griserie, d'entrain, et Camille, pour peindre leur venue, a fait passer dans son encre comme un rayon de soleil. Les femmes riaient, dansaient autour des Chartreux. Des Suisses, des gardes françaises, des dames de la halle et même de la Cour étaient là. Le Roi y vint : on l'applaudit, mais on applaudit La Fayette plus que le Roi. Confiance partout et fraternité. Quelles heures bénies ! Point de vols : un jeune homme pose ses deux montres sur la terre et travaille. Un citoyen promène et donne pour rien une brouette chargée d'un tonneau de vin. Une marquise dégante sa main pour serrer celle d'un charbonnier. Tout cela a l'air d'un bal immense. *C'est le ballet de la réunion des ordres,* dit Camille. Onze cents Bretons sont venus tout exprès de Bretagne, à pied, avec leurs armes. Des inscriptions rappellent partout le but de cette fête et le rêve de ce peuple :

> Les mortels sont égaux. Ce n'est pas la naissance,
> C'est la seule vertu qui fait la différence.
>
> La loi dans tout État doit être universelle.

Et des mains délicates manient la pioche, des jeunes filles veulent se donner les calus patriotiques. « Ah ! que du moins, s'écrie Camille, le lien trop dur de tombereau ne blesse pas le sein délicat de cette jeune fille ! Qu'il ne mette pas ces deux témoins fidèles dans l'impuissance de déposer du vœu secret de son cœur ! » Je ne sais pourquoi, mais il me semble que ce cri, poussé dans le style du temps, Camille le laisse échapper en songeant à Lucile, et lorsqu'il aperçoit parmi les travailleuses cette demoiselle Duplessis qu'il aimait !

Dans son numéro 36, Camille continue avec le même éclat et le même bonheur de style la description de cette fête.

Un grand nombre de citoyens avaient passé la nuit au Champ-de-Mars. Six mille gardes nationaux étaient arrivés dès minuit. Les autres se trouvaient sur pied depuis cinq heures. Et Camille décrit le vent glacial, la pluie intermittente s'abattant sur un demi-million d'hommes. Cependant, sous les nuages et la pluie, les Auvergnats dansaient leur bourrée, et les Provençaux leurs farandoles. Des rondes immenses s'étaient formées. « Voyez ces diables de Français qui dansent quand il pleut à verse ! » disaient les étrangers. Après le serment civique, les tambours qui battent, les salves qui éclatent, les épées agitées, les cris, les chapeaux en l'air, les quatre-vingt-trois bannières blanches, les oriflammes et drapeaux des soixante districts qui s'agitent, tout cela est décrit merveilleusement par Desmoulins. Un même cri sortait de ces six cent mille poitrines : « La France est libre ! Nous le jurons ! » Les pères élevaient en l'air la main de leurs enfants. Un vieillard du faubourg Saint-Honoré, couché depuis deux ans, s'était fait traîner devant l'autel de la patrie. Un banquet de vingt-deux mille couverts avait été dressé dans les jardins de la Muette [1]. Les illuminations se jouaient dans la verdure des arbres. Un orchestre enlevait dix contredanses à la fois. A la Bastille, dans un bois artificiel, de grands arbres illuminés, ornés d'une pique et d'un bonnet, et l'inscription fameuse : *Ici l'on danse !*

A Notre-Dame, le 13, six cents musiciens avaient exécuté la *Prise de la Bastille*, hiérodrame, « paroles du roi David, musique de M. Désaugiers ». La halle aux blés resplendissait. Les Champs-Élysées étaient illuminés en bougies.

[1] Il n'y a eu là que cinq à six mille convives, tous en uniforme. On donna aux pauvres le reste des mets.

A dix heures du matin, le mercredi 14, les veuves et les orphelins des vainqueurs de la Bastille avaient entendu les éloges funèbres de leurs morts. Et cette fête de la liberté française, on l'avait aussi célébrée à Londres. Dans le Strand, à la taverne de la *Couronne et de l'Ancre,* le club des Whigs, six cent cinquante-deux personnes, sous la présidence de lord Stanhope, buvaient « à la liberté du monde ! » Un domestique montait sur la table avec un fragment de la Bastille sur la tête et proposait ce toast : « A l'extinction de toute jalousie entre la France et l'Angleterre, et puissent-elles ne chercher qu'à défendre la paix et la liberté ! »

Le docteur Price demandait une Ligue de la paix, première idée de l'utopie d'aujourd'hui, qui sera peut-être la réalité de demain.

Au milieu de ces descriptions faites par Desmoulins, on retrouve un nom déjà fameux, celui de Danton, qui, au Vaux-Hall d'été, à la fête spéciale des Cordeliers, protesta contre les santés par ordre. Il ne voulut boire qu'à la patrie.

Tel est, caractérisé par quelques citations qui ne donnent qu'une idée bien incomplète de ce prodigieux magasin d'idées de faits et d'heureuses inventions de style, ce journal les *Révolutions de France et de Brabant* où l'on voit défiler le personnel tout entier de la Révolution, depuis Robespierre, « mon cher camarade de collège et l'ornement de la députation septentrionale », dit Camille, jusqu'à « Davoust, un jeune officier, bon patriote ». Ici, c'est l'annonce de l'*Organt* de Saint-Just ; là une lettre de Marat, ou de Merlin (de Douai), ou de Linguet appelant Desmoulins son « cher frère d'armes ». — « Votre pays s'enorgueillit de vous », lui écrit Saint-Just, qui est Picard aussi. Et il ajoute :

« Gloire, paix et rage patriotique. » — « Je suis démocratiquement ton ami », dit Stanislas Fréron. Lafayette, Rewbell, Manuel, le futur procureur à la Commune de Paris, lui écrivent. Mirabeau l'accable de compliments jusqu'au jour où il dira en parlant de lui : *Ce pauvre Camille !* « Eh bien ! pauvre Camille, votre tête est-elle un peu remise ? On vous a boudé et l'on vous pardonne. » (Lettre de Mirabeau du 2 mai 1790.) — « Adieu, *bon fils* ; vous méritez qu'on vous aime, malgré vos fougueux écarts ». Notons, en passant, que c'est sur le même ton qu'au même moment à peu près Marat, dans l'*Ami du Peuple* (16 août 1790), *Cassandre-Marat* parle à Camille : « Malgré tout votre esprit, mon cher Camille, vous êtes bien neuf en politique. Peut-être cette aimable gaîté qui fait le fond de votre caractère, et qui perce sous votre plume dans les sujets les plus graves, s'oppose-t-elle au sérieux de la réflexion... mais vous vacillez dans vos jugements... vous paraissez n'avoir ni plan ni but. » L'*Ami du peuple* et le fils de l'*ami des hommes* sont également sévères [1].

[1] Marat n'en demandera pas moins des services à Camille. La lettre suivante de l'*Ami du peuple* à Desmoulins en témoigne :

« Les ennemis de la patrie m'ayant mis de nouveau sous le glaive de la tirannie, je vous fais passer deux lettres pour lesquelles je vous demande une place dans les premiers numéros de la *Tribune des Patriotes*. Comme c'est un point important à la liberté que les journalistes qui trahissent la cause soient démasqués, je me flatte que vous y attacherés quelque prix. Elles sont signées de moi, pour vous mettre en règle dans tous les cas.

« Je vous salue patriotiquement, ainsi que Fréron, votre confrère et le mien.

« MARAT, l'*ami du peuple*.

« Ce 19 may 1792.

« Un mot pour dire au porteur le jour où elles paraîtront. Il est chargé de vous demander trois numéros de ces deux lettres. » [*Inédit.*]

« Bon fils ! pauvre Camille ! » Peut-être est-ce un tel mot qui détacha Camille de Mirabeau. Après avoir loué en lui l'homme étonnant qui porta un moment la Révolution et sa fortune, il l'accablera de ses satires. Il était sans mesure dans la louange, il sera sans raison dans l'attaque. Il ne demeurera pas longtemps l'ami de celui dont M. de la Marck a pu dire : « Mirabeau emporta dans la tombe la consolation d'avoir eu beaucoup d'amis. »

« J'ai varié souvent, s'écriera plus tard Camille, parce qu'il y a si peu d'hommes conséquents ; mais, je l'ai dit, ce n'est point la girouette, c'est le vent qui tourne ! »

La *girouette* est pourtant bien sévère pour le *vent*. Tout le numéro 72 des *Révolutions,* intitulé *Mort de Mirabeau,* est violent et amer contre un homme dont La Fayette a dit si joliment : « Mirabeau ne s'est jamais fait payer que dans le sens de ses opinions[1] ! » et dont Camille avait écrit :

La mort qui renoue tous les attachements m'a ramené chez lui bien avant elle comme auraient fait tous ses périls, et il n'y eut pas de ma faute si ses domestiques ne lui firent point part de la douleur où me jetait sa maladie. Mais je ne pouvais que m'inscrire à sa porte. J'avais préféré mon amour pour la vérité à l'amitié de Mirabeau.

Mirabeau ! Le patriote, le tribun du peuple, le père de la Constitution, l'ami des noirs, qui exerce la seule dictature que souffre une nation libre, celle de la parole, et devant qui je crois voir marcher les faisceaux de l'éloquence et les vingt-quatre haches de Démosthènes !

Puis il regrette de ne pas l'avoir vu mourir. C'est là le

[1] Voici un mot plus méchant de Rivarol : « La cour comptait peu sur un homme avec lequel il fallait toujours compter. »

secret de son cœur. L'admiration subsiste, en dépit de tout et quoiqu'il écrive, par exemple, que Mirabeau partageait avec Buffon la puérilité de se faire appeler Monsieur le comte. « Mirabeau, ajoute-t-il méchamment, usa amplement de la permission qu'ont les mourants de dire du bien d'eux-mêmes. Soutiens ma tête, disait-il à son chasseur dans un moment de crise, tu n'en porteras pas une pareille ! » N'est-ce pas un peu le mot de Danton mourant, ce Danton qui fut une sorte de Mirabeau bourgeois, aussi puissant, mais non dissolu et non vendu ?

Camille, qui devrait ne rien ajouter à ce mot d'un journaliste assez outrageant, Marat : « Mirabeau fut patriote un jour et il est mort », Camille rapporte les bruits divers qui courent sur cette mort. Les uns prétendent que Mirabeau a été empoisonné ; Cabanis assure « qu'il est mort étouffé de truffes et brûlé de vin de Côte-Rotie ».

Il me dit un jour, continue Desmoulins : J'ai la preuve que les Lameth ont fait écrire à M. La Croix la grande trahison du comte de Mirabeau, et je garde dans mon secrétaire le décret de prise de corps que j'ai obtenu contre M. La Croix ; je n'en fais point usage, parce que je crois qu'il fallait alors non seulement la liberté, mais même la licence de la presse. — Il serait mieux encore, lui dit Danton, de n'avoir point demandé un décret de prise de corps.

Racontant le défilé des funérailles, Desmoulins ne peut pourtant s'empêcher de constater que cette mort remue Paris de fond en comble.

Dans la rue de Louis-le-Grand, quelqu'un s'écria d'une croisée à notre passage : « Voilà les 33. » Nous pouvions répondre : « Dites les 33 mille ! » En effet, la procession des Jacobins n'était guère moindre.

Pendant sa vie, ajoute-t-il, j'ai appelé Mirabeau le grand Mirabeau, Démosthènes Mirabeau, Mirabeau Tonnerre, Hercule Mirabeau, saint Mirabeau. Ces hyperboles étoient permises alors. Je savois qu'il aimoit la gloire : plus d'une fois il envoya son secrétaire à deux lieues me prier d'effacer de ma feuille telle page dont il craignoit la censure. Je n'avois que mes éloges à opposer à l'éclat de l'or par lequel les despotes l'attiroient[1].

Puis il revient sans cesse et avec une âpreté terrible, comme sur une victime tombée, à Mirabeau mort :

Mirabeau étoit éloquent, mais, fort de la raison, il dominoit dans la tribune plutôt par les talents du comédien que par les moyens de l'orateur.

Et Camille, à qui on reprochera plus tard son amitié pour Dillon, parle — le malheureux ! — de l'*ubiquité* de Mirabeau « déjeunant avec les Jacobins, dînant avec 89 et soupant avec la Marck et les Monarchiens. Où il couchait n'est pas de mon récit ! » Cette question des dîners de Mirabeau revient fréquemment sous la plume de Camille, qui cependant (l'oubliait-il ?) avait trouvé plaisir à déguster chez ce même Mirabeau le *marasquin de Zara*. « Mirabeau, dit-il dans son numéro 67, soupe chez Velloni, restaurateur italien, place des Victoires, avec l'ancien évêque d'Autun. » Ce que Desmoulins reproche aux autres, on le lui reprochera plus tard à lui-même.

On me reproche, dira t il alors, d'avoir dîné ces jours derniers avec quelques-uns des grands pivots de l'aristocratie royale. Le mal n'est pas de dîner, mais d'opiner avec ces messieurs. J'ai cru que je valois bien un docteur de Sorbonne à qui il étoit permis de

[1] Camille blâme chez les autres les exagérations auxquelles il s'abandonne lui-même. Cerutti ayant dit que Mirabeau a sauvé la France : « Non, dit Camille, *comme le fils de Dieu, le peuple français s'est ressuscité lui-même !* »

lire les livres à l'index, que de même je pouvais bien dîner avec les auteurs à l'index...

Au moins Desmoulins se repentait-il alors d'avoir dénoncé Mirabeau *soupant* chez M. de la Marck ?

Dans le numéro 73 des *Révolutions de France et de Brabant,* l'attaque continue, acharnée

Camille raconte qu'après le décret sur la paix et la guerre, il rencontra Mirabeau sortant de l'Assemblée au cloître des Feuillants : « Vous vous êtes vendu cent mille écus », lui dit-il. Mirabeau sourit, lui prend le bras, le conduit jusqu'à la rue de l'Échelle et, amicalement : « Venez donc dîner », fit-il. Ce fut toute sa justification [1].

Puis, supputant la fortune de Mirabeau, dont le père mourut « insolvable » :

Quelques mois avant l'ouverture des États Généraux, dit Camille, il mettait une boucle de col au Mont-de-Piété, et, deux ans après, voilà qu'il laisse par testament :

A un enfant qui lui était cher. . .	24,000 l.
A son secrétaire.	24,000
A son médecin.	24,000
A chacune des demoiselles du Saillant.	2,800 de rente.
A chacune de ses autres nièces. . .	600 de rente.
A M. de la Marck sa bibliothèque qu'il a achetée.	200,000

Il remet à madame de Jay tout ce qu'elle peut lui devoir.

[1] C'est dans ce n° 73 que Desmoulins écrit :

« Je constitue mon journal en journal permanent. J'invite les souscripteurs à ne plus renouveler au bureau, rue de Seine, 115, chez M. Caillot, mais chez moi, rue du Théâtre-Français, où je continuerai de cultiver une branche de commerce inconnue jusqu'à nos jours, *une manufacture de révolutions.* »

Et Camille parle encore « du faste de Lucullus, de l'orateur », des repas de quinze mille livres donnés à sa section. Puis, irrité, violent, oubliant décidément les repas et le marasquin du *comte* :

Va donc, ô nation corrompue, ô peuple stupide, te prosterner devant le tombeau de cet honnête homme, véritable Mercure de son siècle, et le dieu des orateurs, des menteurs et des voleurs !

C'est dans une lettre à Brissot que Camille essayera ensuite d'expliquer ses opinions diverses sur ce même Mirabeau :

Mirabeau m'avait fait habiter avec lui sous le même toit, à Versailles. Il me flattait par son estime ; il me touchait par son amitié, il me maîtrisait par son génie et ses grandes qualités. Je l'aimais avec idolâtrie ; ses amis savaient combien il redoutait ma censure, qui était lue de Marseille et qui le serait de la postérité. On sait que, plus d'une fois, il envoya son secrétaire à une campagne éloignée de deux lieues, me conjurer de retrancher une page, de faire ce sacrifice à l'amitié, à ses grands services, à l'espérance de ceux qu'il pouvait rendre encore. Dites si je me suis vendu à Mirabeau. Je ne savais pas que des traîtres, à une distance si immense de lui pour les talents, bientôt nouveaux parvenus à la tribune, nous conduiraient avec plus de perfidie à la ruine de la liberté, et me réduiraient à demander pardon à sa grande ombre, et à regretter tous les jours ses ressources pour la France dans son génie, et pour la liberté dans son amour pour la gloire.

On sent bien là que Camille, quoi qu'il ait dit tout à l'heure, quoi qu'il ait écrit devant ce cadavre d'un homme qui voulut — c'est le mot de Mirabeau lui-même — l'*ordre*, mais non l'*ancien ordre*, on sent que Camille avait aimé Mirabeau. Et pourtant, ne s'était-il pas vanté, dans les *Révolutions de France et de Brabant*, d'avoir contemplé d'un œil sec le front superbe de ce grand mort, enveloppé de son suaire? Hélas! il était terriblement vrai, le mot du puissant orateur! Il allait devenir le mot véritable de la postérité sur cet homme d'un talent si grand, d'une faiblesse plus grande encore, d'une sensibilité qui déplorait bien vite, mais trop tard, des accès de malice meurtrière, et, pour l'avenir, comme pour Mirabeau, Desmoulins allait demeurer : *Ce pauvre Camille!*

Nous ne saurions donner place ici à toutes les discussions et procès que s'attira Camille avec ses écarts de plume. « Il y a, disait-il avec saint Paul, un excès de bon sens et de sagesse qu'il faut éviter. »

Mais il ne faudrait pas oublier, dans la liste de ces démêlés de Camille avec ses contemporains, l'assignation que l'auteur des *Révolutions de France et de Brabant* reçut en même temps que Gorsas, et le procès que lui firent M. et madame de Carondelet, accusés par lui, sur les renseignements d'un certain Macdonagh et de Rutledge, d'être bigames. Curieuse affaire que celle-là, et tout à fait romanesque. L'Irlandais Macdonagh réclamait pour sa femme Rose Plunkett, devenue marquise de Carondelet. Camille prêta son journal à la réclamation, qui fit un beau tapage. La procédure de cette étrange affaire est volumineuse, et on la trouvera tout entière aux *Archives nationales*. A la vérité, elle tient plus de la fiction que de l'histoire.

Camille devait soutenir encore un procès, cette fois, pour avoir appelé Sanson « le bourreau ».

J'appelle un *chat* un *chat* et Sanson le *bourreau*!

disait-il en riant.

Malgré la prodigieuse gaieté des aristocrates chantants, écrit-il,

PORTRAIT DE DANTON.
(Musée Carnavalet.)

MAISON DE DANTON A ARCIS-SUR-AUBE.
(Phot. Gradassi-Royer.)

je doute qu'ils fassent rire les aristocrates pleurants. On assure que leur journal est le recueil facétieux des couplets que chantait naguère la Table ronde des aristocrates, à ses petits soupers chez le *bourreau de Paris.*

De là procès. L'assignation de l'exécuteur des jugements criminels est ainsi libellée :

L'an 1790, le 15 janvier, avant midi, à la requête de Ch.-H. Sanson, exécuteur des jugements criminels, demeurant à Paris, rue Neuve-Saint-Jean, paroisse Saint-Laurent, Louis-Philippe Thévenin-Durozay assigne Camille Desmoulins, demeurant rue de Tournon, 42.

A comparoir demain samedi, 10 heures du matin, avec le sieur Garnery, libraire, au tribunal de police sis à l'Hôtel de ville de Paris, et à payer 3,000 livres de dommages-intérêts applicables au pain des pauvres de la paroisse Saint-Laurent, et à faire réparation d'honneur.

La sentence sera affichée au nombre de 3,000 exemplaires.

Camille répliquait alors :

Vous êtes un ingrat, Monsieur Sanson : j'ai cru que le sentiment intérieur de la bassesse du métier que vous faites vous empêchait de lever les yeux et d'oser écrire à un citoyen, même pour le remercier ; car vous me deviez des remercîments pour vous avoir appelé dans mon prospectus le *représentant du pouvoir exécutif.*

Je ne m'abaisserai pas, ajoutait-il, jusqu'à me mesurer avec Sanson, mais je vais apprendre à M. le Bourreau, si délicat sur le point d'honneur, ce qu'il doit penser de son ministère.

La sinistre logique de ces temps redoutables devait pourtant jeter, un jour, le satirique de 1790 sous le couperet du *représentant du pouvoir exécutif.* Il semble, au surplus, —

rapprochements lugubres, — que Desmoulins, à de certaines heures, eût comme l'appréhension de ce dénoûment, lorsqu'il écrivait, dès ces années de lutte : « Je mourrais avec honneur de la main de Sanson, mais de la main d'un spadassin ce serait mourir piqué de la tarentule. » Quel spadassin menaçait donc Camille? Plus d'un, à coup sûr. Les gentilshommes partisans de la cour semblaient, un moment, avoir juré de débarrasser la monarchie de ses plus redoutables adversaires, les Barnave au Parlement, les Desmoulins dans la presse. Le duel de Charles Lameth avec M. de Castries avait exaspéré Paris. Il s'était même formé une association particulière dans le but de protéger les patriotes contre les spadassins, et d'habiles tireurs, tout prêts à dégaîner, se faisaient appeler alors les tueurs de spadassins, les *spadassanicides*. « J'ai fait serment de défendre tous les députés contre leurs ennemis », écrivait à Prudhomme un M. Boyer, qui fit en effet reculer un certain matamore du nom de Sainte-Luce, et qui se trouvait à la tête de cinquante *spadassanicides*. Son adresse, qu'il faisait connaître, était passage du Bois-de-Boulogne, faubourg Saint-Denis. A la vérité, les patriotes avaient besoin d'être défendus. Un garde national disait tout haut : « Si je rencontre Desmoulins, je lui coupe le tête avec mon sabre ! » — « Cet homme-là, écrit Camille, n'aime pas la plaisanterie. »

On pouvait mettre un tel bravache à côté de ce Bonne-Carrière qui tout à l'heure menaçait Desmoulins de « cinq cents coups de canne ou de bâton ». La bastonnade était, paraît-il, une raison au dix-huitième siècle ; Voltaire lui-même en avait su quelque chose.

Au Palais-Royal, Camille faillit, certain jour, être assommé, dit-il, avec Danton, par des « souteneurs hauts de six pieds de *Washington pot-au-feu* (La Fayette). » Carra ne venait-il pas d'être brutalement frappé par l'aide de camp Parisot ?

Après ces royalistes, ce sont les acteurs qui cherchent querelle à Camille. Il avait assez vertement raillé dans ses numéros l'acteur Naudet, capitaine de grenadiers dans la garde nationale, et le gros Desessarts, sapeur des vétérans dans le même bataillon que Naudet.

La grosseur formidable de ce Desessarts était proverbiale, et Desmoulins s'en amusait. Ce Denis Dechanet, dit Desessarts, né à Langres, en 1738, et qui devait mourir à Barèges en octobre 1793, était le même qui avait fait suspendre durant un mois l'*Année littéraire,* de Fréron le père, et voulait faire mettre le critique au For-l'Évêque, parce que Fréron avait dit : « Si ce rôle (le marquis de Renneville) n'a pas réussi, ce n'est pas la faute de l'auteur, mais bien celle du *gros ventriloque* qui l'a cruellement défiguré. Oh ! c'est qu'il faut voir ce M. Desessarts, quand il s'avise de jouer mal ou de lâcher la bride à sa haine contre les hommes de lettres ; il ne laisse rien à désirer ! » Comédien quémandeur, Desessarts n'avait cessé, au temps jadis, de réclamer des gratifications au duc de Villequier. Or, ces gratifications, les comédiens les regrettaient. De là leur attachement à l'ancien régime. Michelet a remarqué (T. III, et ailleurs, de son *Histoire de la Révolution française*) que le perruquier était essentiellement contre-révolutionnaire, et il a dit pourquoi : parce que ce qui vit du luxe se préoccupe peu de la liberté. Je lis dans le Rapport de Camus, Bancal, Quinette, Lamarque (nivôse an IV, page 56) : « C'étaient gens de toute espèce : prêtres, moines, émigrés, filles publiques et perruquiers. »

Tout rapprochement fâcheux évité, on pourrait dire de

même des comédiens et en particulier de Desessarts, que les prébendes de l'ancien régime leur manquaient[1].

Le numéro 42 des *Révolutions de France et de Brabant* contenait l'annonce suivante :

Avis important aux femmes grosses. Une lettre nous est par-

[1] Ce Desessarts a laissé sa légende. Denis Dechanet, dit Desessarts, ancien procureur, jouait, et jouait fort bien, les financiers, les *manteaux* et les *grimes*. Il était venu de Marseille à Paris pour remplacer Bonneval à la Comédie française. Il débuta, le 4 octobre 1772, par Lisimon du *Glorieux* et Lucas du *Tuteur*. Il fut reçu sociétaire le 1er avril 1773. « Une bonhomie mêlée de rudesse, de la franchise, de la gaieté et du mordant », telles étaient, d'après les contemporains, ses qualités. Il fut excellent dans les comédies de Molière. Mais lorsqu'il jouait Orgon, sa grosseur était telle qu'il lui fallait une table fabriquée tout exprès pour pouvoir se cacher dessous. Dans le rôle de Petit-Jean, des *Plaideurs*, il excitait une hilarité générale à ce vers :

Pour moi, je ne dors plus, aussi je deviens maigre !

Dans la *Réduction de Paris* de Desfontaines, Desessarts jouait le prévôt des marchands *exténué par une longue famine*. On voit d'ici l'effet comique. Bien des anecdotes, dont on fit plus tard Lablache le héros, coururent sur Desessarts. Celui-ci ayant provoqué Dugazon en duel, Dugazon, au bois de Boulogne, tire un morceau de blanc d'Espagne, trace un rond sur le ventre de son adversaire et dit froidement : *Égalisons la partie, tout ce qui sera hors du rond ne comptera pas.* « Le moyen de se battre ! écrit Lemazurier. Le duel bouffon fut terminé par un déjeuner. » Desessarts mourut à Barèges, à cinquante-cinq ans (brumaire an II), suffoqué par l'annonce de la mort d'un camarade. On avait mis au bas du portrait de l'ancien procureur ces mots : « *J'aime mieux faire rire les hommes que de les ruiner.* » (*Galerie historique des acteurs du Théâtre-Français*, par P. D. Lemazurier ; 1810 ; tome Ier, p. 227.) Dans le poème de Saint-Just, *Organt*, on trouve ces vers relatifs à ce Desessarts que Loustallot appelle aussi un *monstre ridicule :*

Organt vit là Molé dont le talent
Est d'écorcher Molière impunément,
Et Desessarts, *le Sancho de l'École*,
Qui croit l'Olympe assis sur son épaule...

Desessarts, on le voit, eût dû se montrer cuirassé contre les plaisanteries de Camille. Il était habitué aux sarcasmes.

venue, signée Parochel, accoucheur, qui dit qu'une femme est accouchée d'un éléphant parce qu'elle a été frappée de l'apparition du sieur Desessarts au moment où il sort de dessous la table au quatrième acte de *Tartuffe*.

On invite Messieurs les comédiens français à vouloir bien, les jours où le sieur Desessarts jouera, en prévenir le public sur l'affiche, en très gros caractères.

Parochel réclame bientôt et déclare la lettre fausse. Desessarts se fâcha et Desmoulins refusa son cartel [1]. « Il me faudroit, dit-il, passer ma vie au bois de Boulogne, si j'étois obligé de rendre raison à tous ceux à qui ma franchise déplaît. Patience !... Je crains bien que le temps ne soit pas loin où les occasions de périr plus utilement et plus glorieusement ne nous manqueront pas. » — « Autant, dit Loustallot, M. Desmoulins mérite d'être honoré, applaudi pour cette affaire, autant ces deux spadassins doivent être méprisés..... Si le préjugé du duel survit à l'abolition du régime féodal, il n'y aura jamais de vraie liberté. Le meilleur citoyen, le plus honnête homme sera toujours l'esclave du premier vaurien, du premier *Valet-tueur* qu'on lâchera contre lui. »

Talma s'entremit depuis pour obtenir de Camille qu'il pardonnât à Desessarts.

[1] « M. Desmoulins, auteur des *Révolutions de France et de Brabant*, dinait, il y a quelques jours, chez le suisse du Luxembourg. Les sieurs Naudet et Desessarts, comédiens français, se trouvant dans la même salle, adressent les injures les plus grossières à l'écrivain ; et le sieur Desessarts, s'avançant vers lui, les poings tendus, lui propose un cartel. *Ce sera*, dit M. Desmoulins, *en continuant de harceler les noirs et les ministériels que je me vengerai. Il me faudrait passer ma vie au bois de Boulogne, si j'étais obligé de rendre raison à tous ceux à qui ma franchise déplaît. Qu'on m'accuse de lâcheté si l'on veut...* » (*Anecdotes curieuses et plaisantes relatives à la Révolution de France*. Paris, 1791, in-18.)

Une autre fois, Camille, au Palais-Royal, sort du cabinet de littérature de la dame de Vaudefleury « avec mon *veni mecum* (une canne solide et des pistolets, notre *veto*) ». Le commis de la maison le suit, tenant à la main le numéro 74 des *Révolutions*. Il déclare qu'il veut assommer Desmoulins, lui couper la gorge, et il lui applique le numéro sur le visage. « Je pourrais vous brûler la cervelle », dit Camille froidement en montrant ses pistolets; et il se contente de lui donner des coups de canne. Mais il est entouré, menacé. Un seul garde national de l'Isère et un journaliste sortent du cabinet littéraire pour le défendre. Le marquis de Saint-Huruge, pour lequel il avait si chaudement plaidé, lisait tout près de là, tranquillement, sa gazette. Le marquis ne bougea pas. « Depuis deux ans, dit Camille, je traverse une forêt. »

Il n'en devait pas moins réfléchir amèrement aux dangers qu'il courait; mais songeant à ceux qui bravaient la mort chaque jour, il s'écriait dans une lettre à son père, et nous retenons ce cri de l'homme qui bravera plus tard la mort pour tracer le *Vieux Cordelier* : « Tant de gens vendent leur vie aux rois pour cinq sous! Ne ferai-je rien pour l'amour de ma patrie, de la vérité et de la justice! Je m'adresse ce vers qu'Achille dit à un soldat dans Homère :

Et Patrocle est bien mort, qui valait mieux que moi! »

CHAPITRE TROISIÈME

LES JOURNÉES HEUREUSES

I. LE ROMAN DE CAMILLE || LUCILE DESMOULINS || PORTRAIT DE MADEMOISELLE DUPLESSIS || PORTRAIT DE CAMILLE || JOURNAL D'UNE JEUNE FILLE || RÊVERIES || LUCILE ET MADAME ROLAND || LE « CAHIER ROUGE » || ROMANCES DU DIX-HUITIÈME SIÈCLE || SYLVAIN MARÉCHAL || MARIAGE DE CAMILLE || DÉMÊLÉS AVEC SON CURÉ || LE CONTRAT. II. LES JOURNÉES HEUREUSES || CALOMNIES DES JOURNAUX ROYALISTES || L'ABBÉ TERRAY || PELTIER ET RÉTIF DE LA BRETONNE || BOURG-LA-REINE. III. LE CLUB DES CORDELIERS || CORRESPONDANCE DE CAMILLE AVEC SON PÈRE || LOUSTALLOT || LA FUITE DE LOUIS XVI || VARENNES || LA PÉTITION DU CHAMP-DE-MARS || DESMOULINS PROSCRIT || IL REPARAIT A LA TRIBUNE DES JACOBINS || UNE AFFICHE DE CAMILLE || RUPTURE AVEC BRISSOT || DANTON || NAISSANCE D'HORACE DESMOULINS. IV. LA COUR ET LA NATION || MINISTÈRE ROLAND || HÉSITATIONS DU ROI || LE 20 JUIN || « FRAGMENT INÉDIT DE CAMILLE » || LETTRE A LUCILE || DISCOURS AUX JACOBINS SUR LA SITUATION DE LA CAPITALE || LE 10 AOUT. V. CAMILLE AU 10 AOUT || JOURNAL DE LUCILE || CAMILLE SECRÉTAIRE GÉNÉRAL DU MINISTÈRE DE LA JUSTICE || LES CONSEILS DE DESMOULINS LE PÈRE.

I

Lorsque Desmoulins écrivait à son père pour lui expliquer l'état tourmenté de son âme, il y avait une cause à ses hésitations et à ses énervements : Camille souffrait. Un amour malheureux le rendait attristé, mécontent de lui-même et de la vie. Il avait rencontré sur son chemin une femme, et peu à peu, mais d'une affection profonde, il s'était donné à elle avec une tendresse absolue. Lucile Duplessis (elle écrivait souvent son nom *Lucille*) devait être, avec la liberté, la passion suprême de l'existence de Camille, et, — tant le sentiment est puissant même sur le jugement de l'histoire, — c'est à la séduisante image de Lucile que cet homme doit une partie de la sympathie que lui a gardée l'avenir. On dirait que la postérité aime à son tour ceux qui, vivants, ont su se faire aimer.

Le roman de Camille Desmoulins tient, dans la mémoire souvent si courte des hommes, plus de place que son histoire.

Ce roman fut long et traversé par les obstacles. Cette enfant (Lucile avait dix-huit ans), qu'il avait vue grandir, Camille l'aimait d'une passion irrésistible. Comment son amour était-il venu ? Comment, un jour, avait-il aperçu une femme dans celle qu'il regardait comme un enfant ? On sait quels progrès soudains se font parfois chez les jeunes filles : la chrysalide devient tout à coup papillon, étend ses ailes, bruit et charme. Il y a de ces transformations qui ressemblent à des métamorphoses. Évidemment, Camille se sentit, un jour, tout troublé et tout surpris par le regard de Lucile, par ce front de seize ans tout ombragé de cheveux blonds. Il l'aima. La *Biographie de Leipzig*, dont j'ai souvent relevé les mensonges, prétend que Camille, lié avec le duc d'Orléans, allait souvent à Mousseaux (Monceaux), et qu'il voulait épouser Paméla, l'élève de madame de Genlis [1]. Je n'en

[1] Camille alla en effet à Monceaux, aux fêtes du duc, et, sous ces arbres, auprès de ces colonnes, où le génie de Lamartine devait plus tard faire errer *Raphaël*, il laissait sans doute en liberté s'envoler sa verve. Robespierre, invité aux mêmes fêtes, répondait : « Je reste chez moi. *La tisane de Champagne est le poison de la liberté.* » A propos de l'affection de Camille pour le duc d'Orléans, on trouvera dans le n° 49 des *Révolutions de France et de Brabant*, une apostrophe comme celle-ci : « Cher Philippe… âme élevée et républicaine ! » (P. 441.) Lire aussi la défense du duc d'Orléans à propos des journées des 5 et 6 octobre dont Camille dira : Ce sont les *plus beaux jours de la France*. « Le 14 juillet, ajoute-t-il, le peuple n'avait pris qu'une Bastille ; le 5 octobre, il a pris le Roi

crois rien. Ce qui est sûr c'est que Camille s'était senti attiré un moment par la grâce de sa cousine, Mlle Flore Godart (de Wiège), qui épousa plus tard M. Tarrieux du Tailland. Il la rechercha peut-être : et l'on veut que sa cousine se soit trouvée sur le passage de la charrette pour envoyer à Camille, d'un œil attendri, un dernier adieu. Il est certain aussi qu'il éprouva quelque penchant pour une jeune fille de Compiègne, à laquelle, par l'intermédiaire d'un abbé, il écrivait, du collège Louis-le-Grand qu'il semble avoir habité quelque temps après qu'il eut pris ses grades :

à Paris ce 22 Juillet 1783.

Mademoiselle,

Me pardonnerez-vous d'avoir négligé de vous voir lorsque je repassai l'année dernière par Compiègne ? je suis inexcusable, mais cette faute serait à moitié pardonnée si vous scaviez combien je me la suis reprochée ; souvent j'ai présent à l'esprit ce soir où à mon retour je vous vis chez Madame Maurice ; si je ne suis pas effacé de votre souvenir, vous pouvez vous rappeler combien j'avais la contenance gênée, les regards de toute la famille m'embarrassaient, j'avais mille choses à vous dire et je ne pouvais pas même les exprimer par mes regards qui étaient épiés de tous côtés ; auprès de vous on devrait se croire assis sur des roses et moi je ne sentais que des épines ; du moins si j'avais eu les yeux libres, mais lorsqu'ils se tournaient d'eux-mêmes vers vous, j'étais forcé de les rappeler par bienséance et par délicatesse. Heureusement, je n'avais

et sa femme. » Le fils du duc d'Orléans, le duc de Chartres, le futur soldat de Valmy et roi sous le nom de Louis-Philippe Ier, ayant visité, en temps d'épidémie, les malades de l'Hôtel-Dieu, Camille Desmoulins parle du dévouement de l'*excellent jacobin M. de Chartres.* Il faut ajouter que certains biographes n'ont pas craint de prétendre que, lors du mariage de Camille, le duc d'Orléans meubla, rue de l'Odéon, l'appartement des jeunes époux. Est-il besoin de relever la fausseté de l'assertion ?

pas besoin de vous fixer pour conserver votre image : je l'avais eue sans cesse devant les yeux pendant les vacances, et elle m'a suivie à Paris où elle a reçu tous les jours mon fidelle hommage ; la plupart des vers que j'ai faits cette année, c'est à vous que je les dois ; c'est vous qui me les avez inspirés. Il semble qu'en ce moment par reconnaissanec je devrais vous en adresser quelques-uns ; mais le cher abbé qui vous remettra cette lettre et qui connaît toutes mes occupations doit vous dire que j'ai entrepris un ouvrage de longue haleine, indépendamment de mes autres occupations ; ce travail ne me permet pas de vous adresser une épître, et vous n'aurez de moi qu'une lettre pour cette fois. Ne pas vous adresser quelques vers

> à vous que je n'ai *vu* qu'un jour
> mais à qui je songe sans cesse
> vous dont la vue enchanteresse
> des plaisirs que donne l'amour
> m'a fait sentir la douce ivresse,

c'est un reproche de plus que j'ai à me faire, mais tous ces torts que j'ai vis à vis de vous, si j'étais assez heureux pour avoir avec vous un entretien particulier et pour pouvoir vous découvrir les sentiments de mon cœur, je crois que vous me les pardonneriez. Je compte passer à Compiègne vers le 7 7bre. Je me désole déjà en pensant que mon cher Maurice sera alors à son séminaire. Comment vous voir, vous entretenir, moi qui suis déjà si timide auprès de la beauté ! combien de fois j'ai souhaité que Compiègne ne fût qu'à 5 ou 6 lieues de Paris, de temps en temps nous serions montés à cheval nous deux Maurice, et vous savez bien qui nous serions allé saluer à Compiègne. Du moins nous nous sommes entretenus bien souvent d'elle, il peut vous dire que quand j'étais avec lui je ne pouvais parler d'autre chose. Quelquefois, me voyant revenir d'une promenade publique, le rendez-vous de toutes les beautés de la Capitale, il me demandait si j'étais content, moi sans penser alors à vous faire un compliment, ma réponse était presque toujours : il faut pourtant avouer que je n'en ai point vue comme Babet ; permettez, mademoiselle, que je vous donne ce nom, si j'en connaissais un plus tendre, je vous le donnerais, mais depuis que je scais que c'est le votre, je n'en connais point qui inspire davantage la tendresse.

J'ai l'honneur d'être, avec le plus profond respect,
Mademoiselle
votre très humble
et très obéissant serviteur
DESMOULINS [1].

Mais, ce n'était là qu'amusettes : le grand, l'unique amour de Camille Desmoulins fut celui qu'il conçut pour Lucile.

C'était au Luxembourg qu'il l'avait rencontrée, dans les allées du jardin, à l'ombre de ce palais de Marie de Médicis, qui deviendra plus tard, — ironie des rapprochements ! — la prison de Camille. Lui, étudiant affamé de gloire ; elle, enfant, tout ignorante de la vie, ils s'étaient vus et connus sous l'œil de madame Duplessis, la mère. Sans nul doute, une certaine sympathie était née dans l'esprit de madame Duplessis pour ce jeune homme ardent, confiant ses rêves à tout venant, et que la Révolution, depuis juillet 1789, avait fait célèbre. Desmoulins était connu de madame Duplessis ; il l'avait rencontrée avec sa fille bien avant la prise de la Bastille, mais la vive lumière projetée depuis sur le front du jeune écrivain n'avait pas dû lui nuire auprès de la mère. Il y avait, dans l'aventure du Palais-Royal, dans cette distribution de feuilles vertes, couleur d'espérance, un reflet romanesque bien fait pour séduire une femme. Quant

1. Cabinet d'autographes de M. La Caille. Pièce inédite.

à Lucile, nul doute qu'elle ne se soit sentie conquise, moins par le charme cependant très grand de Camille, que par cette renommée soudaine venant illuminer son nom.

Lucile était une âme exaltée, et, à cette heure, légèrement souffrante, de ces souffrances vagues, mal définies, qui n'ont rien de réel, mais qui nous tourmentent en s'enracinant au profond de nous-mêmes. Mélancolies et inquiétudes de la jeunesse, défiance de soi-même et haine instinctive d'un monde qui attire par ses séductions et repousse par ses hideurs ; le siècle tout entier devait ressentir plus tard ce mal que quelques cœurs d'élite éprouvaient alors. Rousseau, le maladif Rousseau, l'esprit le plus faux et le plus trompeur, avait déjà répandu cette tristesse intérieure et ce mécontentement sans cause qui seront, quelques années après, le mal de René. Cet homme, qui n'éprouvait peut-être pas les douleurs qu'il faisait ressentir à d'autres, avait eu déjà une action profonde. Lucile Duplessis était une de ses victimes.

Au physique, petite plutôt que grande, gracieuse, de jolis cheveux blonds encadrant un visage souriant, quasi enfantin, une jeune fille de Greuze, Lucile ne semblait pas tourmentée de la sourde inquiétude que trahissent les pages arrachées à son journal de jeune fille. Le croquis que fera plus tard, d'après Lucile, celui qui sera un jour le maréchal Brune, ne peut donner une idée de l'irrésistible grâce de cette femme qui fut une héroïque enfant. Nous n'avons recueilli ce souvenir que parce qu'il constituait, à un double titre, un document historique. Mais Lucile avait un tout autre charme et une autre séduction. Un homme qui nous honora de son amitié, et qui avait assisté aux plus terribles journées de la Révolution, au 20 juin, au 10 août, le vénérable Moreau de Jonnès (de l'Institut), dont j'ai déjà invoqué plus haut le témoignage, me rappelait une séance du club des Cordeliers, où il vit entrer, un soir, tout souriants, tout jeunes, tout rayonnants d'amour heureux, Camille et Lucile Desmoulins. Et en trois mots il décrivait Lucile : « C'était une adorable petite blonde. »

Avait-elle aimé Camille dès que le jeune homme l'adora? Non, mais il était venu à l'heure dite, au moment où la jeune fille ressentait ce besoin d'aimer surexcité encore, j'imagine, par l'atmosphère de salpêtre, qu'on respirait alors.

Camille, s'il faut en croire le témoignage de ses ennemis, n'était pas beau :

Il avait, dit un écrivain qui diffame volontiers au physique comme au moral, le teint bilieux, comme Robespierre, l'œil dur et sinistre, et qui tenait plus de l'orfraie que de l'aigle. Je l'ai revu bien des fois, et il ne m'a pas semblé plus beau. Il y en a, je le sais, qui ont voulu faire de lui un joli garçon ; mais ce sont des flatteurs, ou bien ils ne l'ont jamais vu[1].

Quelques lignes trouvées sur la garde d'un livre de la bibliothèque de Sainte-Beuve, et attribuées au père de l'illustre critique[2], disent bien aussi que « Desmoulins avait

[1] *Souvenirs de la Terreur*, t. Ier, p. 51. « Il étoit d'une laideur atroce, dit la calomnieuse *Biographie de Leipzig*, le teint très noir, avec quelque chose de sinistre dans le regard. »

[2] C'est une erreur qu'un remarquable écrivain, M. Ed. Schérer, a commise dans son article sur la *Bibliothèque de Sainte-Beuve*, et nous après lui, dans notre publication des *Œuvres de Camille Desmoulins*, éd. Charpentier, t. Ier, p. 48. Ces lignes sont tout simplement extraites de l'*Histoire de la conjuration de Maximilien Robespierre*, par Montjoie (Paris, 1801, t. II, p. 21), et Georges Duval et Montjoie se valent. *Arcades ambo.*

un *extérieur désagréable.* » — « Je ne suis point joli garçon, *tant s'en faut,* écrira Camille lui-même dans sa *Lettre à Arthur Dillon.* »

A ce témoignage de deux hommes, opposons celui d'une femme : « Il était laid, dit en parlant de Camille l'auteur d'une très curieuse brochure sur la famille Sainte-Amaranthe, il était laid, mais de cette laideur spirituelle *et qui plaît.* » La bouche, en effet, est sarcastique, les commissures des lèvres relevées ou tendues comme un arc prêt à lancer une flèche, le sourire est narquois, non point pensif comme celui d'Érasme, mais railleur comme celui de Sterne, ou plutôt voltairien. Il y a sur cette face quelque chose de démoniaque, l'esprit d'enfer, cette beauté du diable de l'homme. Le front est beau, large, bien modelé, les yeux pétillent, noirs et ardents. Tel est Camille dans la plupart des portraits connus, notamment dans celui que Boze exécuta à la Conciergerie, et dans la miniature que nous possédons, et qui a servi de modèle à la gravure mise en tête du présent volume[1].

[1] Nous connaissons une figure de Camille Desmoulins plus curieuse encore, et que nous a montrée M. Louis Ulbach : c'est Camille Desmoulins jeune et basochien, Camille à la veille du Palais-Royal et du 14 juillet, le Camille du Luxembourg et des premières rencontres avec Lucile. La physionomie est éveillée, spirituelle, mais non railleuse, comme lorsque le jeune homme de vingt ans sera devenu, à trente ans, pamphlétaire. Cette miniature — tout à fait unique — d'après Camille Desmoulins provient du cabinet d'un savant collectionneur, M. Walferdin, le possesseur de tant de pages inédites de Diderot et éditeur de quelques-unes. M. Walferdin donna cette miniature à M. Emmanuel Arago, sachant que Camille était le cousin de la grand'mère maternelle du député.

Camille Desmoulins est encore adolescent sur cette miniature ; sa figure presque enfantine est encore encadrée de cheveux poudrés. Plus tard, Camille portera ses cheveux longs et noirs, tombant presque sur ses épaules. Deux inscriptions manuscrites existent encore, fort lisibles, derrière la miniature

Ainsi donc, Camille, spirituel et capable de plaire, pouvait être aimé de Lucile. Lucile était quelque peu romanesque. Elle aimait la solitude. Cette enfant de seize ou dix-huit ans recherchait volontiers, et avec une amère volupté, dans ce grand Paris, non point la foule, mais sa propre pensée, son propre rêve. Elle n'avait d'autre confident que le cahier de papier rugueux et aujourd'hui jauni où elle jetait ses pensées, la nuit, dans sa petite chambre de jeune fille, lorsqu'elle était seule, et que ni son père ni sa mère, ni sa sœur Adèle, celle que Robespierre voulut épouser, n'étaient là. Je me figure la voir, tremblante d'être surprise, écrivant dans son lit, sur ses genoux repliés sous les draps, tandis que la lumière vacille à côté d'elle : elle écoute, inquiète d'être interrompue, et, avec cette volupté profonde qu'on éprouve à se livrer soi-même à soi-même, à s'étudier, à confier ses soupirs à un feuillet comme on jetterait ses soupirs au vent, elle écrit quelque pages rapides où l'indiscrète histoire ira chercher, plus de quatre-vingts ans après, le secret de ses pensées de jeune fille.

Un rêve qu'elle a, un jour d'orage, lui inspire cette page étrange :

originale appartenant aujourd'hui à M. Arago. La première porte tout simplement :

« CAMILLE DESMOULINS. »

La seconde, assez étrange, est ainsi conçue :

« VENDU PAR LA MÈRE D'UNE MAITRESSE DE CAMILLE DESMOULINS, MADAME MONTBARNE, DEMEURANT RUE SAINTE-ANNE, 75. »

Cette mention, *la mère d'une maîtresse,* prouve évidemment, quand on sait la vie de Camille et de Lucile, que le portrait remonte à une époque antérieure au mariage. Nous avons un moment voulu donner ce portrait en *fac-simile*; mais il eût semblé peut-être par trop inattendu, quoiqu'il soit absolument authentique. Nous nous en sommes donc tenu à la gravure de Rajon, exécutée d'après une miniature qui est à nous.

CAMILLE DESMOULINS

Un soir d'été accablée de chaleur je me trouvais dans le bosquet à la maison, je ne pouvais pas me soutenir. je me serais laissée aller si chaquarbre ne mavait servi dappui. jarrivai donc à mon piano. il faisait nuit. tout à fait nuit. je cherchai en tatonnant mon clavier. voyons me dis-je il faut que je touche un air bien gai. javais beau faire aller mes doigts bien vite, mon piano ne rendait que des sons étouffés et plaintifs. des coups éloignés de tonnerre augmentais encore les sons lugubres que je faisais sortir de mes doigts. de tems en tems le ciel était en feu, enfin accablée de someil je m'endormis et mes doigts étaient toujours sur le piano. Je dormis longtemp je fesais des songes délicieux, je rêvais que je voyais une pluie de fleurs sous mes pieds, je vis un nuage se former. Je me sentis soulever. enfin ce nuage m'enleva bien haut, mais bien plus haut que l'imagination peut se former. Je me trouvais bien heureuse couchée sur un nuage, ah quel plaisir! alors je vis le séjour de l'éternel, il n'y avait point ce que l'on m'avaït dit que l'on voyait, de l'or, des rubis, des démons, il n'y avait rien de tout ce que l'homme désire tant sur la terre et qu'il espère trouver un jour dans le ciel, je vis un miroir, je nomme ainsi ce que j'ai vu car on ne mena (*sic*) point appris le nom, je vis un miroir il était blanc, d'un bleud celeste il représentait des choses que je ne puis dire puisqu'elles sont absolument étrangères à tout ce que nous voyons, mais j'étais heureuse en contemplant ce qui se présentait à mes yeux, j'approchai, je touchai ce miroir, je sentis une sensation que je n'avais jamais éprouvée, mon âme semblait s'exaler, je croyais que jalais en être séparée, oh moment délicieux plein de jouissance que vous avez peu duré, je me suis réveillée quand j'étais si heureuse, au bleu du nuage, je me trouve la tête sur le piano et la pluie et le tonnerre allaient toujours leur train.

16 juillet 188 (*sic*) [1].

[1] Pièce inédite. Collection La Caille, l'autographe provient de la collection Dubrunfaut.

CAMILLE DESMOULINS.

LUCILE DUPLESSIS, FEMME DE CAMILLE DESMOULINS,
A 18 ANS.
Copie d'un dessin du maréchal Brune (alors prote d'imprimerie).
(Collection de M. Matton aîné, de Vervins.)

Elle aime la solitude, ai-je dit. Comme Rousseau, elle a horreur des hommes. A dix-sept ans! Elle n'aime le Luxembourg que lorsqu'il est désert, durant la semaine ou le soir, quand la nuit tombe :

Il y aura des dames tous les dimanches, écrit-elle, et je ne pourrai plus venir rêver dans ces bosquets. Ils ne seront plus solitaires. Je fuirai cette joie bruillante (*sic*), souvent contraire aux situations où se trouve le cœur. Je sens que je suis née pour vivre loin des hommes. Hélas! plus je les examine, plus je cherche à les connaître, plus je vois qu'il faut les fuir. Point de franchise, point de cordialité parmi eux... Je vis comme une bête, je n'existe plus... Je n'ai plus que la vie (matérielle?). Hier au soir j'avois peur de me trouver mal. Je suis dans mon lit. Une lumière et un éteignoir sont sur mon lit. Je l'éteins si j'entends du bruit[1].

Il y a là une souffrance évidemment, et cuisante. Certaines âmes sont aussi endolories et froissées par les appréhensions de la vie que d'autres par la vie elle-même. Cette vie a ses affres aussi, comme la mort. Lucile hait les hommes. Pourquoi? Sans doute parce qu'elle n'aime pas un homme.

Je n'aime point, moi, dit-elle avec une sorte d'effroi. Quand est-ce donc que j'aimerai? On dit qu'il faut que tout le monde aime. Est-ce donc quand j'aurai quatre-vingts ans que j'aimerai? Je suis de marbre. Ah! la singulière chose que la vie[2]!

Je suis de marbre! Pauvre enfant qui se désole de ne point aimer à l'heure où elle ne sait rien autre chose qu'être aimée, adorée par son père, par cette sœur affectueuse, par sa mère qui *la gâte*, comme on dit volontiers aujourd'hui! Elle se

[1] Autographe inédit. Collect. J. Claretie.
[2] Autographe inédit. *Id.*

console avec la nature, les arbres, le « *tilleul majestueux que Lucile vient souvent visiter dans la soirée lorsque, cherchant un doux repos, elle vient à la fraîcheur de l'ombrage attendre la nuit qui s'approche.* » Douleurs imaginaires, souffrances que j'appellerai volontiers littéraires, et qu'ont ressenties tous ceux-là qui ont beaucoup lu avant de beaucoup voir. Mais souffrances réelles, souffrances profondes, et qui s'exhalent, pour Lucile, tantôt en malédictions misanthropiques, tantôt en prières.

Et n'est-ce pas la plus ardente, la plus étrange, la plus inattendue des prières que cette sorte de méditation écrite par Lucile, sur son lit encore et à la lueur d'une bougie, ainsi qu'elle le dit elle-même, le 6 juin 1789, à sept heures du soir ? Elle appelle cette page sa *Prière à Dieu.* Les élans de foi d'une femme qui a lu Pascal s'y mêlent à un certain doute, à celui d'un esprit qui a étudié Fontenelle :

PRIÈRE A DIEU

Être des êtres, être indéfinissable ! toi que toute la terre adore. Toi ma seule consolation. Dieu puissant, reçois l'offrande d'un cœur qui n'aime que toi ; éclaire mon âme ; apprends-moi à te connaître. Hélas ! quel mortel a ce bonheur ? Apprends-moi à connaître l'erreur, que je ne tombe pas dans l'abîme affreux qui l'environne. O mon Dieu ! pourquoi abandonnes-tu tes créatures ? Regarde-les d'un œil favorable. Hélas ! que puis-je faire, moi, faible mortelle ? Entends-tu ma voix dans l'immensité que tu occupes ? Pénètre-t-elle jusqu'à toi ?... Pardonne ce doute ; c'est le seul qui sortira de mon cœur. Être céleste, éclaire mon esprit !

Je hais le monde... Est-ce un mal ?... Pourquoi souffres-tu qu'il soit si méchant ? Peux-tu laisser ton plus bel ouvrage imparfait ? O mon Dieu ! quand volerai-je dans ton sein ? Quand pourrai-je lever une humble paupière sur toi ? Quand pourrai-je en contemplant ta gloire, me prosterner à tes pieds, les arroser de mes larmes et te demander le pardon que tu m'auras déjà accordé ? Remplie de toi, sans cesse je pense à toi.

Es-tu un esprit ? es-tu une flamme ? Ah ! qu'elle paroisse cette flamme et me consume ! Viens avec moi ; ne me quitte plus... Vois, mon esprit s'égare... Sais-je ce que je suis ? Mon Dieu, je ne connais pas quel ressort me fait agir. Est-ce une partie de toi ? Oh ! non, je serais parfaite. Tous les jours je demande qui tu es. Tout le monde me le dit et personne ne le sait... Qu'est-ce que le soleil ? C'est du feu. Hélas ! je le sais bien, mais qu'est-ce que le feu ? On n'en sait rien. Je t'adore sans te comprendre ; je te prie sans te connaître, tu es dans mon cœur, je te sens et ne puis te deviner. Tu es le secret de la nature, et c'est un secret qu'on ne pourra découvrir.

A toi je puis parler. Tu es au-dessus de ce que l'homme appelle offense. Ce mot pour toi n'est rien. On ne peut point t'offenser. Ouvre les yeux de l'univers. Mon Dieu ! nous sommes tous aveugles. Fais-nous voir ce jour pur qui t'environne. Fais encore un miracle. Fais-toi connaître. Mais non, c'est en vain que je t'implore. Je ne suis pas digne de tes bienfaits. Il nous faudra donc ramper éternellement !

Ce bonheur que l'on cherche, où le trouver ? L'homme s'éblouit. Alors, quand il s'oublie, il croit être heureux. Non, il n'y a point de bonheur sur la terre. En vain nous courons après ; ce n'est qu'une chimère.

Quand le monde n'existera plus... Mais pourra-t-il s'anéantir ?... On dit qu'il n'y aura plus rien... rien... Quel tableau !

Quoi ! rien ?... rien du tout... Je m'y perds. Le soleil perdra donc sa clarté ; il ne luira plus ! Que deviendra-t-il ? Comment fera-t-il pour n'être rien ?

Mon Dieu ! ta puissance est bien grande ; c'est à toi qu'il faut tout abandonner. Il faut donc t'aimer, te servir, et se taire [1].

[1] Copié sur l'original par M. Matton aîné (de Vervins).

Je parlais de Fontenelle. Eh bien, non, ces accents n'ont, en somme, rien qui sente le dix-huitième siècle. Ce sont là comme les cris altérés de foi, d'amour, de divine extase des prières des solitaires, ou plutôt ce sont les exaltations des heures de catéchisme, les fièvres habituelles aux communiantes : un pas encore et une telle âme, apeurée par le monde, déjà repliée sur elle-même, au seuil de la vie, comme une sensitive, un pas, un seul, et elle réclamera le cloître. Le *rien* de la jeune fille du dix-huitième siècle pourrait bien se fondre dans une de ces passions à la sainte Thérèse, où la terreur de l'amour humain fait jaillir comme un torrent d'amour divin.

Mais non ; pour Lucile, cette phase de doute et de religiosité mêlés durera peu. Elle est femme et femme de son temps. Elle va aimer. Ces extatiques réflexions feront bientôt place à des pensées plus humbles, mais dont l'objet sera plus rapproché. Toutes les pages du journal de Lucile n'auront pas d'ailleurs l'éloquence de cette *Prière à Dieu,* qui fait songer encore, si l'on veut, à un fragment d'*Young,* ce livre que plus tard Camille emportera avec lui dans sa prison. Lucile se rapprochera davantage de l'esprit même de son temps, de ce temps épris du naturalisme, d'une sorte de sentimentalité florale, de sensibilité botanique, s'il est permis d'ainsi parler. Chacun, à cette heure, pense plus ou moins à la *pervenche* de Rousseau. Chacun veut avoir sa pervenche. Robespierre respirera des fleurs en se rendant au Comité de sûreté générale. Plus d'un condamné montera à l'échafaud avec une rose entre les lèvres. Ce temps d'orage moral n'empêche pas les lilas de fleurir.

La *violette* de Lucile Desmoulins, cette *violette* dont elle raconte le martyre dans la page qui suit, nous ramène du moins dans ce dix-huitième siècle, plein d'églogues factices, dont la *Prière à Dieu* nous avait éloignés.

C'est Lucile encore qui parle :

LA VIOLETTE

Étant allée me promener le premier jour de printemps, je descendis dans un vallon rempli de saules qui n'étoient pas encore verts, hélas ! Je détournai mes yeux de ces tristes arbres dépouillés de leurs feuilles, et ne m'occupai qu'à chercher dans l'herbe naissante la première fleur de la plus belle saison. Je marchai longtemps pour rien trouver ; cependant, de si loin que ma vue pouvait s'étendre, j'aperçus une violette ! une seule violette ! Oh ! qu'elle étoit belle ! Je vole aussitôt, et vais pour la cueillir, mais quelle fut ma surprise ! Cette humble fleur s'agita et sembloit vouloir se retirer de dessous mes doigts ! Craignant de me tromper, j'avançai la main. Alors une voix aussi douce que son parfum se fit entendre. Que fais-tu, Lucile, me dit-elle, pourquoi m'arracher ? Hélas ! laisse-moi vivre encore, personne ici ne me foule sous ses pieds, dans peu tu en trouveras mille plus belles que moi ; dans un bouquet je serai confondue, et je n'en augmenterai pas le volume ; je t'en conjure, laisse-moi finir mes jours ici. Attendrie d'un si touchant langage : Ne crains rien, lui dis-je, aimable fleur ; non, je ne serai jamais assez cruelle pour te détruire, laisse-moi seulement te respirer. Alors elle souleva sa tête odorante, et ses feuilles s'entrouvrirent... Émue jusqu'aux larmes, j'en laissai tomber une dans son calice. Elle me dit : Tes larmes raniment mes forces ; je vivrai plus qu'une autre. — Eh bien, lui dis-je, je viendrai tous les jours, j'umecterai (*sic*), soir et matin, tes feuilles d'une eau douce et pure... — Oui, viens, me dit-elle, mais viens toujours seule. Je le lui promis, et j'allai tous les jours la cultiver et respirer son caressant parfum. Hélas ! je ne verrai plus mon amie... Ma charmante violette, un soir... en vain je soutenois sa tige mourante, en vain pour la ranimer je lui jetai légèrement quelques gouttes d'eau ; sa dernière heure étoit venue... Je ne retournerai plus dans ce vallon, mais je penserai toujours à ma douce violette[1].

D'autres écrits de Lucile Desmoulins, des extraits de son petit cahier de jeune fille et de jeune femme, nous permettront d'ailleurs de pénétrer plus profondément dans cette âme. M. le baron de Girardot, ancien secrétaire général de la préfecture de Nantes, a conservé et confié à quelques curieux, un cahier d'extraits de poésies, de chansons, de quatrains, de pensées, ayant appartenu à Lucile. Précieux document, et d'un intérêt tout intime.

Ce petit cahier, — haut de douze centimètres et large de huit centimètres, cartonné de carton rouge, et contenant vingt-deux feuillets d'un papier solide, rugueux et jauni dont treize seulement sont couverts de l'écriture de Lucile, — ce cahier de jeune fille contient des vers composés en l'honneur de mademoiselle Duplessis, ou copiés par elle sur des recueils qui paraissaient alors. A la première page, le baron de Girardot, à qui ce document unique appartenait[2], a tracé cette indication :

Cahier écrit de la main de Lucile Duplessis,
femme de Camille Desmoulins.
M'a été donné par la sœur de Lucile, en 1834, à Paris.

B. DE GIRARDOT.

Camille pourtant, pauvre avocat, dès 1787, ose aspirer à la main de cette enfant.

[1] INÉDIT. Communiqué par M. de Lescure.

[2] Il est aujourd'hui la propriété de M. de Lescure, qui a bien voulu nous le communiquer.

M. Duplessis fait à la première demande de Camille une réponse plus qu'évasive, donnant pour raison d'un refus : *l'état incertain du jeune homme, l'avenir de Lucile, son extrême jeunesse,* tout ce qu'on répond en pareil cas lorsqu'on tient à garder les convenances. Alors, Camille prend la plume et, en essayant de réfuter point par point les objections de M. Duplessis, répond cette longue lettre tout à fait capitale pour sa biographie et ignorée jusqu'en 1879 [1].

MONSIEUR,

Je ne m'abuse pas et je suis forcé de convenir que votre lettre est digne d'un père et pleine de sagesse. Aux premiers moments de douleur que j'ai éprouvés succède le calme de la raison et je profite de ce calme pour me permettre quelques observations sur votre lettre, en vous la remettant sous les yeux.

Que ma probité ne vous effraye pas.

Les réflexions que Mme Duplessis m'a fait faire sur votre état incertain. Mon état incertain, n'est point incertain. Je suis avocat au Parlement de Paris et dans cette profession, ce qui rend l'état certain, ce n'est point d'être sur le tableau, c'est le talent et le travail. Je suis certain moralement d'être chargé de tous les appels des sentences de Guise, ce qui seul me composera un cabinet honnête et un revenu de 7 ou 8 000 livres au moins ; je ne puis croire qu'il y ait quelqu'un qui, après avoir lu le mémoire qu'on imprime de moi en ce moment, vous dise que mon état est incertain. Les lettres que j'ai de MM. Lorget et Linguet vous prouveroient, si vous les lisiez, que mon état n'est point incertain. Déjà j'ai un courant d'affaires qui ne peut que grossir et j'aurois gagné cent louis cette année, en supposant que je perde le procès qu'on va juger et dont le gain me vaudroit plus de deux mille écus.

Sur les événements futurs qui peuvent vous rappeler en province.

[1] Je l'ai publiée cette année-là au *Journal officiel* du 26 avril (J. C.).

J'ai fait vœu de stabilité dans le barreau de la capitale, ce vœu est exprimé clairement dans l'épître et le mémoire imprimés que vous avez de moi. Il n'y auroit eu qu'une seule chose qui auroit pu me détacher de Paris et me rendre supportable le séjour de la province, ce seroit si j'y avois rencontré Mlle Duplessis, par quels serments faut-il que je me lie pour vous ôter cette crainte que je ne quitte Paris? Je vois bien que vous ne savez pas combien j'aime mademoiselle votre fille, puisque vous supposez que je pourrois la contrister, en l'éloignant d'un père dont elle est si tendrement chérie.

Sur l'impossibilité où vous seriez de former une maison où ma fille pût trouver comme chez moi les douceurs et les agréments de la vie. Cette crainte paternelle a quelque chose de touchant qui m'eût fait me reprocher à moi-même ma recherche prématurée. Mais avez-vous donc cru que Mlle Duplessis me fût moins chère qu'à vous et que je voulusse d'un bonheur qui lui aurait coûté le sacrifice des agréments de la vie? Quant à moi les douceurs et les agréments de la vie auraient été de vivre auprès d'elle et auprès de vous, et ces plaisirs m'auraient rendu insipides tous les autres. Il y a ici deux choses que je ne puis croire, l'une que, du premier moment que vous avez connu mes vues, cette crainte si naturelle à un père que sa fille ne soit moins heureuse ne vous ait pas alarmé; l'autre, que votre réponse eût été celle que j'ai eu le plaisir d'entendre. Si vous aviez cru que le changement d'état de Mlle Duplessis la priverait des douceurs de la vie, ce n'était point auprès de moi qu'elle pouvait trouver ces douceurs. Je n'avais pas dissimulé mon peu de fortune, ni cherché à surprendre votre aveu en grossissant mes espérances, pour avoir la satisfaction de me rendre le témoignage que j'avais mis dans cette affaire toute la franchise et la délicatesse qui convient à ma profession; j'ai affecté presque de décrier la fortune de mon père et j'y avois si bien réussi que vous m'avez dit alors: qu'aidé de votre fortune, je pourrois attendre qu'une affaire d'éclat m'eût tiré de l'obscurité. Vous m'avez dit cela en termes bien plus forts, car vos expressions ont été que n'étant plus forcé de courir après un écu, je pourrois me livrer sans distraction à des études qui me feroient connaître plus tard comme jurisconsulte si la gêne de ma prononciation était un obstacle insurmontable qui m'empêchât de réussir dans ma plaidoirie. Il est clair que vous ne vous flattiez pas alors que je pourrois former une maison à Mlle Duplessis. Cependant, cette enfant bien-aimée ne vous était pas moins chère en ce moment et vous ne pensiez sûrement pas qu'elle perdroit les douceurs de la vie, mais vous avez compris qu'il y avait manière de s'arranger pour qu'il ne lui coûtât aucun sacrifice jusqu'au temps qui n'est pas loin où mon état me rapporteroit 10 à 12 mille livres. Mlle Duplessis avait-elle donc besoin pendant quelques années d'une autre maison que la vôtre? J'aurais même mieux aimé qu'elle continuât de vivre au milieu de vous et le changement de son état en même temps qu'il m'eût rendu le plus heureux de tous les hommes, n'eût fait qu'ajouter pour elle aux douceurs de la vie sans qu'il lui coûtât aucune privation.

Encor que la dot que je me propose de lui donner soit d'une certaine consistance, vous pouvez vous rappeler que lorsque vous avez touché cet article, j'ai gardé le silence. Certe que pour attendre que mon état fût pleinement fait je n'avais pas besoin de trouver une dot et que mon patrimoine me suffisait, c'est que, dans le moment actuel, ne pouvant compter que sur 3 ou 4 mille livres que j'obtiendrais dans l'année de mon travail ou de mon père et ces 4 mille livres jointes aux 3 ou 4 que vous donneriez à Mlle votre fille ne pouvant suffire à lui former une maison digne d'elle et de vous j'aimais mieux ne lui rien demander. Elle aurait mis dans la communauté mille qualités aimables; moi, j'y aurais mis mon état et j'ose dire quelques talents. C'eût été un mariage sans dot comme les ouvriers, mais ceux de ce temps-là valaient bien ceux du nôtre, je n'ai jamais fait du mien une affaire, la seule dot que j'aurais demandé, c'était qu'on m'aimât, non pas autant que je fais cela est impossible, mais je m'assure que mademoiselle votre fille aurait été touchée de me voir uniquement occupé du soin d'acquitter envers elle la dette du bonheur que j'aurois contractée.

Me déterminent à vous engager à vaincre votre affection. Si ce n'était qu'une affection, on pourrait la vaincre, mais la plaie est plus profonde. Rappelez-vous, Monsieur, dans quel abattement je parus devant vous, mon état était devenu si violent que quoi que vous m'eussiez pu dire, il était impossible que ma douleur me serrât plus le cœur en sortant de chez vous que m'avait fait la crainte en y entrant. Voilà pourquoi encor qu'il dût m'en coûter à perdre une erreur si chère, je vous ai supplié d'arracher le bandeau et de déraciner mon espoir.

Au lieu de cela, combien ne l'avez-vous pas accru. Je ne sollicitais qu'une espérance éloignée et vous m'avez donné une espérance prochaine. La fortune, m'avez-vous dit, ne déterminerait point votre choix et vous ne faisiez point consister le bonheur dans la fortune : j'exerçais une profession honorable et qu'il n'était point même besoin de remplir avec un certain éclat pour vous paraître digne de vous appartenir ; il vous suffisait que votre fille fût aimée tendrement et constamment et qu'après elle votre gendre n'aimât que le travail. Qui n'eût cru à ma place que ce gendre c'était bien lui, vous avez fait plus ; vous m'avez invité à passer à votre campagne les fêtes et dimanches et vous m'avez permis, vous m'avez même averti de faire part à mon père de cet entretien.

En ce moment mon père vous a sans doute écrit et une partie de ma joie étoit de penser à celle qu'il ressent non pas de la dot (celle de ma mère qui est encore entière malgré nos malheurs parce qu'elle a toujours été sacrée à ses yeux, était plus considérable), mais ce père qui m'aime avec tendresse est sans doute ravi, que j'aie enfin obtenu cette demoiselle Duplessis dont je lui parlais sans cesse depuis cinq ans, qu'il a voulu que je lui montrasse, lorsqu'il passa quelques jours à Paris il y a deux ans et qu'il eût dès lors demandée pour moi si la disproportion des fortunes lui eût permis de le faire avec bienséance. Dans ma lettre du 22 mars ce n'était plus de vaines conjectures et de promenades équivoques au Luxembourg que je l'entretenais, c'étoit des discours que m'avoit tenu un père de famille n'avois-je pas dû faire fond et me reposer entièrement sur sa réponse ?

Ce serait tromper votre franchise de vous faire des promesses en ce moment-ci, vu l'âge peu avancé de ma fille. Si vous ne faites que reculer le terme de mon bonheur, j'ai bien attendu cinq ans, je puis encore en attendre deux et plus, mais comme je fais surtout consister le bonheur dans cette pensée qu'on s'aime pour la vie, je vous supplie seulement de me dire si au bout de deux ans et lorsque mon cœur aura été consumé peut-être par ces attachements, il ne me faudra point renoncer à l'habitude si douce de l'aimer. Son âge n'était pas plus avancé, il y a quatre jours, quand vous me donniez des espérances si prochaines. Aussi cette raison que vous apportez n'est pas la véritable et vous-même ne me le déguisez pas.

Un point encore plus essentiel à vous observer, c'est que ce serait de ma part mettre une barrière aux partis qui, d'ici à deux ans, pourraient se présenter et vous faire perdre à vous-même des occasions qui pourraient remplir vos vues. Quant à ce qui me regarde dans cet article, de quelle occasion, de quelles vues pouvez-vous me parler ? Que puis-je avoir en vue, sinon d'être heureux, et je ne puis l'être, monsieur, qu'auprès de vous. Où trouver une famille que j'aime autant ? Je suis allé trop avant avec Mlle Duplessis, pour retourner jamais sur mes pas et si vous venez à me retirer l'espérance que vous m'avez fait concevoir vous aurez fait sans le vouloir le malheur de ma vie.

Je viens à la grande raison, que ce serait mettre de votre part une barrière aux partis qui peuvent se présenter d'ici à deux ans. Si, lorsque vous m'avez fait l'honneur de m'accorder un entretien, vous m'aviez dit cela, le tout aurait été fort clair et je n'avais rien à répondre. Mais, depuis vous m'avez déclaré que la fortune ne déciderait point votre choix pour mademoiselle votre fille, et que vous ne lui rechercheriez qu'un mari qui l'aimât avec tendresse ; vous voulez donc dire que, d'ici à deux ans, il peut se présenter des personnes qui l'aiment mieux que moi. S'il est ainsi, qu'il s'en présente. Toutes l'aimeront sans doute positivement, mais plus éperduement que moi, cela sera difficile. Et j'aurai toujours cinq ans d'avance.

Avoir motivé votre lettre, c'était me dire assez que vous n'aviez pas changé à mon égard et que, si je parvenais à détruire les motifs que vous avez bien voulu me détailler, vous reprendriez vos premiers sentiments. Il me semble que j'ai répondu d'une manière satisfaisante aux objections de M. Duplessis ; je vous conjure donc de revenir à vos premières dispositions si favorables et de reprendre pour moi le cœur d'un père. Je souhaiterais bien que vous et Mme Duplessis voulussiez m'accorder un entretien. J'achèverais de lever tous vos doutes et je descendrais à des détails qui ne peuvent entrer dans une lettre : ne me repoussez pas de votre sein et qu'il me soit permis de vous donner à tous deux des noms auxquels mon cœur se refuserait si j'avais à les donner à d'autres.

C'est avec ces sentiments que j'ai l'honneur d'être, monsieur, votre très humble et très obéissant serviteur.

Desmoulins
Avocat au Parlement.

P.-S. — En relisant cette lettre, je la trouve si réfléchie qu'il me semble qu'au lieu de la tourner dans le style ordinaire, j'aurais dû mettre : « Délibéré à Paris le 26 mars 1787. »

J'ai copié cette lettre jusqu'à trois fois pour ne pas ajouter à la longueur celle d'un caractère illisible. Mais j'ai beau faire, ce sont toujours des pieds de mouche. Je vous en demande pardon.

On avouera que cette lettre, des plus curieuses à coup sûr, valait d'être recueillie. L'excellent et vénérable M. Matton aîné, le parent de Camille, ne l'a point donnée dans sa savante édition des Œuvres de Desmoulins publiées en 1831 au bénéfice de la sœur de Camille. C'est une page vivante des confessions de Desmoulins. L'histoire demande justement, à ceux qu'elle juge aujourd'hui, de ces accents humains et vrais. Elle analyse tout, elle scrute tout, veut tout savoir. Desmoulins se livre là sans détours ; il aime du fond de son âme et cette longue plaidoirie pour son propre cœur, si je puis dire, explique et prépare les lettres pleines d'une ivresse joyeuse qu'il écrira à son père lorsque M. Duplessis lui accordera la main de Lucile : « Enfin ! enfin ! »

Quant aux pensées de Lucile, vers la même époque, ce petit cahier rouge dont nous citions le titre plus haut nous a permis de les deviner ou de les lire. Lorsqu'elle commença à y noter les vers qui la frappaient ou lui plaisaient, elle était évidemment déjà éprise de Camille. Amour contrarié, on vient de le constater, car M. Duplessis le père n'avait pas vu d'un œil très favorable naître et grandir l'amour de Desmoulins pour sa fille. Esprit pratique, fils d'un modeste maréchal-ferrant de village, devenu grâce à ses efforts, à une lutte patiente et constante, premier commis du Contrôle général des finances, M. Duplessis aimait la fortune en homme qui sait ce qu'elle coûte à conquérir. Il pouvait passer pour riche sans l'être trop. Peu enclin à l'aventure, il eût préféré donner sa fille à un autre homme qu'à un avocat sans causes.

On voit donc que s'il avait conquis la mère, Camille Desmoulins, en 1787, effrayait encore le père et beaucoup. Quant à Lucie, elle l'aimait, une telle raison valait toutes les autres. Ce *marbre,* pour rappeler ses préoccupations de tout à l'heure, ce marbre rose s'était animé. Celle qui tracera dans ses notes ce vers, qui correspond à l'unique pensée de sa vie :

Écris sur ma tombe : Elle aima,

l'épouse constante et passionnée de Camille, s'était sentie conquise par ce jeune homme pétulant, éloquent lorsqu'il ne parlait que dans l'intimité, et dont les grands yeux noirs jetaient des flammes. M. Duplessis, en véritable homme d'affaires, ne voulut d'abord rien entendre à ces choses de sentiment. Lorsque tout d'abord Camille s'ouvrit à lui sur ses projets, parla doucement, timidement d'union, lorsqu'il écrivit ensuite des plaidoyers pour son amour, tel que celui qu'on vient de lire, il se heurta à un refus très net de M. Duplessis, il put croire à une résolution inflexible. L'amoureux s'éloigna ; madame Duplessis fut attristée, Lucile gémit. Et l'expression de cette tristesse, de cette intime douleur, on la retrouve dans les pièces de vers recueillies dans le petit *cahier rouge* de mademoiselle Duplessis.

Ce sont là des vers amoureux, attendris, qui tous chantent les malheurs de deux amants séparés par la volonté paternelle. Lucile prend plaisir à les recopier, à les apprendre. Elle leur trouve sans nul doute la saveur âcre de ces mets qui rendent parfois la souffrance plus lancinante et plus cruelle. Celui qui s'appelait le *berger Sylvain,* Sylvain Maréchal, a rimé pour les amoureux persécutés des romances qui peignaient les tourments de Lucile. Elle les transcrivait donc avec une volupté douloureuse sur son cahier de jeune fille, en leur donnant, comme Maréchal, ce titre : *Romance historique.*

C'est l'histoire de Sylvandre « *né dans l'indigence* » et gardant les troupeaux d'un « *laboureur orgueilleux* », qui lui refuse la main de Nice, sa fille. Le pauvre Sylvandre se laisse mourir de faim dans sa « *chaumière obscure* ». Découvert par les aboiements de son « *chien fidèle* », son cadavre frappe de désespoir la malheureuse Nice. Elle pleura, elle se lamenta,

> Puis, rassemblant tout son courage,
> Près de Sylvandre alla mourir.

Toute la poésie enfantinement élégiaque du temps se retrouve dans ces extraits relus si souvent par Lucile, avec une naïveté sincère et profonde de sentiment et de souffrance.

D'autres fois, c'est le *Contrat de mariage par devant nature*. Le ressouvenir de Rousseau apparaît encore. Le jeune Hylas aime la jeune Hélène, mais leurs familles sont divisées par la haine, et le « *couple fidèle* » est aussi séparé que Juliette pouvait l'être de Roméo. Vont-ils donc mourir, eux aussi ? Non, ils s'enfuient « d'un pied léger » vers une région sauvage

> Où les cœurs peuvent s'engager,

et bien différente de Nice et de Sylvandre, que chantait tout à l'heure le *berger Sylvain*,

> Là, sans prêtres et sans notaire,
> Sur un autel de gazon frais,
> Au milieu d'un bois solitaire,
> Ils s'unirent à peu de frais.

Sylvain Maréchal, l'ami de Lucile, et qui publiera un étrange projet de loi portant *Défense d'apprendre à lire aux femmes* [1], ajoute à l'historiette une conclusion et un conseil :

[1] Imprimé à Lille, 1841. In-8° à 100 exempl. seulement.

Leurs travaux et leur industrie
Embellissent ces lieux déserts.
Ils oublièrent leur patrie
Et furent pour eux l'univers.
Vous qu'on persécute à la ville,
Jeunes cœurs, accourez près d'eux.
Leur toit de chaume sert d'asile
A tous les amants malheureux.

Cette pièce est signée *le berger Sylvain* et datée du mois de septembre 1787. Camille alors avait vingt-sept ans et Lucile dix-sept. Le refus de M. Duplessis datait de mars de la même année. Ils s'aimaient, à demi séparés, seulement réunis par la tendre faiblesse de madame Duplessis, et cela dura jusqu'en 1790, époque où la volonté paternelle céda devant les conseils de la femme et les larmes de la jeune fille. Trois ans de tendresses comprimées et grandissantes, de rencontres souvent concertées sous les grands arbres du Luxembourg, de pensées échangées en hâte, de regards pour ainsi dire dérobés, trois ans de chastes, de profondes et de junéviles amours ! La mère, attendrie et séduite, gagnée, avons-nous dit, à la cause des jeunes gens, surveillait cet amour partagé, qu'elle voyait si vrai dans ces deux jeunes cœurs. Lucile en faisait cependant un mystère, témoin ce billet à Camille qu'elle n'envoya peut-être pas à celui qu'elle aimait, et où son âme tout entière apparaît et se livre avec sa passion et sa pudeur :

O toi qui est au fond de mon cœur, toi que je nose aimer ou plus tot que je n'ose dire que jaime. Tu me crois insensible ! Oh ! cruel, me juge-tu daprès ton cœur, et ce cœur pourroit-il s'attacher à un être insensible ? Eh bien ! oui, j'aime mieux souffrir, j'aime mieux que tu m'oublie... O Dieu ! juge de mon courage... lequel de nous deux a le plus à souffrir ? Je nose me lavouer à

LUCILE DESMOULINS, PAR BOILLY.
(Musée Carnavalet.)

Pl. 9

moi-même ce que je sens pour toi ; je ne moccupe qu'a le déguiser. Tu souffre, dis-tu, oh ! je souffre davantage ; ton image est sans cesse présente à ma pensée ; elle ne me quitte jamais, je te cherche des défauts, je les trouve et je les aime. Dis-moi donc pourquoi tous ces combats ? pourquoi j'aime en faire un mystère, même à ma mère : je voudrois quelle le scut, quelle le devinat, mais je ne voudrois pas le lui dire.

Quoi de plus charmant que cet aveu ! Quoi de plus séduisant, de plus tendrement passionné, de plus exquis que cette phrase : « *Je te cherche des défauts, je les trouve et je les aime* ! » Toute l'affection dévouée, agenouillée de la femme est dans ces simples mots, d'une intime et pénétrante poésie. Camille le reçut-il jamais, ce billet où s'épanchait cette âme ardente ? Ce qui est certain, c'est que tout en reprochant à Lucile son *insensibilité,* il avait deviné sans nul doute qu'il était aimé, car ce jeune homme nerveux, emporté, si prompt à se décourager, à passer de l'extrême enthousiasme à l'abattement complet, ne perdit point courage, puisa dans la vivacité de sa passion une constance imprévue, et attendit durant des années que M. Duplessis consentît enfin à céder.

Mais alors, en décembre 1790, lorsque le père s'attendrit, cède et donne sa fille à l'écrivain qui la demande, quelle joie chez Desmoulins, quel enivrement, avec quelle juvénile ardeur il annonce à ses parents ce bonheur inespéré :

Aujourd'hui 11 décembre, je me vois enfin au comble de mes vœux. Le bonheur pour moi s'est fait longtemps attendre, mais enfin il est arrivé, et je suis heureux autant qu'on peut l'être sur la terre. Cette charmante Lucile, dont je vous ai tant parlé, que j'aime depuis huit ans, enfin ses parents me la donnent et elle ne me refuse pas. Tout à l'heure sa mère vient de m'apprendre cette nouvelle en pleurant de joie. L'inégalité de fortune, M. Duplessis ayant vingt mille livres de rente, avait jusqu'ici retardé mon bonheur; le père était ébloui par les offres qu'on lui faisait. Il a congédié un prétendant qui venait avec cent mille francs; Lucile, qui avait déjà refusé vingt-cinq mille livres de rente, n'a pas eu de peine à lui donner congé. Vous allez la connaître par ce seul trait. *Quand sa mère me l'a eu donnée il n'y a qu'un moment, elle m'a conduit dans sa chambre; je me jette aux genoux de Lucile; surpris de l'entendre rire, je lève les yeux, les siens n'étaient pas en meilleur état que les miens; elle était toute en larmes, elle pleurait même abondamment et cependant elle riait encore. Jamais je n'ai vu de spectacle aussi ravissant* et je n'aurais pas imaginé que la nature et la sensibilité pussent réunir à ce point ces deux contrastes. Son père m'a dit qu'il ne différait plus de nous marier que pour me donner les cent mille francs qu'il a promis à sa fille et que je pouvais venir avec lui chez le notaire quand je voudrais. Je lui ai répondu : Vous êtes un capitaliste; vous avez remué de l'espèce pendant toute votre vie, je ne me mêle pas du contrat et tant d'argent m'embarrasserait; vous aimez trop votre fille pour que je stipule pour elle. Vous ne me demandez rien, ainsi dressez le contrat comme vous voudrez. Il me donne en outre la moitié de la vaisselle d'argent, qui monte à dix mille francs.

Camille, comme s'il se doutait qu'un jour, pour le pousser plus promptement à l'échafaud, on l'accusera d'avoir *épousé une femme riche,* conjure ensuite ses parents de « ne pas faire sonner tout cela trop haut », il les supplie ensuite d'envoyer « poste pour poste leur consentement. » Et, avec une affectation peut-être un peu déplacée :

Je suis maintenant, dit-il, en état de venir à votre secours et c'est là une grande partie de ma joie : ma maîtresse, ma femme, votre fille et toute sa famille vous embrassent.

Camille est fou de joie. Il attend le consentement paternel avec fièvre. Trois fois il le demande, il le réclame ; le 18 et le 20 décembre, il suppliera son père de ne pas opposer à ce mariage un veto absolu :

Mon très cher père,

Comment se peut-il qu'en recevant ma dernière lettre contresignée du garde des sceaux vous n'avez pas envoyé Charles le notaire pour me faire passer votre consentement et celui de ma chère mère, notarié et en bonne forme ; par votre lenteur, mon mariage est retardé de huit jours. Songez que je compte les minutes et ne prolongez pas votre veto suspensif. Cet établissement fait mon bonheur et ma fortune et la vôtre ; ainsi, faites-moi passer à la hâte votre consentement et ne me désolez pas davantage.

C. Desmoulins.

Votre fils marié si avantageusement, et vous commissaire du roi, c'est, ce me semble, un assez grand sujet de vous réjouir.

18 décembre 1790[1].

Camille est un étourdi. Il a oublié de donner « les noms de sa future et de ses parents ». M. Desmoulins père, à son tour, les réclame :

Guise, 15 décembre 1790, neuf heures du soir.

Je reçois dans le moment votre lettre, et trop tard pour faire passer mon consentement et celui de votre mère en forme authentique avant la fermeture du paquet du courrier d'aujourd'hui, quand même vous n'auriez pas oublié de me donner les noms de votre future et de M. et Mme ses père et mère ; en attendant ces désignations nécessaires que vous pouvez me donner poste pour poste, croiez que nous partageons tous toute votre joie, toute votre satis-

Inédite. — Communiqué par M. de Lescure.

faction, toute votre ivresse. Assurez-en toute cette charmante famille à laquelle vous paraissez depuis huit ans avoir attaché votre bonheur, si vous en obteniez celle qui faisait l'objet de tous vos vœux, mademoiselle Lucile ; votre félicité fera toujours la nôtre. Je n'ai que le moment pour profiter de ce courier, que de vous réiterer que je suis votre meilleur ami.

Signé : DESMOULINS.

Toute la famille vous embrasse et présente ses hommages à celle de M. Duplessis.

Continuez-moi vos bons offices auprès de M. le garde des sceaux pour la ganse d'or de la thiérarche[1].

Ce n'était pas la seule tribulation qui attendait Camille Desmoulins. Le mariage devant avoir lieu le 29 décembre, ne fallait-il pas obtenir une dispense de l'Avent ? Camille va trouver un grand vicaire de l'archevêque de Paris, M. de Floirac, qui lui reproche son château brûlé, vingt mille livres de rente perdues, et refuse la dispense. Des députés s'entremettent, sollicitent ; peine perdue. C'est le vénérable abbé Bérardier, le *principal* du collège Louis-le-Grand, qui l'obtient enfin, cette dispense, après combien de démarches ! Il aimait son ancien élève, ce Bérardier, il n'oubliait point le collégien rêvant dans la chartreuse de Gresset, et tous les ans, d'ailleurs, Camille souhaitait sa fête à son ancien maître ; Bérardier voulut le marier lui-même, et M. de Pancemont, curé de Saint-Sulpice, consentit à n'être que l'assistant. L'entrevue préalable entre M. de Pancemont et Camille, arrivant à Saint-Sulpice suivi d'un notaire, vaut la peine d'être rapportée. On y voit nettement l'espèce de duel moral engagé entre le voltairien et le prêtre. Le curé tient

[1] Lettre *inédite*.

dans une attitude non pas suppliante, mais polie, un libre penseur tendant le col au joug. Il n'aura garde de ne pas lui en faire sentir la pesanteur : le prêtre n'abdique jamais. La première question adressée à Camille par M. de Pancemont est celle-ci :

Êtes-vous catholique ? — Pourquoi cette question ? — Parce que, si vous ne l'étiez pas, je ne pourrais vous conférer un sacrement de la religion catholique. — Eh bien, oui, je suis catholique. — Je ne puis croire celui qui a dit dans un de ses numéros que la religion de Mahomet était tout aussi évidente pour lui que celle de Jésus-Christ. — Vous lisez donc mes numéros ? — Quelquefois. — Et vous ne voulez pas me marier, monsieur le curé ? — Non, monsieur ; je ne le puis, à moins que vous ne fassiez une profession de foi publique de la religion catholique. — J'aurai donc recours au comité ecclésiastique, répond Camille.

L'entretien, recueilli par le notaire, est alors porté au comité.

Camille va retrouver ensuite le curé avec une consultation de Mirabeau où celui-ci établissait « qu'on ne pouvait juger de la croyance que sur la profession de foi extérieure, et que le mariage ne pouvait être refusé au réclamant puisqu'il se disait catholique. »

— Depuis quand Mirabeau est-il un père de l'Église ? fit M. de Pancemont.

Camille, à ce mot, ne put s'empêcher de rire :

« Ah ! ah ! fit-il. Mirabeau père de l'Église ! Je le lui dirai ; cela le divertira !

— Mais, à ne vous juger que sur votre profession de foi extérieure, puisqu'elle est imprimée, reprit le curé de Saint-Sulpice, la consultation même vous condamne. J'exige donc une rétractation avant de vous marier. — Je ne compte pas faire de nouveaux numéros avant mon mariage. — Ce sera donc après ? — Je le promets, dit Camille. (Il n'en fit rien.) — *J'exige* de plus, ajouta M. de Pancemont, que vous remplissiez tous les devoirs prescrits quand on se marie et que vous vous confessiez. — A vous-même, monsieur le curé[1] ! »

Et il se confessa[2]. L'amour qu'il éprouvait pour Lucile était assez puissant pour contraindre le pamphlétaire à courber le front. Mais avec quelle vivacité et quelle colère il le relèvera ensuite ! A prêtre implacable dans son ministère, adversaire acharné dans le combat. Le mariage enfin fut célébré le mercredi 29 décembre, à Saint-Sulpice[3]. Au

[1] Ces détails sont extraits de l'*Examen critique des dictionnaires historiques*, par M. Barbier, qui lui-même les aura extraits d'une brochure intitulée : *Histoire des événements arrivés sur la paroisse Saint-Sulpice pendant la Révolution*. Paris, imprimerie de Crapart, 1792, p. 23, 24 et 25. Plus tard, à propos du serment civique des prêtres, le curé, « mon curé », ayant dit que l'*enfer avait dilaté le sein de la nation* : « Oh ! monsieur le curé, vous qui êtes un homme d'esprit ! » s'écriera Camille. Et il ajoutera dans ses *Révolutions* (nº 50) : « Je suis fâché pour le curé de Saint-Sulpice, qui avoit gagné mon affection, qu'il ait causé un si grand scandale. Il est très vrai qu'il m'avoit dit (ce sont ses propres termes) : « Autrefois c'étoit le Roi qui avoit la puissance, aujourd'hui c'est la nation. Or, saint Paul nous apprend qu'il faut obéir aux puissances ; j'obéirai donc ! »

[2] « C'est moi qui, quelques jours avant leur mariage, conduisis dans ma voiture Camille et Lucile aux Cordeliers, où un père les confessa l'un après l'autre, Camille d'abord, puis Lucile qui attendait son tour de l'autre côté. Ils se confessèrent avec tant de confiance et d'ingénuité que je pouvais tout entendre. » Note de Mme Duplessis. Collection d'autographes de M. Georges Cain.

[3] « Le 29 décembre 1790 a été célébré le mariage de Lucile-Simplice-Camille-Benoît Desmoulins, avocat, âgé de trente ans, fils de Jean-Benoist-Nicolas Desmoulins, lieutenant général au bailliage de Guise, et de Marie-Magdeleine Godard, consentants, avec Anne-Lucile-Philippe Laridon-Duplessis, âgée de vingt ans, fille de Claude-Étienne Laridon-Duplessis, pensionnaire du Roi, et d'Anne-Françoise-Marie Boisdeveix, présents et consentants, les deux parties de cette paroisse, l'époux depuis six ans rue du Théâtre-Français, l'épouse de fait et de droit depuis cinq ans avec ses père et mère présents.

« Jérôme Pétion, député à l'Assemblée nationale, rue Neuve-des-Mathurins ; Charles-Alexis Brulard, député à l'Assemblée nationale, rue Neuve-des-Mathurins ; Maximilien-Marie-Isidore Robespierre, député à l'Assemblé nationale, rue Saintonge, paroisse Saint-Louis-

nombre des témoins, on voit figurer Pétion et Robespierre ; Mirabeau ne s'y trouva pas, comme il l'avait promis. L'abbé Bérardier fit aux époux une touchante exhortation [1], et Ca-

en-l'Ile (*sic*) ; Signé : Camille Desmoulins, Laridon Duplessis (l'épouse) ; Laridon Duplessis, Boisdeveix, Pétion, Brulard, Robespierre, Mercier, J.-N. Brissot, député à l'Assemblée nationale ; Gueudeville, vicaire à Saint-Sulpice. »

(*Registres* de la paroisse de Saint-Sulpice.) L'abbé Bérardier et le curé Pancemont n'ont point signé.

[1] L'allocution de l'abbé Bérardier a été reproduite *in extenso* par le *Journal de Vervins* du 17 juillet 1884.

« Après avoir loué l'éducation soignée de Lucile, « élevée sous les yeux d'un « père honnête et vertueux, distingué par son intelligence et sa probité, formée « par une mère tendre et sage, qui a du caractère et de la bonté », après avoir rappelé à Camille, « fils d'un magistrat éclairé et intègre », ses succès d'autrefois dans le vieux collège, l'abbé Bérardier lui dit : « Vous êtes devenu tout à coup « célèbre dans la république des lettres et votre nom sera fameux dans les fastes « de la Révolution ; » puis se souvenant qu'il est prêtre : « Mais, ajoute-t-il, on « ne s'est pas contenté de vous donner des lumières, des connaissances, on vous « a donné des mœurs et des principes de religion (je me rappelle avec un doux « souvenir d'y avoir contribué). » Ces principes de religion, on peut les perdre de vue ; dans l'âge des passions, on s'en écarte souvent parce que les passions aveuglent ; mais pendant tout ce temps, même ces principes germent au fond du cœur et, dans un âge plus mûr, ils se développent et produisent tôt ou tard des fruits salutaires. Mais quel temps plus propre à les faire revivre, ces principes, que celui où l'on devient époux et où l'on va bientôt devenir père ; ce doit être là l'âge mûr de la raison ; plus donc d'écart, plus de fougue de jeunesse ; la raison présidera désormais à tous vos écrits ; la sagesse dirigera toutes vos démarches ; la religion, cette religion sainte, vous lui rendrez hommage parce qu'elle est vraie, qu'elle est divine. Vous la respecterez surtout dans vos écrits.

« Si l'on peut être assez présomptueux pour se flatter de pouvoir se passer d'elle dans toutes les infortunes inséparables de cette vie, ce serait un meurtre que d'enlever ce secours à tant d'infortunés qui n'ont d'autres ressources dans leurs peines que les consolations que la religion procure et d'autres espoirs que les récompenses qu'elle promet et qu'elle assure. Si ce n'est donc pas pour vous, Monsieur, ce sera au moins pour les autres que vous respecterez la religion dans vos écrits : j'en serai volontiers le garant, j'en contracte même ici pour vous

mille se sentit les yeux gros de larmes. « Pleure donc, lui dit Robespierre, si tu en as envie ! » Plus tard, Saint-Just et Robespierre lui-même, reprocheront à Camille les larmes qu'il était si prompt à verser.

En lisant, en retrouvant côte à côte ces noms amis, qui deviendront, trois ans après, des noms ennemis ; en rencontrant au bas de cet acte de mariage la signature de Brissot, que dénonça Camille, et celle de Robespierre, qui n'empêcha pas son ami de monter à l'échafaud, on ne peut arrêter les réflexions amères, les douloureux rapprochements. Cruelles heures que celles-là, où le baiser de la veille devient la morsure du lendemain ! Fatalités sanglantes de ces luttes à mort ! L'ami tue l'ami ; Camille inventera, en 1793, contre Brissot qui lui serre la main en 1790, en lui disant : *Sois heureux,* — un néologisme meurtrier, le verbe *brissoter,* qui signifiera *voler.* Robespierre rédigera pour Saint-Just une note mortelle où Camille sera tour à tour traité de *dupe* et de *complice.* Mais qui prévoit ce dénouement à cette heure ? Quels sourires confiants ! Quelles joies au moment où Camille, qui a trente ans, conduit à l'autel cette blonde Lucile, qui en a vingt à peine ! Il serre dans sa main droite

l'engagement aux pieds de ces autels et devant le Dieu qui y réside. Monsieur, vous ne me rendrez pas parjure. Votre patriotisme n'en sera pas moins actif, il n'en sera que plus épuré, plus ferme, plus vrai ; car si la loi peut forcer à paraître citoyen, la religion oblige à l'être. »

Je voudrais citer tout ce morceau où l'abbé dans ce style du temps, ajoutait : « L'hymen ne sera pas pour vous un joug, c'est un nœud charmant, c'est un lien tissé de fleurs quand la grâce unit deux cœurs tendres et vertueux. Vous n'aurez point à craindre les suites d'une union mal assortie ; vous vous êtes choisis par goût et par sentiment. C'est l'attrait du cœur plutôt que l'intérêt des familles qui vous unit. C'est, Monsieur, le prix de votre constance : elle méritait d'être couronnée ! Le bonheur en sera certainement le fruit. »

la main gauche de la jeune fille, devant cet autel tendu de draperies ! Il écoute la voix connue et aimée de l'abbé Bérardier, qui évoque les souvenirs de l'enfance et retrace les devoirs de la maturité. Fou de bonheur, le cœur gonflé d'espoir, Camille pleure. Volupté des larmes heureuses, ne pourrait-on pas dire que c'était là comme le baptême de ces épreuves, sur lesquelles Camille, avant peu, versera des larmes sanglantes ?

II

Mais, à cette heure bénie, il n'y a encore pour les époux que la joie profonde, à la fois ivre et grave des premiers jours d'une telle félicité. Ils s'installent, heureux, dans cette maison de la cour du Commerce[1] où Danton habite. Les

[1] « Camille habitait la Cour du Commerce, rue des Cordeliers, depuis le mois d'octobre 1790, il en est parti en avril 1791. » (Godart, *loc. cit.*, p. 58.)

Malgré la précision et l'exactitude des renseignements fournis par M. Godart, il semble bien qu'il y ait ici une erreur. L'acte de mariage est formel, « l'*époux depuis six ans rue du Théâtre-Français* ». En outre, Mme Duplessis, qui devait être bien informée, disait, en 1832, à M. Devise qui l'a noté : « *Camille n'a jamais demeuré rue des Cordeliers* ; son domicile était rue de l'Odéon (du *Théâtre-Français*), où il s'est marié, et dont les fenêtres donnaient vis-à-vis les miennes, rue de Condé. Avant le mariage... Camille pouvait parfaitement voir Lucile de ses fenêtres qui avaient vue sur la rue Crébillon. On a, depuis quelque temps, bâti, dans la rue Crébillon, une maison, en face de celle de Camille, qui empêche d'apercevoir celle où demeuraient M. et Mme Duplessis. » Tout cela est d'une netteté parfaite, la maison, récemment bâtie rue Crébillon, en 1832, est celle qui fait promontoire sur la rue de Condé.

L'autographe de M. Devise fait partie de la collection de M. Georges Cain.

S'il faut en croire la très intéressante publication entreprise en juillet et août 1884 par le *Journal de Vervins*, des papiers de M. Matton, on dressa, le jour du mariage, dans la plus grande pièce de l'*appartement de Camille, rue des Cordeliers*, une large table ronde aux pieds tournés en acajou massif : il y avait dix

lettres amies pleuvent avec des compliments et des souhaits heureux. Luce de Lancival, celui qui écrira plus tard de ces tragédies d'un patriotisme glacé, que Napoléon Ier appellera cependant d'*excellentes pièces de quartier général,* le futur auteur de *Mucius Scævola,* d'*Archibal* et de *Fernandez,* écrit à Desmoulins en lui disant :

Fidèle à la patrie, fidèle à l'amour, fidèle à l'amitié, tu méritais d'être le plus heureux des hommes. Tu as maintenant, outre ta plume, un moyen infaillible de faire des partisans à la Révolution ; si tu connais quelques mauvais citoyens, présente-leur ta femme, et il n'en est aucun qui ne veuille imiter ton patriotisme en le voyant si bien récompensé.

Des abonnés des *Révolutions de France et de Brabant* envoient à Camille des vers, et pourraient dire comme Lancival :

A cent rivaux, ardents à la lui disputer,
Camille enlève enfin cette femme accomplie
Que je venais lui souhaiter !

Le *berger Sylvain* reparaît, et rime ses versiculets en l'honneur des époux. Mais en même temps, la haine aiguise ses calomnies, le mensonge bave ses grossières insultes ; les gazetiers et pamphlétaires royalistes inventent cette infamie, atteignant à la fois un honnête homme et une honnête femme, que Camille n'a épousé qu'une bâtarde de l'abbé Terray. Il voulait même l'épouser sur l'autel de la patrie, au Champ-

couverts : l'abbé Bérardier, M. et Mme Duplessis, Adèle Duplessis, Camille et Lucile, Alexis Brulard, Pétion, témoins de Camille, Mercier et Robespierre, témoins de Lucile. Cette table existait encore en 1884 « mais toute vermoulue et ne pouvant plus guère se soutenir sur ses quatre pieds ».

de-Mars, dit un de ces libelles, mais la pluie qui survint le força de se marier tout bonnement à l'église. » — « Folie absurde, écrit Desmoulins à son père (3 janvier 1791), madame Duplessis n'a jamais vu l'abbé Terray ; son mari n'a été premier commis du Contrôle général qu'après sa mort, et sous M. de Clugny ; sans l'abbé Terray, il était au Trésor royal. »

Camille a bien envie de faire condamner le *Journal de la Cour et de la Ville*, qui publie de ces vilenies, à « de grosses réparations », mais la famille Duplessis et M. Desmoulins le père, à son tour, lui conseillent de mépriser de telles calomnies. — « Qu'est-ce que la bave et la sanie du folliculaire du jour et sa calomnie éphémère ? » écrit M. Desmoulins du fond de sa province. Camille ne pouvait-il songer du moins, cette fois, à la blessure profonde et éternellement douloureuse que peut faire la presse ?

Lui, du moins, quand il enfonçait le dard, il l'aiguisait, il ne l'empoisonnait pas. Quelle odieuse fausseté, au contraire, dans les pamphlets dirigés contre lui ! Le Peltier des *Actes des Apôtres* s'en fera plus tard l'attristant écho, dans son *Paris pendant l'année* 1795 ; voilà ce qu'il dira, et cette page pourra encore passer pour modérée à côté de celles qui accusent Camille de n'avoir « vécu que d'aumônes jusqu'à son mariage avec une bâtarde ». Et quelle bâtarde ! Une fille de l'abbé Terray, encore une fois, de cet abbé Terray qui se vantait de prendre si adroitement l'argent dans la poche des gens[1] !

[1] L'abbé Terray, avec Mazarin le plus effronté banqueroutier de notre histoire, a-t-on dit. Mirabeau l'appelait *un monstre*, en toutes lettres. Il était la créature de la Dubarry. Louis XVI, en montant sur le trône, l'avait rapidement — mais

CAMILLE DESMOULINS

Camille Desmoulins, dit Peltier, avait épousé une bâtarde de l'abbé Terray. Ce mariage lui valut six mille livres de rente. L'anecdote que l'on va lire est connue de très peu de personnes ; cependant elle mérite d'être recueillie. Elle montrera à la postérité l'accord que certains novateurs mettaient entre leurs principes et leur conduite.

Camille Desmoulins voulut être marié, non suivant les formes prescrites par le nouveau régime, mais suivant le rite romain, c'est-à-dire non par des officiers municipaux, mais par un prêtre catholique. Ce qui étonnera bien plus encore, *c'est qu'il ne voulut point d'un prêtre constitutionnel*; *il désira et chercha un prêtre non assermenté*; *il le trouva*: ce fut Bérardier, ci-devant principal du collège Louis-le-Grand, et membre de la première Assemblée constituante, qui donna à Camille Desmoulins et à son épouse la bénédiction nuptiale. Bérardier est mort de phthisie dans le mois d'avril 1794 ; il n'y a donc aucun inconvénient à ce que l'on apprenne au public que c'est lui qui célébra ce mariage.

trop tard encore — écarté des affaires. Voltaire, écrivant son conte en vers intitulé *les Finances* le commençait ainsi :

« Quand Terray nous mangeait... »

Son prédécesseur, d'Invau, homme probe, ayant demandé des économies, les courtisans l'obligèrent de se retirer. « L'*abbé*, dit alors à Terray le chancelier Maupeou, *le Contrôle général est vacant ; c'est une bonne place où il y a de l'argent à gagner, je veux te la faire donner.* » (Montyon, p. 155, 156.) Il avait toutes les qualités que la cour exigeait alors d'un contrôleur général. Il recourut au vol, et afficha dans la vie publique le même égoïsme que dans la vie privée. Sous son administration désastreuse, les *acquits de comptant* qui, sous Louis XIV, n'avaient pas dépassé *dix* millions par an, montèrent, dans une seule année, à cent quatre-vingts millions. Il prenait très gaiement les pamphlets et les épigrammes des Parisiens : « *On les écorche*, disait-il, *qu'on les laisse crier.* » (Droz, I, 60 et suiv.) Comme on lui reprochait sur une de ses opérations que *c'était prendre l'argent dans les poches*, il répondit gaillardement : *Et où voulez-vous donc que j'en prenne?* Ce propos, qu'il répéta plusieurs fois, courut comme sa devise. (*Particularités et observations sur les ministres des finances de France les plus célèbres depuis* 1660 *jusqu'en* 1791, par M. de Montyon ; Paris, 1812, p. 146 et suiv.)

Cette orthodoxie dans Camille Desmoulins est certainement très extraordinaire, mais ce qui mettra le comble à la surprise, c'est qu'il eut pour témoins, dans cet acte de religion, Robespierre et Saint-Just, tous deux parfaitement instruits, que Bérardier n'avait voulu prêter ni le serment constitutionnel ni celui de l'égalité.

On peut donner toute croyance à cette anecdote. J'y ajouterai que, dans tout le cours des fureurs de Robespierre contre les prêtres, tant assermentés que non assermentés, Bérardier ne fut jamais inquiété, et c'est dans son lit qu'il mourut paisiblement. Pourquoi a-t-on respecté dans lui ce qu'on exécrait dans les autres? C'est une de ces bizarreries qui prouvent que Robespierre et les siens gouvernaient, non par des principes, mais par caprice : et cette manière de gouverner est la plus funeste pour les peuples[1].

A son tour, un conteur, un des chroniqueurs fantaisistes de cette époque, Restif de la Bretonne, dans le dernier volume de l'*Année des Dames nationales, ou le Kalendrier des Citoyennes*[2] (tome XII, décembre, *page* 3821), donne un portrait de Lucile et des détails calomnieux sur le ménage Duplessis :

La jeune Duplessis, femme de Camille Desmoulins. Nous terminons ce *hors d'œuvre* par la plus à plaindre des femmes qui ont payé de leur vie. La jeune Duplessis n'était pas née dans le mariage. Mais le citoyen Duplessis devenu amoureux et mari de sa

[1] *Paris pendant l'année* 1795, par M. Peltier (de l'imprimerie T. Baylis, Greeville street, Londres), t. I, p. 206. Est-il besoin de faire remarquer la fausseté de presque tous les détails donnés par Peltier? Camille ne refusa aucun prêtre, ne se piqua point, on l'a vu, d'*orthodoxie*, et Saint-Just n'assista pas à son mariage.

[2] A Genève, et se trouve à Paris, chez les citoyens Duchené, rue Saint-Jacques, Mérigot jeune, quai de la Vallée, et Louis, libraire, rue Saint-Séverin (in-18, 1794).

mère, l'avait adoptée. Camille Desmoulins avait eu entrée dans cette maison comme *Mercier, de Langle,* et beaucoup d'autres. Camille devint amoureux de la petite Duplessis qu'elle n'était alors qu'une enfant. Malheureusement, le citoyen Duplessis était tombé dans un état d'insouciance qui approchait de l'imbécillité. Camille n'avait à gagner qu'une mère, encore jolie femme, et qui avait eu l'éducation la plus commune. Il persécuta cette mère pendant sept ans pour obtenir d'elle une des plus jolies personnes de Paris avec de la fortune. Nous avons vu la jeune et belle Duplessis aux *Italiens* ; nous étions à côté d'elle, et nous fûmes ébloui de ses attraits. Camille, étourdi jusqu'à la folie, surtout très entêté, obtint enfin, à l'aide de Mercier, la main de la jeune infortunée qu'il devait conduire à l'échafaud avant l'âge de vingt-trois ans, car il est certain qu'avec tout autre mari, la jeune Duplessis n'aurait jamais songé à recevoir, à donner de l'argent pour faire assassiner les membres du tribunal révolutionnaire. On prétend qu'un homme du plus grand mérite était devenu amoureux de la jeune et belle Duplessis, mais qu'il ne voulait pas avoir pour rival un fou comme Camille. Il avait, dans ses connaissances, un vieillard de quatre-vingt-dix ans, attaqué d'une maladie mortelle qui ne pouvait lui permettre d'aller au delà d'un ou deux mois. Il alla le proposer pour gendre au citoyen Duplessis, père adoptant, en lui faisant entendre qu'il ne pouvait épouser la fille adoptive, mais qu'il pouvait épouser sans difficulté la veuve d'un homme célèbre par son mérite. Le père adoptant goûta ces raisons et proposa le mariage à sa femme. Mais celle-ci eut de la défiance ; elle consulta un de ses amis qui, malheureusement, l'était encore davantage de Camille. A cette nouvelle, celui-ci entra en fureur ; il trouva moyen de parler à sa maîtresse et de lui persuader qu'il s'ourdissait une trame pour la livrer au plus odieux, au plus dégoûtant des vieillards. Il lui donna une fausse idée des ruses qu'on devait employer, et cette fausse idée avoisinait la vérité. La jeune Duplessis se crut suffisamment prémunie par l'avertissement de son amant ; et lorsque sa mère, persuadée de la solidité des vues de l'homme de mérite, voulut le lui proposer avec le préambule convenu, la jeune personne, au désespoir, se jeta aux genoux d'une mère qui la chérissait, et lui déclara qu'elle préférait la mort à l'exécution de vues trompeuses et perfides qui, d'ailleurs, coûteraient la vie à son cher Camille. Cette femme eut la faiblesse de céder ; et, dans un moment d'effervescence excité par le fougueux Desmoulins, elle consentit. Le mariage fut célébré...

Camille ne tarda pas longtemps à être rassasié de sa belle moitié. Il se jeta dans les grandes affaires ; il eut de basses intrigues. Il cessa même d'être aimé.

O filles ! prenez garde qui vous épouse ! O mères, veillez pour vos filles, et connaissez pour elles ce qu'elles ne peuvent connaître !

Il n'est pas vrai que Camille se soit si vite *rassasié* de celle qu'il aimait. Nous le verrons, plus tard, chez les dames de Sainte-Amaranthe, parler de sa femme en homme que nulle séduction étrangère ne peut entamer. Quant à Lucile, elle a payé assez cher le droit de léguer son amour en exemple. Laissons donc les calomniateurs au fossé boueux où l'on devrait jeter à pleins tombereaux les « sanies » de l'histoire, et essayons de caractériser d'une façon absolue l'âme même et la personnalité de la jeune femme que Camille venait d'épouser.

C'est encore sur ce point le petit *cahier rouge* qui nous servira de guide. Le secret d'un esprit se lit clairement aux pensées qu'il préfère et qu'il formule, soit en les puisant lui-même, soit en les empruntant à autrui. Lucile, que nous avons surprise tour à tour dans ses inquiétudes de jeune fille ignorante et dans ses chagrins d'amante séparée de celui qu'elle aime, nous apparaît, devenue femme, comme la compagne souhaitée, dévouée et charmante. Éprise de Camille, enthousiasmée par ses idées, entraînée par sa passion politique, elle partagea ses fièvres, ses espoirs, ses rêves, avant de lui demander une part dans ses dangers. Ils s'aimaient, non seulement dans leur bonheur de coin du feu, dans cette intimité charmante de deux êtres réunis par une sympathie profonde ; mais dans la vie même du dehors, dans cette existence tourmentée qui plaisait à Lucile et que Desmoulins s'était faite. Nous la verrons, au 10 août, frémir à la pensée des dangers qu'il peut courir. Nous le retrouverons plus d'une fois, revenant poser sur les genoux de Lucile son front brûlant, et dont les tempes battaient au sortir d'une redoutable séance de la Convention ou des Jacobins. Elle, enivrée et fière de cette vie pleine de périls, elle prenait plaisir à éperonner encore Camille, tout emporté et tout frémissant. Le secret de ses pensées se retrouve encore dans le carnet conservé par sa sœur. Je ne donnerai pas tout le cahier de Lucile, choix de poésies où se peignent, sous les dehors mythologiques de l'époque, toutes les souffrances, toutes les tendresses d'une jeune âme. Bien des morceaux n'ont d'autre intérêt que celui d'une curiosité rétrospective, et la *Chanson du Saule* et celle de *la Rose,* — « d'après une esquisse de M. Fragonard, » dit Lucile, — ne sauraient ajouter un trait bien caractéristique à cette physionomie féminine, toute de charme, et d'une séduction qui deviendra, à l'heure voulue, de l'énergie.

Mais d'autres romances ont un intérêt plus intime, plus direct, comme celle qui suit, où l'on retrouverait, ce me semble, comme l'histoire même des amours de Lucile et de Camille, histoire poétisée et dramatisée sans doute, mais réelle encore et reflétant la vérité.

PRÉPARATIFS POUR LA FÊTE DE LA FÉDÉRATION, PAR DEBUCOURT.
(Musée Carnavalet.)

Pl. 10

Ce morceau, dans le petit cahier rouge de Lucile, ne porte point de titre et s'appelle seulement :

Romance.

Sur la pente de la colline
Qui borne d'ici l'horizon,
Distinguez-vous cette chaumine
Qu'accompagne un petit donjon ?
Là, dans la paix et le silence,
Là, deux amans, enfin époux,
De leur tendre persévérance
Savourent les fruits les plus doux.

L'histoire en est des plus touchantes.
Vous qui gémissez sous la loi
De durs parents, jeunes amantes,
Approchez-vous, écoutez-moi.
Courageux autant que fidèles,
Cécile ainsi que son amant
Peuvent vous servir de modèles
Pour un semblable événement.

De la nature et de sa mère
Cécile élève seulement
Possédoit une âme trop fière
Pour prendre d'autre enseignement.
Mais un jeune homme bon et sage
Sut lui plaire sans beaucoup d'art.
Heureux Alain ! Ce fut l'ouvrage
D'un seul moment, d'un seul regard.

Un autre que lui de Cécile
Poursuivoit ardemment le cœur,
Dans l'art d'écrire, maître habile,
Profond politique, orateur,

Il savoit tout — hors l'art de plaire.
Novice encore en fait d'amour,
Colmat n'avait pu que du père
Obtenir un tendre retour.

Mais Colmat, l'âme satisfaite,
Du consentement paternel,
Croit sa félicité parfaite,
Et déjà pense être à l'autel.
Déjà, dans sa vaste demeure,
Le lit nuptial, à grand frais
S'élève ; il n'attend plus que l'heure
De se voir heureux pour jamais.

Le père enfin dit à Cécile :
« Je ne vous donne qu'un moment,
Tout subterfuge est inutile,
Optez : Colmat ou le couvent !
— Une union mal assortie
Plus qu'un cloître me ferait mal,
Et mieux vaut sortir de la vie
Que d'y traîner un joug fatal ! »

Cécile au couvent est menée ;
On l'y reçoit à bras ouverts,
Un peu d'or hâte la journée
Qui doit en priver l'univers.
Alain sait tout. Cécile en larmes
S'est concertée avec Alain,
Et l'amour prépare les armes
Pour combattre un père inhumain.

Le temple s'ouvre et la victime
S'avance, mais d'un pas tardif ;
Alain la suit des yeux, l'anime,
Et n'attend qu'un regard furtif.

« Ma fille, dit alors le prêtre,
Que venez-vous chercher ici ?
Venez-vous à Dieu vous soumettre ?
Que demandez-vous ? — Un mari ! »

A ce mot, malgré la présence
Et de Colmat et des parents,
Ardent et fier, Alain s'élance ;
Cécile est dans ses bras tremblans.
Puis sans sortir de cet asile
L'un l'autre se donnant la main,
Dieu reçoit le vœu de Cécile,
Dieu reçoit le serment d'Alain.

Toutes les nonnes douairières
Prirent la fuite de dépit ;
Le prêtre changea de prières,
Le père enfin y consentit.
Les deux époux, dès le soir même
De ce beau jour tant orageux,
Goûtèrent le bonheur suprême
Dans leur foyer, simple comme eux.

De qui est ce conte où l'impertinence agréable du dix-huitième siècle incrédule se mêle à une sentimentalité naïve ? Est-il de Sylvain Maréchal, comme le *Trésor* ou comme le *Contrat de mariage devant la nature,* ces « romances historiques » ? Est-il de Camille Desmoulins lui-même ? Nous l'ignorons. Ce qui est certain, c'est que si Camille n'avait pas eu, comme Alain, à arracher Lucile aux froids arceaux d'un cloître, il l'avait cependant emportée un moment à Bourg-la-Reine, où madame Duplessis avait mis la maison qu'elle possédait à la disposition des deux époux.

Est-ce au seuil de la maison de campagne, est-ce sur la

porte d'entrée du logis de la Cour du Commerce qu'un ami de Camille, S. Maréchal ou S. Fréron, inscrivit ces vers que Lucile recopie aussi sur son cahier :

> Qui que tu sois, quand tu serois l'Amour,
> Garde-toi de troubler la paix de cet asile,
> Respecte ce riant séjour,
> De l'innocence et de Lucile.

Peu importe. Ces préoccupations constantes de la jeune femme nous font en quelque sorte pénétrer dans sa pensée. Elle aime, elle se plaît à s'entourer de tout ce qui lui parle le plus éloquemment de cet amour ; elle s'abandonne à ce Camille qu'elle a choisi, préféré, le seul homme qu'elle aimera ; elle sera une mère empressée, elle sera une épouse résolue, elle trouvera, cette fillette de Greuze, les énergies de la femme de Pœtus ; pour le moment, elle est l'amante adorée et séduisante, et Camille, qui l'*idolâtrait* avant son mariage, se *prosterne* maintenant devant elle. Il ajoute à son nom, en écrivant à son père : *le plus heureux des hommes et qui ne désire plus rien au monde.*

III

Camille se trompait lui-même. Il désirait toujours la gloire, et aussi, hélas ! cette décevante popularité à laquelle il avait trop sacrifié déjà.

Il avait fait partie, dès sa fondation, de ce club des Cordeliers qui devait un jour le regarder comme tiède et contribuer à sa perte.

Le club des Cordeliers était situé rue de l'École-de-Médecine, en face de la rue Hautefeuille, dans le monastère de ces moines qui furent, comme on sait, des moines démocratiques et mystiques, faisant vœu de pauvreté, communistes déguisés sous le froc.

C'est là qu'Étienne Marcel avait paru au quatorzième siècle, c'est là que Danton se montra au dix-huitième. A l'endroit où s'étalent aujourd'hui les hideurs du Musée Dupuytren, le club siégeait. Ces murailles ont entendu Marat, qui, dans l'église souterraine du couvent, un moment cacha son imprimerie.

Les assemblées se tinrent d'abord dans le couvent[1] ; en 1793, elles émigrèrent dans l'église Saint-André des Arts, — maintenant disparue, — mais pour revenir bientôt, après une halte dans la salle du Musée de la rue Dauphine (alors rue de Thionville), au monastère où elles avaient pris naissance. Club vraiment populaire où du dehors entrait qui voulait, où la foule débordait, poussant parfois au délire l'orateur à la tribune. On a comparé les Jacobins à un sémi-

[1] Quoi qu'on en ait dit, le club des Cordeliers ne se tint pas seulement rue Dauphine où fut longtemps son siège officiel ; les séances avaient lieu au couvent des Cordeliers, sur ce point les attestations abondent. On ne citera ici que quelques lignes de Chateaubriand qui avait, si l'on ose dire, *l'œil photographique*, et qui, ayant passé à Paris tout le printemps de 1792, a laissé cette description : « *Le club des Cordeliers était établi dans le monastère*... Les tableaux, les images sculptées ou peintes, les voiles, les rideaux du couvent avaient été arrachés ; la basilique, écorchée, ne présentait plus aux yeux que ses ossements et ses arêtes. Au chevet de l'église, où le vent et la pluie entraient par les rosaces sans vitraux, des établis de menuisier servaient de bureau au président, *quand la séance se tenait dans l'église*. Sur ces établis étaient déposés des bonnets rouges, dont chaque orateur se coiffait avant de monter à la tribune. Cette tribune consistait en quatre poutrelles arc-boutées, et traversées d'une planche dans leur X, comme un échafaud. Derrière le président, avec une statue de la Liberté, on voyait de prétendus instruments de l'ancienne justice..., etc. »

Chateaubriand, *Mémoires d'Outre-Tombe*, édition Biré, tome II.

naire grave, prudent, casuistique[1] ; les Cordeliers pourraient être comparés à un régiment toujours armé. La Révolution de la rue a rugi dans cet antre ; aux Jacobins, discutait la Révolution du Parlement. Danton, Desmoulins, Marat, Fréron, Chaumette, Hébert, Legendre, Robert qui rédigera la pétition du Champ-de-Mars demandant la déchéance de Louis XVI, Momoro, Anacharsis Clootz, Vincent, Gusman, le sans-culotte grand d'Espagne, faisaient partie des Cordeliers. Assemblage bizarre, fougueux et hostile, qui se déchirera et s'enverra mutuellement à la mort. La République naquit dans cette serre chaude. La devise *Liberté, Égalité, Fraternité* fut de l'invention des Cordeliers (juin 1791). Le 10 août y recruta ses plus énergiques acteurs. Malheureusement, lorsque cette Révolution eut envoyé à la Convention, au nom de Paris, les plus illustres Cordeliers en qualité de députés, Danton et Camille entre autres, l'influence appartint, dans le club, à l'élément purement hébertiste, au sans-culottisme effréné, au parti de la Commune. Tandis que les anciens, les vieux Cordeliers, ceux de la veille, devenaient les *indulgents* et réclamaient la clémence, les Collot-d'Herbois, les Ronsin, les Momoro et les Hébert se changeaient en *ultra-révolutionnaires* et rééditaient, au propre et au figuré, l'*Ami du Peuple*, jusqu'au moment où la hache du Comité de salut public les soumit à ce terrible *scrutin épuratoire* qui établit chez les Cordeliers la froide discipline de la mort.

Mais l'heure n'a pas encore sonné de ces luttes ardentes. Camille est tout entier à la lutte par la plume et par la parole.

[1] Voy. les articles *Révolution*, du Dictionnaire Larousse.

M. Desmoulins le père redoute bien pour son fils cette allure militante et cette gloire qui naît ; il lui écrit :

« ... On me parle de vos succès, et je n'y suis pas insensible ; mais les dangers que vous courez m'affectent encore davantage. » Camille alors répond, sur le ton presque du triomphateur certain de lui-même :

Vous ne vous moquerez donc plus de mes rêves, de ma république et de mes vieilles prédictions, de tout ce qu'enfin *vous avez vu, ce qu'il s'appelle vu, de vos propres yeux vu*. Vous avez passé votre vie à écrire, à lutter contre les oppressions subalternes. C'était attaquer les branches ; grâce au ciel nous venons de couper l'arbre. Ne craignez pas d'être vous-même écrasé dans sa chute. Cet arbre ne peut tomber que sur les oisifs, et non sur ceux qui ont bien mérité de la patrie.

Le père alors travaillait à son Encyclopédie de jurisprudence, en huit volumes in-8°, commencée depuis trente ans :

Ce qui me console pour vous, dit Camille, c'est qu'il vous reste le souvenir d'une vie toujours militante contre les oppressions de toute espèce qui désolaient notre province.

Et il ajoute, après avoir parlé du labeur *inutile* de son père : « Déjà je vous ai vengé ! » Vengé de qui ? du ci-devant duc de Guise, si dur lorsqu'il fallait lui payer des amendes ! Singulière différence des tempéraments et des rêves ! Le père ne demandait point tant de vengeance : il souhaitait seulement plus de bonheur.

Quels que fussent son amour pour Lucile, sa joie de se voir enfin heureux et aimé, d'avoir un foyer, une compagne, une famille, Camille Desmoulins continuait donc à lutter. Peut-être se rappelait-il ces vers, signés L. M. qu'il avait insérés dans le n° 62 de ses *Révolutions de France et de Brabant :*

> Tu dors, Camille, et Paris est esclave !
> D'autres tyrans usurpent le pouvoir
> Que s'arrogeoient et Breteuil et le Noir[1] !

Camille luttait donc à la tribune et dans son journal. Sa polémique s'était d'ailleurs modifiée et accentuée, et maintenant c'était, par exemple, non plus contre Malouet, mais contre Lafayette qu'il portait ses coups les plus redoutables. Dès l'année 1790, Camille avait attaqué, au surplus, le « cheval blanc » de celui qu'il appelait *Blondinet* ; mais en septembre 1790, lors de la mort du journaliste Loustalot — ou plutôt Loustallot comme M. Pellet a rectifié cette orthographe, — les attaques étaient devenues plus directes : « Cet hypocrite, disait Camille en parlant du général, cet hypocrite qui a sans cesse la loi sur les lèvres ! » ou « ce tartuffe à double épaulette. »

Camille Desmoulins rédigeait encore les *Révolutions de France et de Brabant* lorsque, le 21 juin 1791, Louis XVI essaya de fuir et fut arrêté à Varennes par le maître de poste Drouet, le futur conventionnel et accusé de Vendôme.

Le mardi 21 juin, dit Camille, on apprend que le Roi et toute

[1] C'est justement dans cette pièce que se trouve ce vers, tant de fois cité :

> ... Quoi donc, Camille, ami de Robespierre,
> *De Chartres même honoré comme un Frère !*

La *Nouvelle biographie générale* de Firmin Didot affirme que, lors du mariage de Camille, « le duc d'Orléans fit meubler à ses frais, avec magnificence, l'appartement que le nouveau couple devait occuper, rue de l'Odéon. » Cette allégation est complètement erronée, et le biographe ne saurait trouver nulle part une preuve du fait qu'il avance.

la famille ont pris la fuite. C'est à onze heures qu'a eu lieu le *décampativos* général des Capètes et Capets, et ce n'est qu'à neuf heures du matin qu'on apprend cette nouvelle. Trahison ! parjure ! Le Barnave, le la Fayette abusent de notre confiance[1] !

Il raconte ensuite (et ses notes ne manquent pas d'un intérêt historique) comment, à son avis, l'évasion put avoir lieu.

Je revenais à onze heures des Jacobins avec Danton et d'autres patriotes ; nous n'avons vu dans tout le chemin qu'une seule patrouille. Paris me parut cette nuit si abandonné, que je ne pus m'empêcher d'en faire la remarque. L'un de nous, qui avoit dans sa poche une lettre, laquelle le prévenoit que le Roi devoit partir cette nuit, voulut observer le château ; il vit M. de la Fayette y entrer à onze heures.

Et bientôt la fureur de Camille est telle qu'il réclame déjà, dans un style indigne de lui, la mort de celui qu'il appelle « l'animal-roi » :

Cependant, dit-il, comme l'animal-roi est une partie aliquote de l'espèce humaine, et qu'on a eu la simplicité d'en faire une partie intégrante du corps politique, il faut qu'il soit soumis, et aux lois de la société qui ont déclaré que tout homme pris les armes à la main contre la nation seroit puni de mort, et aux lois de l'espèce humaine, au droit naturel qui me permet de tuer l'ennemi qui m'attaque. Or, le Roi a couché en joue la nation. Il est vrai qu'il a fait long feu, mais c'est à la nation à tirer (p. 158).

[1] *Révolutions de France et de Brabant*, n° 82.

Ce n'était pas seulement avec la plume que Camille voulait combattre le Roi. Il nous apprend lui-même que, le 16 juillet 1791, les Sociétés populaires ayant rédigé une pétition à l'Assemblée nationale pour demander la déchéance de Louis XVI, ce fut lui qu'on envoya, en qualité de chef de la députation, à la Municipalité pour l'avertir de ce projet. Ce jour-là, Paris grondait. Au milieu de cette place Vendôme, qui deviendra bientôt la place des Piques, un orateur applaudi s'écriait : *Plus de rois !* Le courroux grandissant, ce n'était plus seulement la déchéance, c'était le jugement de Louis XVI qu'on réclamait et l'arrestation de Lafayette et de Bailly. Le lendemain, 17 juillet, devait avoir lieu au Champ-de-Mars l'anniversaire de la fête de la Fédération. Ce jour-là, le drapeau rouge de la loi martiale fut déployé par l'ordre de Lafayette entraînant Bailly à des mesures de rigueur. Il y eut effusion de sang. Les harangues exaltées des orateurs populaires, provoquant les coups de pierres lancées par la foule surchauffée aux gardes nationaux (un énergumène, Fournier l'Américain, appuya même son pistolet sur la poitrine de Lafayette), reçurent pour réponse les roulements de tambour et les coups de feu de la garde nationale. La foule, venue là pour signer la pétition sur l'autel de la patrie, fut mitraillée et sabrée, et s'enfuit dans toutes les directions. Un nommé Provant se tua de désespoir[1]. Quelques biographes ont voulu que Desmoulins ait figuré ce jour-là parmi ceux qui poussèrent le peuple à la lutte ; d'au-

[1] Arrêté de la Commune de Paris, qui porte que la pétition du Champ-de-Mars du 17 juillet 1791 sera mise sous verre, et que le buste de Provant, qui se tua ce jour-là, en disant que la liberté était perdue, sera placé dans la salle de la Maison commune à côté de celui de Marat, assassiné le 13 juillet. (*Répertoire*, t. I, p. 154.)

tres affirment, au contraire, qu'au lieu de se rendre au Champ-de-Mars, Camille alla dîner à la campagne avec Danton, Legendre et Fréron. Ce qui est certain, c'est que, le soir même, des mandats d'arrêt étaient lancés contre Danton et contre Camille. On empêchait les crieurs des journaux de débiter leurs feuilles dans les rues, et le drapeau rouge flotta pendant deux semaines encore au fronton de l'Hôtel de ville.

La fureur des gardes nationaux avait été grande contre les pétitionnaires. Prudhomme raconte dans ses *Révolutions de Paris* (et non dans la *Tribune des Patriotes*, comme le dit par une inexplicable erreur M. Ed. Fleury), qu'il faillit être assassiné sur le Pont-Neuf, à la place de Desmoulins. Fréron, foulé aux pieds sur le même Pont-Neuf, n'était dégagé que par des gardes nationaux de sa section. Danton, poursuivi, se réfugiait à Fontenay-sous-Bois, chez son beau-père, tandis que Camille, le soir même, reparaissait aux Jacobins pour tonner contre Lafayette et Bailly, qu'il appelait « deux architartuffes de civisme ! » Il devait d'ailleurs se mettre promptement en sûreté, non dans une cave comme Marat, mais chez un ami, sans doute, ou chez un parent. Pendant ce temps, la force armée, chargée d'arrêter Camille, ne trouvait plus au bureau des *Révolutions de France et de Brabant* que le secrétaire de Desmoulins, son compatriote Roch Marcandier, sorte de journaliste de hasard, qui imprimera plus tard, dans son *Histoire des hommes de proie*, maintes calomnies infâmes sur celui qu'il sert aujourd'hui. Pour le moment, Marcandier, dont la tête échauffée sentait le *Guisard*, essaya de résister, fit feu d'un pistolet sur les soldats, et, battu, malmené, ne fut entraîné par eux que les vêtements en lambeaux.

IV

Camille, du moins, fut-il heureux durant ces heures de répit, d'attente et de recueillement ? Il était alors dans toute la fièvre de son amour. Lucile allait devenir enceinte. On s'imagine la joie de cet être avide de sensations, d'émotions, d'affections nouvelles, à l'idée qu'il allait être père. Toutes les douloureuses épreuves auxquelles il était soumis durent être oubliées, et je ne doute pas que, dans la retraite qu'il se choisit pour un moment, il n'ait trouvé comme une ombre de cet *Otahiti* fortuné, qu'il rêvera plus tard, au fond de son cachot, alors qu'il laissera échapper le secret de son tempérament et de son âme : « J'étais né pour faire des vers ! »

Il regrettait son journal abandonné, ces *Révolutions de France et de Brabant,* dont avait exploité le titre un continuateur déloyal. « Mon journal était une puissance », dit-il à son père. En songeant qu'il l'a laissé périr, il ajoute : « C'est une grande sottise que j'ai faite. » Il y a, dans l'ordre des choses intellectuelles, une passion spéciale qu'on pourrait appeler la passion du journalisme. Tout homme qui a goûté, une fois, à cet attirant plaisir de lire toute chaude sa pensée imprimée, qui a senti la volupté de cette conversation quotidienne d'un individu isolé, parlant du fond de son cabinet à des milliers de gens, celui-là est éternellement condamné à cette tâche ingrate, écrasante, débilitante et délicieuse. Camille rêvait donc de refaire un journal. Il s'était lié, nous l'avons vu, avec Stanislas Fréron, son collaborateur, et des rapports fréquents qu'ils avaient entre eux était née une amitié vive. Fréron ! Celui que Lucile appellera bientôt, en riant, *le lapin*, ce Fréron qui fera plus tard de la réaction, après avoir demandé que Marie-Antoinette fût traînée, comme Frédégonde, dans les rues de Paris, à la queue d'un cheval entier (juin 1791), Fréron, le *sauveur du Midi*, l'homme de Toulon, que Hébert traitait de *muscadin*, et qui devait en effet, plus tard, prendre pour collaborateur Martainville et pour soldats la *jeunesse dorée*, alors qu'il appelait Camille : *cet enfant si naïf et si spirituel*[1].

Au mois d'avril 1792, Camille et Fréron, l'*orateur du peuple*, président des Cordeliers, lancèrent donc le prospectus d'un nouveau journal destiné à faire suite au n° 86 des *Révolutions de France et de Brabant*, et qu'ils appelèrent la *Tribune des Patriotes*. Camille avait, cette fois, choisi pour imprimeur un voisin, Pierre-Jacques Duplain, qui demeurait comme lui Cour du Commerce. Malgré les promesses alléchantes du prospectus, le journal ne réussit pas ; il n'eut que quatre numéros. « Faire des livres, avait dit Camille, est un métier qui s'apprend et s'oublie comme un autre. Demandez à Mercier. Mais c'est la paresse et la désuétude qui m'ont rogné les ongles, et j'espère, mes bons amis, mes chers confrères, qu'avec un peu d'exercice, ils repousseront à la longueur des vôtres. » Les ongles, moins coupants qu'autrefois, n'eurent pas beaucoup le temps de pousser ; à la fin de mai 1792 le journal n'existait plus. Il n'en avait pas moins eu son influence sur la foule, et Desmoulins avait reconquis sa situation et son autorité.

Une violente brochure l'avait d'ailleurs mis en évidence, une brochure contre Brissot, son ancien ami, celui qui lui

[1] *Mémoire historique sur la réaction royaliste et les massacres du Midi*, par Fréron, ex-député (an IV, p. 38, in-8°).

avait servi de témoin lors de son mariage. Brissot — cette façon de quaker, ce Brissot dont Camille, disait-il, enviait autrefois le *patriotisme* — s'était déjà aliéné à demi l'affection de l'auteur de la *France libre,* lorsque le rédacteur du *Patriote français* avait traité Desmoulins de « *jeune homme*[1] ». Camille ne pardonnait pas, on le sait, à ceux qui prétendaient le régenter. Marat, le redoutable Marat, l'avait lui-même appris à ses dépens, lorsque Desmoulins, ne voulant pas rompre avec un si terrible adversaire, lui disait cependant : « Après tout, Marat, il faut défendre la République non seulement avec des hommes, mais avec des chiens ! »

Depuis la disparition des *Révolutions de France et de Brabant,* Camille, d'ailleurs éperonné par des pertes d'argent assez considérables, — les rentes sur l'Hôtel de ville ayant subi une certaine dépréciation[2], — Camille avait repris sa profession d'avocat. « Je rentre, après la Révolution, dans le barreau », écrit-il à son père. Il plaide pour la Société des Amis de la Constitution de Marseille, contre d'André, et l'avocat continue ainsi la polémique personnelle commencée par le publiciste. En janvier 1792, il se présentait, devant le tribunal correctionnel, pour une dame Beffroi et un certain Dithurbide, négociant, accusés, l'une de tenir une maison de jeu dans le passage Radziwill, l'autre d'être le complice de la *brelandière.* Condamnés l'un et l'autre à six mois de prison et enfermés, la femme à la Salpêtrière, l'homme à Bicêtre, malgré l'appel formé par eux, les offres de vérification, etc., Desmoulins protestait contre cet acte arbitraire par une affiche où, sur un ton semi-plaisant, il

[1] Voyez cette polémique dans les *Révolutions de Brabant* (mai 1791).
[2] Ed. Fleury, t. I, p. 235.

prenait la défense des jeux et prétendait que « dans les forêts de la Gaule et de la Germanie, nos pères (c'est une vérité historique incontestable) jouaient au *trente et un* et même au *biribi* leur liberté individuelle ». — Il s'élevait ensuite, à propos de l'incarcération de ses clients, contre une mesure qui confondait « les vices et les crimes » et « égalait le joueur au voleur[1] ».

Ce fut pourtant ce placard qui devait décidément faire naître la haine entre Camille et Brissot. Avec son austérité légèrement puritaine, Brissot ne pouvait laisser passer sans protester l'affiche de son ancien ami. Le *Patriote français* attaque l'opinion de Desmoulins comme contraire à la morale : « Cet homme, s'écriait Brissot en parlant de Camille, ne se dit patriote que pour calomnier le patriotisme ! » Il l'accusait d'avoir « *sali les murailles avec sa scandaleuse apologie des jeux de hasard.* » Camille en fut offensé, piqué au vif. Le dépit s'empara de lui, et à la riposte de Brissot, il répliqua par une brochure envenimée. *Jean-Pierre Brissot démasqué* alla frapper au front Brissot de Warville, comme le caillou aiguisé d'une fronde. Jamais Camille n'avait été plus violent, plus virulent. Il traita tout net J.-P. Brissot de fripon, il cita contre lui les Prophètes : *Factus sum in proverbium ;* « je suis devenu proverbe » (David. *Psal.*). Il inventa contre Brissot le verbe *brissoter,* comme Aristophane avait inventé contre Socrate le verbe *philosopher*[2]. Il compara

[1] Voyez la reproduction de cette affiche à la fin de la brochure : *J. P. Brissot démasqué.*

[2] PHIDIPPIDE : Et ton manteau, on te l'a volé ?

STREPSIADE : On ne me l'a pas volé ; on me l'a *philosophé !*

(Aristophane. *Les Nuées.*)

Camille, lui, fait dire à un gamin : « On m'a *brissoté* ma toupie. »

celui qu'il appelait ironiquement l'*honnête Brissot* à ce misérable Morande qui avait osé signer de son nom la reconnaissance de son propre déshonneur. Il reprocha à Brissot — singulier reproche sous la plume de Camille ! — d'avoir osé se déclarer *républicain* « lorsque le nom de république effarouchait les neuf dixièmes de la nation », lorsque Robespierre, Carra, Loustallot, Danton, s'étaient « interdit de prononcer ce mot ». Le malheur est, hélas ! que cette brochure irritée et haineuse aura une suite, avant un an, une suite terrible, sinistre, et qu'après avoir écrit *Jean-Pierre Brissot démasqué,* Desmoulins publiera, en 1793, son *Fragment de l'histoire secrète de la Révolution,* où les « Brissotins », les Girondins sont attaqués à la fois et déjà voués à la condamnation qui les attend. Ce sont là de ces douloureux écrits qu'on voudrait arracher de l'œuvre d'un tel homme, de ces pages chargées de sarcasmes que Desmoulins regrettera un jour amèrement, profondément, en jetant du fond de sa prison un dernier regard navré sur ses « écrits *trop nombreux* ».

Camille avait cependant autour de lui, lorsqu'il écrivait son *Brissot démasqué,* une cause d'apaisement, de bonté et d'indulgence. Mais l'amour-propre irrité ne pardonne rien ; il est implacable. Camille était heureux, il pouvait être déjà l'indulgent écrivain des dernières journées de sa vie. Son adorée Lucile allait lui donner un fils. Il y avait, autour de ce jeune ménage, comme un rayonnement de gaieté et d'amour. Logés au n° 1 de la rue du Théâtre-Français les deux époux avaient pour voisins, M. et Madame Danton qui habitaient la cour du Commerce. Les deux ménages se faisaient volontiers visite, quoique Desmoulins subît plutôt cependant, à cette époque, l'influence de Robespierre. Sta-

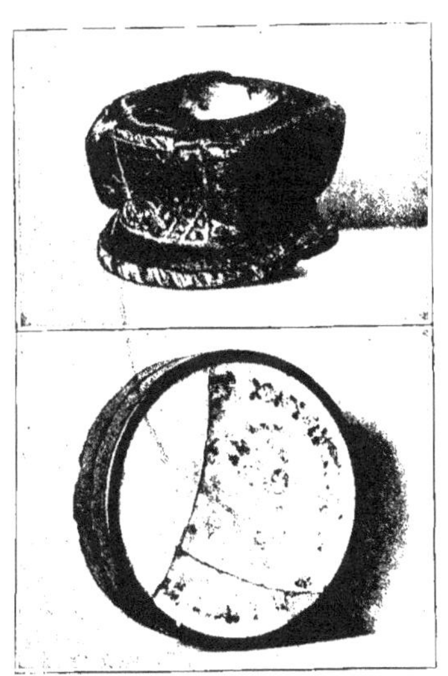

ENCRIER. — TABATIÈRE. BAS DE LUCILE.
(Collection de M. Jules Claretie.)

ÉCHARPE ET COCARDES DE CAMILLE DESMOULINS
(Collection de M. Jules Claretie.)

nislas Fréron, *Fréron-Lapin,* venait fréquemment Cour du Commerce, et Brune, le futur maréchal de France, alors membre des Cordeliers, instruit, ayant déjà publié, en 1788, un *Voyage pittoresque et sentimental dans plusieurs provinces occidentales de France,* mélange de vers et de prose, où Sterne semblait parfois se mêler à Chapelle et Bachaumont, travaillant à d'autres ouvrages littéraires, citant Horace comme Camille citait Cicéron ; — d'autres encore, avec Brune, faisaient partie de ce cercle intime que brisera la mort. Madame Duplessis parfois s'y montrait avec sa seconde fille, Adèle [1], que Robespierre voulut, nous l'avons dit, un moment, épouser. Que de rires, que de joies, que de projets, que de rêves dans ce logis si plein d'affection et de tendresses ! Il y avait ainsi, dans ces terribles années, plus d'un coin où se réfugiait, souriante, l'idylle fustigée et chassée à coups de canon. Il nous a fallu nos dernières épreuves pour nous montrer de ces antithèses profondes : des bruits de baisers répondant aux détonations de la foudre, des sourires illuminant les visages blémis par la douleur, et les amoureux continuant à s'aimer en pleins désastres, comme des hirondelles qui nicheraient à l'angle d'une muraille à demi détruite par les obus.

Ils aimaient, ces êtres farouches. Ils souriaient au milieu de leurs préoccupations et de leurs épouvantes. Camille surveillait sa femme enceinte et se sentait déjà l'impatience d'avoir un fils. Il se blottissait, pour ainsi dire, dans la possession de son bonheur. A cet époque, M. Desmoulins le

[1] Adélaïde Duplessis, qu'on appelait ordinairement Adèle. Voir sur le projet d'union avec Robespierre la *Correspondance de Camille Desmoulins,* page 238 (Godart, p. 56). Adélaïde est morte à Vervins, chez Marcellin Matton, le 16 août 1863. Elle repose, aux côtés de sa mère, dans le cimetière de Wiège.

père lui demandait s'il ne pourrait pas acheter le petit bien patrimonial de Guise, la maison où Camille, ses frères et ses sœurs étaient nés. M. Desmoulins, en effet, se sentait légèrement pressé par le besoin, et il parlait de vendre la demeure, déjà hypothéquée.

Comment voulez-vous, répondait Camille, que, dans un moment où tout est renchéri plutôt de la moitié que du tiers, avec quatre mille francs de rente je puisse acheter un bien de trente mille francs ? Votre maison, la maison natale, m'est chère ; personne ne connaît mieux que moi le plaisir qu'éprouva Ulysse en voyant de loin la fumée d'Ithaque ; mais avec quatre mille francs qui, dans la circonstance présente, ne valent guère plus de deux mille livres de rente, comment pourrais-je acheter une maison de trente mille livres ?

Il est forcé de « plaider des causes bourgeoises » ; il faut qu'il songe aux « frais de layette ». Il aura un enfant dans peu de temps.

Celui qui devait rester éternellement, pour l'histoire, le *petit Horace,* le fils de Camille, que Robespierre allait tant de fois faire sauter sur ses genoux, Horace-Camille Desmoulins naquit le 6 juillet 1792. Le 8, Camille Desmoulins le présentait à la Municipalité, suivi de Laurent Lecointre (de Versailles) et d'Antoine Merlin (de Thionville), députés à l'Assemblée nationale. Ce fut Horace Desmoulins qui figura sur le premier acte de l'état civil de la municipalité de Paris [1], le premier enfant qu'on présenta sur l'autel de la patrie.

[1] Voyez le Journal *la Presse* du 24 novembre 1847 : « Ce jourd'hui 8 juillet 1792, l'an IV de la liberté, Camille requiert la constatation de l'état *civil* de son fils, voulant s'épargner un jour, de sa part, le reproche de l'avoir lié par serment à des opinions religieuses qui ne pourraient pas encore être les siennes. » — Le secrétaire-greffier qui reçut cet acte était *Royer-Collard.*

Bientôt, Camille écrira à son père, à propos d'Horace : « Il est allé aussitôt en nourrice à l'Ile-Adam (Seine-et-Oise), avec le petit Danton. » Lucile, sans doute, était trop frêle pour le nourrir. Elle eût, certes, éprise de Rousseau comme elle l'avait été, suivi les leçons de l'auteur d'*Émile,* mais il est probable que Camille, plus voltairien que disciple de Jean-Jacques, détourna sa femme du projet de devenir nourrice.

V

Il fallait cette intime joie pour arracher Camille à ces préoccupations pécuniaires qui l'atteignaient autant que ses parents de Guise. Il se voyait en effet à la veille de perdre une partie considérable de la dot de Lucile, placée, comme on disait alors, *sur le Roi*. Il se sentait, en outre, un peu atteint par l'insuccès de sa *Tribune des Patriotes*. Au moment où il eût voulu tenir en main une plume plus acérée, une arme plus militante encore, la caricature s'acharnait contre lui, et ses ennemis ne désarmaient pas devant son foyer. Une composition comique royaliste montrait, en juillet 1792, ce qu'elle appelait *le Dégel*. C'était la débâcle faisant craquer et fondre tout le nouveau monde démocratique, tandis qu'effarés, les révolutionnaires se changeaient en fuyards. Parmi ces derniers on remarquait, se sauvant en hâte, mais écrasé sous sa lanterne, *Janot Desmoulins,* Camille « coiffé, dit M. Fleury, du bonnet des esclaves phrygiens ». A coup sûr, il devait se sentir furieux, le pamphlétaire réduit au silence et qui n'avait point la force d'opposer tout simplement à ces attaques le spectacle d'une vie calme, doucement savourée dans la pénombre d'un ménage heureux ! Si l'on devait se trouver atteint par les calomnies élaborées dans les bas-fonds de ce triste monde, tout serait empoisonné à la fois, — et quel homme serait assez épargné pour jouir d'un moment de repos ?

Mais comment un tempérament pareil à celui de Camille eût-il pu demeurer maître de lui-même devant certaines attaques et en des heures semblables à celles que la France traversait alors ? La lutte entre la Monarchie et la Révolution était désormais engagée d'une façon implacable. Après avoir hésité, le Roi, qui n'avait pas voulu céder à de justes demandes pour ne pas être, disait-il, contraint de se rendre à de plus lourdes exigences, le Roi suivait décidément les déplorables avis de ceux qui le poussaient à la réaction.

On répétait, on commentait de tous côtés ce mot de la Reine : « Bientôt, tout le tapage cessera. »

Parler ainsi de *tapage,* c'était le déchaîner. La cour fit plus que parler, au reste, elle agit. Le Roi congédia trois membres de son ministère, les trois Girondins, qu'il désigna à Dumouriez comme « trois facticux insolents ». — « Ma patience est à bout », dit-il.

La réponse de la Gironde ne se fit pas attendre : « La terreur, dit Vergniaud en montrant les Tuileries, est souvent sortie de ce palais ; eh bien ! qu'elle y rentre au nom de la loi ! » Et Legendre, se faisant l'interprète de la grande voix de Danton : « C'est aux Tuileries, — dit-il dans la brasserie de Santerre, — qu'il faut aller demander le rappel des ministres patriotes ! » On alla donc aux Tuileries. Ceux qui s'y rendirent s'appelaient des « pétitionnaires ». Mais, pour porter cette pétition, ils étaient vingt mille. Cette foule armée, avec le colossal Saint-Huruge à sa tête, le marquis de Saint-Huruge costumé maintenant en fort de la Halle, défilait d'abord dans l'Assemblée, puis bientôt pénétrait dans les Tuileries, emplissait les appartements et s'y roulait comme un fleuve. Des femmes hâves, décharnées, entouraient la Reine. Marie-Antoinette, pâle et impassible, opposait le dédain aux injures. Le Roi, flegmatique, disait : « Je n'ai pas peur, j'ai reçu les sacrements. »

Quelqu'un avait coiffé le front du petit Dauphin, pressé contre sa mère, d'un bonnet de laine rouge. Pétion, le maire de Paris, allait bientôt le lui enlever en disant : « Cet enfant étouffe. » Le roi aussi étouffait, et à son tour il se coiffait du bonnet phrygien. Les troupes fidèles au Roi n'osaient bouger, de peur d'atteindre le souverain, de changer le désordre en massacre. Isnard, Vergniaud, puis Merlin de Thionville, puis Pétion, vinrent enfin délivrer le Roi. A huit heures du soir, le palais était vide, et Louis XVI jetait à ses pieds avec indignation le bonnet rouge qu'il avait encore sur la tête.

Camille Desmoulins nous a laissé sur cette journée une page encore inédite [1] qu'il faut recueillir ici, et qui donnera le ton exact des dispositions du parti révolutionnaire à cette date :

Tels pouvaient fort bien être les calculs ; du moins, il est certain que tous les partis voulaient une insurrection ; aussi ai-je vu que parmi les Jacobins ceux qui se sont le moins trompés jusqu'ici dans leurs opinions politiques sur les hommes et sur les événements appréhendaient tous les suites de cette insurrection. Nous voyions tous clairement que la violence ne pouvait tourner qu'au profit de Coblentz ou de la Fayette, ou d'autres ambitieux, et nullement au profit de la liberté. Aussi, après avoir applaudi dans le conseil général de la Commune aux pétitionnaires, lorsqu'ils vinrent prévenir cinq jours d'avance la municipalité qu'ils se pro-

[1] Réflexions sur le 20 juin 1792. (Collection du baron de Girardot.)

posaient de célébrer le 20 juin la commémoration du serment du Jeu de Paume, après y avoir présenté cette procession de piques défilant devant l'Assemblée nationale comme une bénédiction de drapeaux, comme une revue de patriotes, utile, en ce qu'elle pouvait en imposer aux contre-révolutionnaires et aux factieux, et les contenir par la terreur du grand nombre des amis de la Constitution, ai-je fait tous mes efforts aux Jacobins pour que cette levée de boucliers ne fût pas autre chose, pour que ce ne fût qu'une insurrection comminatoire. Quoique je demande rarement la parole aux Jacobins, j'y ai parlé dans trois séances consécutives sur ce texte : « Que rien n'était plus dangereux et plus propre à ruiner les affaires des Jacobins qu'une insurrection partielle ; que l'Assemblée nationale, en décrétant l'envoi aux quatre-vingt-trois départements de l'adresse des Marseillais, venait de décréter l'insurrection générale pour le 14 juillet, et de convoquer pour ce jour-là la nation au Champ-de-Mars ; qu'il fallait attendre cette grande Assemblée nationale armée comme nos ancêtres dans leur Champ-de-Mars ou de Mai ; que les Jacobins devaient professer plus que jamais l'attachement à la Constitution ; que, dans l'esprit grossier de la multitude, il ne s'imprime jamais que des mots ; que, puisque le mot Constitution était devenu, pour rallier la majorité, aussi magique dans le dix-huitième que le mot pape dans le douzième siècle, ceux-là seraient nécessairement vainqueurs qui défendraient la Constitution, ceux-là vaincus qui l'attaqueraient ; que la Constitution était comme un grand fossé sur les bords duquel étaient campés en présence les deux partis ; que les feuillants et les royalistes confédérés avaient plus d'envie que nous de le franchir ; mais que celui des deux qui passerait le premier y tomberait et le comblerait de morts, et ferait un pont à l'autre ; qu'il était aisé de voir que les nobles et les officiers et les riches, c'est-à-dire les coblentins et les feuillants, voulaient les deux Chambres, c'est-à-dire se loger, eux, dans le salon, et nous reléguer, nous peuple, dans l'antichambre ; mais que, si les Jacobins avaient le bon sens de répéter sans cesse qu'ils ne voulaient point la République, mais la Constitution, toute la Constitution, rien que la Constitution, les deux plénipotentiaires de Coblentz et des feuillants, les deux cousins Lafayette et Bouillé seraient bien embarrassés sous peu sur les moyens de faire ratifier à la nation leur traité secret. »

« Voilà la substance de ce que j'ai dit aux Jacobins, en recommandant surtout que l'insurrection fût calme, et un grand amour de la Constitution, en observant que la royauté se pourrissait tous les jours, que les jours de Louis XVI étaient précieux aux Jacobins ; que, s'il mourait, il nous faudrait l'empailler, comme disait Mirabeau ; que ce qui pouvait nous arriver de plus heureux était qu'il eût renvoyé les ministres jacobins et qu'il en fît venir de Coblentz. »

Louis XVI oubliait, ignorait que le spectre — trop réel — de l'étranger enflammait alors toutes les âmes. Il s'efforçait de défendre, pied à pied, des prérogatives définitivement perdues. C'est ainsi que le 14 juillet, à la fête de la Fédération, il refusait de mettre le feu à *l'arbre de la féodalité*, « parce que, disait-il, il n'y a plus de féodalité. » Ce fut alors Jean Debry qui saisit la torche et s'en servit. Ce refus public, cette résistance devant tous, ne manque pas de courage ou d'entêtement, mais elle était peu faite, on l'avouera, pour ramener au Roi la sympathie de la foule.

Camille, à cette heure, était tout entier au mouvement, à la fièvre de Paris ; il écrivait alors à Lucile, en ce moment à Bourg-la-Reine, chez madame Duplessis :

Ma bonne Lucile, ne pleure pas, je t'en prie, de ne pas voir ton bon ami, monsieur *Hon*[1]. Il est dans la révolution jusqu'au col.

[1] Nom que Lucile donnait à Camille qui, nous l'avons dit, bégayait un peu et commençait ses phrases par un *hon, hon*.

Comme tu aurais été bien aise de me voir aujourd'hui dans la cavalcade de la municipalité ! C'est la première fois que je fais un rôle en public. J'étais fier comme don Quichotte. Cependant j'avois mis en croupe mon bon *Rouleau*[1], ma poule à Cachan[2]. Mon Dieu ! ne m'aime donc pas tant, chère amie, puisque cela te fait tant de mal ! J'ai dîné aujourd'hui chez Robespierre, où j'ai bien parlé de Rouleau, Rouleau, mon pauvre Rouleau, mon bon diable. Maintenant j'achève mon discours[3], car on me donne la parole pour le lire mardi à la municipalité. J'ai déjà effrayé furieusement les rentiers du conseil général par quelques mots que j'ai dits hier à la tribune, où j'ai été fort applaudi. Aujourd'hui j'ai consacré la journée à proclamer sur mon cheval, au milieu de trois mille gardes nationales et de vingt pièces de canon, le danger de la patrie. Demain, je. . . . . (lacune). . . . . Je n'ose te parler de ton petit, de peur de te faire venir les larmes aux yeux. Il est onze heures du soir. Je t'écris afin que tu aies demain la lettre ; je vais me coucher, mais tu ne me tireras point par l'épaule ; tu ne passeras point ton bras autour de mon col ; je vais me dépêcher de faire mon discours pour voler dans tes pattes. Adieu, mon bon ange, ma Lolotte, mère du petit lézard. Embrasse pour moi *Daronne*[4] et Horace[5].

(Copié sur l'original.)

Ainsi Camille ne complotait pas ténébreusement, comme on l'a dit, pas plus que Danton et ses amis. A cette heure, il n'y avait pas conjuration, il y avait guerre ouverte. Ca-

[1] Petit nom que Camille donnait à Lucile.

[2] Allusion à une poule entourée de ses poussins, qu'ils avaient vue en passant à Cachan.

[3] Discours fait par Camille au conseil général de la Commune sur la situation de la capitale le 24 juillet 1792. Voyez plus loin.

[4] Petit nom qu'il donnait à sa belle-mère. *Daronne*, en argot parisien signifie *patronne*.

[5] Son fils.

mille, dans ce discours dont il parle à Lucile, devait essayer d'ailleurs de rassurer Paris sur les suites d'une telle crise ; et dans Paris, cette classe de petits commerçants, de boutiquiers qui, dit-il, — et on ne peut s'empêcher de se sentir navré maintenant au mot qu'il va écrire — ont « *plus peur des révolutionnaires que des hulans !* » Il y a du reste une éloquence vive en ce discours, et lorsque Desmoulins rêve l'agape qui réunirait fraternellement « nous, dédaigneux bourgeois », et le peuple, on est entraîné par le tableau qu'il trace d'une entente encore, hélas ! et toujours rêvée :

Si on ose nous attaquer, — dit-il en véritable Athénien de Paris, — c'est que nous ne buvons pas ensemble ! Eh bien, faisons, pour affermir la liberté, ce que César, ce que Crassus ont fait pour affermir le despotisme. Nous ne pouvons pas traiter le peuple français comme César, qui traita le peuple romain sur vingt-deux mille tables, ou comme Crassus qui fit un festin au peuple romain et donna ensuite à chaque citoyen autant de blé qu'il en pouvait manger pendant trois mois. Il semble qu'il n'y ait de patriotisme et de vertu que dans la pauvreté, du moins dans une fortune médiocre. Mais dressons des tables devant nos portes, s'il est vrai que nous croyons à l'égalité ; traitons du moins un jour nos égaux comme les Romains traitaient leurs esclaves pendant une semaine entière ; célébrons notre délivrance du despotisme et de l'aristocratie, comme les Juifs célébraient leur délivrance des Pharaons ; mangeons aussi, tous ensemble, devant nos portes, le gigot national, ainsi qu'ils mangeaient leur gigot pascal. Viens, respectable artisan ; que tes mains durcies par le travail ne méprisent pas la mienne, qui n'est fatiguée que d'une plume ; viens, buvons tous ensemble ; embrassons-nous, et les ennemis seront vaincus[1] !

[1] Barère, le 28 messidor, an II, se plaindra que Camille ait *encouragé les repas libres* dans les journaux.

La fin de la harangue est plus menaçante et sent la poudre. Le 10 août n'est pas loin.

Si l'Assemblée nationale, conclut Desmoulins, ne croit pas pouvoir sauver la Constitution, qu'elle déclare donc, aux termes mêmes de la Constitution, et *comme chez les Romains* (éternels souvenirs classiques !), qu'elle en remet le dépôt à chacun des citoyens individuellement et collectivement, par le décret *ut quisque reipublicæ consulat.* Aussitôt on sonne le tocsin; toute la nation s'assemble ; chacun, comme à Rome, est investi du droit de punir de mort les conspirateurs reconnus ; et, pour l'affermissement de la liberté et le salut de la patrie, un seul jour d'anarchie fera plus que quatre ans d'Assemblée nationale !

Depuis le mercredi 11 juillet, la patrie, la chère France envahie, mais qui, cette fois, plus heureuse qu'en 1814, 1815 et 1870, devait repousser l'invasion, la France était déclarée en danger. « *Citoyens, la Patrie est en danger !* » c'étaient les termes du décret de l'Assemblée nationale. L'armée qui n'en était pas encore à l'*amalgame* inventé par Bouchotte, amalgame qui fit la véritable armée française, se battait déjà vaillamment.

Pendant ce temps, à Paris, on lisait tout haut dans les rues, dans les clubs, le manifeste insolent du duc de Brunswick (manifeste conservé aux Archives et signé *Brunsvig*). On se montrait les caricatures menaçantes confectionnées par les royalistes et qui représentaient les puissances étrangères faisant danser « aux députés enragés » et aux *Jacoquins* (Jacobins) le même « ballet que le sieur Nicolas faisait danser jadis à ses dindons. » Les sections s'agitaient, menaçantes. Camille Desmoulins parlait tout haut de la justice qui venait. Trente mille citoyens de la section des Gravilliers, la bouillante cuve révolutionnaire parisienne, tous ceux de la section Mauconseil, proclamaient la déchéance de Louis XVI. Et quarante-six sections après elles déclaraient que Louis XVI, qu'elles appelaient *Louis le Faux,* n'était plus roi des Français. Le pauvre Roi voyait la menace grossir.

Le duel se préparait ainsi. Autour de lui, le Roi groupait ses fidèles, les derniers combattants de la monarchie expirante, ses grenadiers des Filles-Saint-Thomas et ses Suisses. Il envoyait à ses gentilshommes des cartes bleues qui signifiaient : *Venez* ! Il comptait et recomptait le nombre de gens dévoués dont il pouvait disposer. Pauvre Louis XVI ! Ce dernier combat était perdu d'avance. La force des choses était contre le Château.

Un soir, un soir d'orage, le crépuscule venu, tandis que Louis et la Reine songeaient, sous une atmosphère, lourde et pleine de soufre, un chant inconnu, superbe, effrayant, grandiose, — et que les parodies de 1870 n'ont pu ridiculiser, — avait éclaté dans la nuit. Le Roi était demeuré étonné, la Reine avait tressailli. Ce qu'ils entendaient là, ils ne l'avaient entendu jamais. C'était quelque chose d'inouï et d'irrésistible, une immense menace, le cri d'une nation poussée à bout, le coup de clairon d'un peuple qui s'arme, l'appel de la liberté et de la délivrance, le hennissement victorieux du coursier trop longtemps dompté qui se relève et secoue ses maîtres, c'était le grand refrain national, la grande chanson de la France libre, c'était la *Marseillaise.*

La *Marseillaise,* ce chant de la Révolution en armes, comme le *Chant du départ* en est l'hymne de gloire pompeux, comme le *Ça ira* en est le rugissement sinistre ; *la Marseillaise* faite pour la frontière, le *Chant du départ* pour le Champ-de-Mars et le *Ça ira* pour le ruisseau.

Que dut penser la Reine à ces accords farouches? Ce n'était plus, pour elle, le soupir du clavecin entendu à travers les pins de Schœnbrunn, ce n'étaient plus les doux airs suisses du *Pauvre Jacques* à Trianon, ce n'était plus la romance de Rousseau, le *Devin du Village*, ou les hymnes royalistes de Grétry. C'était la marche militaire que chantaient en entrant à Paris les fédérés de Marseille et qu'ils venaient lancer, en faisant trembler les vitres du château, sous les fenêtres des Tuileries :

> Allons, enfants de la patrie,
> Le jour de gloire est arrivé !

Et, farouches, menaçants, indomptables, les Marseillais, que les spadassins du comte d'Anglemont avaient juré de tuer un à un, à coups d'épée, chantaient la chanson nationale, éclatante comme un son de cuivre.

Marie-Antoinette et Louis XVI se sentirent perdus, dès ce soir d'août.

Et, pourtant, chose incroyable, ce furent le Roi et les siens qui commencèrent l'attaque. Les gardes du corps insultaient les députés, menaçaient les tribuns du peuple. Ces gentilshommes, qui d'ailleurs avec le comte d'Hervilly à leur tête, devaient bien combattre et bien mourir, semblaient vouloir, de gaieté de cœur, exposer la royauté à une défaite.

Ce fut le rejet du décret d'accusation demandé contre La Fayette, accusé d'avoir voulu enlever l'Assemblée nationale, qui fit tout déborder. Dans la nuit du 9 août 1792, à minuit, le tocsin sonna. C'était le signal. Paris se soulevait en masse et marchait sur les Tuileries. Les faubourgs étaient illuminés. Aux municipalités, la foule se pressait, anxieuse. Pâles, mais résolus, les présidents des sections annonçaient au peuple que l'heure était venue de vaincre ou de périr.

La municipalité parisienne instituée par l'insurrection entrait à l'Hôtel de ville et prenait en main la direction de la bataille. La nuit était pleine d'étoiles. Nuit d'août pacifique et sereine. Des silhouettes s'agitaient dans l'ombre lumineuse des rues. Au château, on buvait, on attendait. L'insurrection victorieuse allait retrouver, dans quelques heures, les tessons de bouteilles que les Suisses vidaient en criant : *A bas la nation ! et vive le Roi !* Le Roi, certain maintenant que ses conseillers l'avaient perdu, songeait déjà à chercher un refuge dans l'Assemblée nationale. Il comprenait (trop tard) que la loi seule pouvait le protéger. A huit heures, il quitte son palais, se réfugie avec la reine dans la loge du logotachygraphe (*qui écrit vite la parole* : c'est notre sténographe).

Le peuple avait attaqué déjà le Carrousel. Repoussés d'abord par les Suisses, les assaillants étaient revenus en bon ordre, traînant des canons avec eux. La fusillade croisée qui part du château ne les fait point reculer, et les Tuileries sont emportées pièce par pièce, corridor par corridor. Les escaliers, les galeries, la chapelle voient des combats terribles. Les vainqueurs, maîtres du palais, jetaient par les fenêtres les cadavres des Suisses, et ceux de ces malheureux qui réussirent à s'échapper furent massacrés sous les marronniers. Groupés autour du petit bassin, ces pauvres et braves gens battaient en retraite en bon ordre. Décimés, égorgés, ils moururent intrépidement.

On raconte que pendant cette lutte terrible, un homme, un maigre et jaune jeune homme, en habit militaire râpé, l'œil brillant, les traits contractés, regardait à la fois, en hochant la tête, et les Tuileries, où personne, disait-on ce soir-là, ne devait plus rentrer, et ce peuple, ivre de joie, qui — il le répétait et le criait lui-même — ne devait désormais plus avoir de maître.

Celui-là s'appelait Napoléon Bonaparte.

« Est-ce bien là, se disait-il, le *dégel de la nation ?* » (Les mots sont de lui.)

Et, tournant le regard vers l'Assemblée, là-bas, où Louis XVI, tandis que Vergniaud parlait de réunir une Convention nationale, mangeait doucement un poulet rôti :

« *Coglione,* murmurait-il, tu n'avais donc pas de canons pour balayer la populace[1] ? »

L'homme qui devait profiter de la Révolution et succéder, dans ces Tuileries, à la Convention qui allait naître, se montrait déjà, comme un dompteur, derrière le peuple du 10 août.

VI

Quel avait été, pendant cette journée, le rôle de Camille et des siens ? Nous avons, sur ce point, un document unique, fiévreux, tout palpitant de terreurs, d'angoisses, d'espérances, d'amour ; c'est l'extrait du *Portefeuille* de Lucile Desmoulins, daté du 12 décembre, et où elle raconte, avec une éloquence poignante, tout ce qu'elle a éprouvé durant ces sombres heures. Le jeudi 9 août, Lucile, revenue de la compagne depuis la veille, jetait sur son carnet les lignes

[1] Il avait dit la veille à Pozzo di Borgo qu'avec deux bataillons suisses et cent maîtres de cavalerie il se chargeait de donner une leçon à l'insurrection.

suivantes, qui contrastent si fort, par la vérité de l'émotion, avec les rêveries vagues de ses années de jeune fille :

Qu'allons-nous devenir ? Je n'en puis plus. Camille, ô mon pauvre Camille, que vas-tu devenir ? Je n'ai plus la force de respirer. C'est cette nuit, la nuit fatale. Mon Dieu ! s'il est vrai que tu existes, sauve donc des hommes qui sont dignes de toi ! Nous voulons être libres. O Dieu, qu'il en coûte !

Personne, sans être ému, ne pourrait lire ces pages, où l'épouse, encore en proie à ses tourments, repasse les douleurs de la veille, les revit pour ainsi dire, et fait deux fois, les larmes aux yeux, le chemin du Calvaire.

Le 8 août, dit Lucile, je suis revenue de la campagne. Déjà les esprits fermentaient bien fort. On avait voulu assassiner Robespierre. Le 9, j'eus des Marseillais à dîner ; nous nous amusâmes assez. Après le dîner, nous fûmes tous chez M. Danton. La mère pleurait : elle était on ne peut plus triste, son petit avait l'air hébété ; Danton était résolu. Moi je riais comme une folle. Ils craignaient que l'affaire n'eût pas lieu. — Mais peut-on rire ainsi ! répétait madame Danton. — Hélas ! répondit Lucile, cela me présage que je verserai bien des larmes ce soir.

On la devine, on la voit nerveuse, dissimulant son inquiétude sous une gaieté feinte, avec des rires convulsifs. Tout à l'heure, en descendant dans la rue emplie de monde, traversée par des gens criant *Vive la nation !* Lucile aura peur. Elle entendra par avance le son terrible du tocsin, cette lamentation d'une ville en alarmes. En rentrant chez Danton, elle le trouve agité.

« Bientôt, dit-elle, je vis chacun s'armer. Camille, mon cher Camille, arriva avec un fusil. » — Cette fois, la tête cachée dans ses mains, la pauvre Lucile pleure. — « Cependant, ne voulant point montrer tant de faiblesse, et dire tout haut à Camille que je ne voulais pas qu'il se mêlât de tout cela, je guettai le moment où je pouvais lui parler sans être entendue, et lui dis toutes mes craintes. Il me rassura en disant qu'il ne quitterait pas Danton. J'ai su depuis, ajoute Lucile avec un certain orgueil conjugal et une crainte mal dissimulés, *j'ai su depuis qu'il s'était exposé.* »

Fréron, décidé à combattre, ne demandait qu'à mourir. « Je suis las de la vie », disait-il. Chose étrange, c'est pourtant lui qui survivra de ce groupe d'hommes prêts à combattre. Vingt mois après, ils seront morts ; lui sera sauf.

Danton, se couchant un moment, partit enfin dans la nuit pour l'Hôtel de ville. « Le tocsin des Cordeliers sonna, dit Lucile ; il sonna longtemps. Seule, baignée de larmes, à genoux sur la fenêtre, cachée dans mon mouchoir, j'écoutais le son de cette fatale cloche. » Madame Danton était là, près d'elle, accablée aussi et songeant. De temps à autre, dans la nuit, des messagers venaient donner aux pauvres femmes quelques nouvelles vagues, tantôt consolantes, tantôt alarmantes. Elles apprenaient ainsi (quel effroi !) qu'on parlait à la maison commune de marcher sur les Tuileries. A une heure du matin, Camille entra. Il s'endormit un moment sur l'épaule de Lucile. Le jour venu, madame Danton se sentant prise d'une fièvre, d'un appétit de mouvement, quitta son appartement, alla chez Camille. Celui-ci se coucha. Lucile fit mettre dans le salon un lit de sangle pour madame Danton, et, « au son du tocsin » qui redoublait, ces trois êtres tâchèrent de prendre un moment de repos. Mais Camille repartit bien vite. Les deux femmes, demeurées seules, essayent alors de déjeuner, de lire, d'ou-

PORTRAIT DE CAMILLE DESMOULINS EN 1790 (MINIATURE).
(Collection J. Claretie.)

GUISE,
STATUE DE CAMILLE DESMOULINS.
(Phot. Pizieux.)

ARCIS-SUR-AUBE,
STATUE DE DANTON.
(Phot. Gradassi-Royer.)

Pl. 12

blier. Tout à coup Lucile, écoutant, dit : « On tire le canon ! » Madame Danton prête l'oreille, entend, pâlit, se laisse aller et s'évanouit. « Je la déshabillai moi-même, dit Lucile ; j'étais prête à tomber là, mais la nécessité où je me trouvai de la secourir me donna des forces. Elle revint à elle. »

Que de traits encore dans ce récit palpitant de Lucile ! La vérité humaine y est prise sur le fait. C'est une voisine, qui va hurlant que tout cela est la faute de Camille. C'est le boulanger qui ferme la porte au nez de Lucile lorsque les deux femmes veulent passer par sa boutique. Que de terreurs ! que d'angoisses ! Enfin Camille revient.

Le peuple était victorieux. Camille avait vu tomber la tête du journaliste Suleau. « Suleau a eu la tête coupée, écrit Lucile. On l'a promenée dans Paris. Camille lui a dit : Mon cher, tu veux te battre pour le Roi, demain, tu seras pendu. Camille n'a dit que trop vrai [1]. » Le 11, Camille et Lucile, par précaution, couchaient rue de Tournon, chez Robert, un ami. « Le lendemain, 12, en rentrant, j'appris, dit Lucile, que Danton était ministre... »

Camille, qui, dans cette journée du 10, avait harangué et guidé les faubouriens, devint, comme dit Danton, secrétaire général du ministre de la Justice *par la grâce du canon*. « Si j'eusse été vaincu, disait hautement Danton à l'Assemblée nationale, je serais criminel. » Il triomphait. La section des Quinze-Vingts déclarait que, comme Gorsas,

[1] Lettre citée par M. de Beaumont-Vassy, dans ses *Mémoires secrets du dix-neuvième siècle*. Je trouve encore dans cette lettre fiévreuse, des détails caractéristiques : « Tout sera fini d'ici à huit jours. On brise les glaces dans le château ; on nous a rapporté des éponges et des brosses de la toilette de la Reine. On foule l'argenterie avec les pieds, et on n'y touche pas. Adieu... O quelle fermentation !... »

Prudhomme et Carra, Desmoulins avait bien mérité de la patrie. Camille, dès l'abord, prit au sérieux son rôle, et son premier mot est celui-ci : « Il nous reste à rendre la France heureuse et florissante autant que libre. C'est à quoi je vais consacrer mes veilles ! » Et, en effet, avec Danton, il s'occupait d'adresser à la magistrature de France une circulaire pour protester contre les abus, organiser la justice, c'est-à-dire fonder véritablement le droit en France. Il ne pense à lui-même et à la satisfaction de sa vanité qu'après s'être inquiété de la nation. Mais il n'oublie point cependant que les *Guisards* ont raillé jadis ses espérances.

La vésicule de vos gens de Guise si pleins d'envie, écrit-il à son père, va bien se gonfler de fiel contre moi, à la nouvelle de ce qu'ils vont appeler ma fortune.

Et cette fortune lui inspire aussitôt la réflexion suivante :

Fortune qui n'a fait que me rendre plus mélancolique, plus soucieux, et me faire sentir plus vivement tous les maux de mes concitoyens et toutes les misères humaines[1].

A la bonne heure, le cœur bat. On sent la pitié naître chez cet homme qui a pénétré, comme il dit, « dans le palais des Lamoignon et des Maupeou, par la brèche du château des Tuileries. » Un an plus tard, las de cette puissance éphémère, écœuré et affecté par le spectacle des déchirements publics, il poussera, à cette même date du 10 août, un soupir profond, et son rêve, son désir, son espoir, ses vœux se tourneront vers cette petite ville de

[1] Le 26 août, il demandera à son père dans quel régiment et dans quelle armée sert son frère *Dubucquoi* (celui qui sera massacré par les Vendéens), sans doute pour le protéger.

Guise, qu'il raille en 1792, qu'il enviera en 1793, et nous l'entendrons s'écrier alors : « Que ne puis-je être aussi obscur que je suis connu ! *O ubi campi Guisiaque !* Où est l'asile, le souterrain qui me cacherait à tous les regards, avec ma femme, mon enfant et mes livres ?» Il souhaitera de revoir ces rives bénies et salutaires de l'Oise, comme lui écrit son père, et les eaux de la fontaine de Saint-Martin-la-Bussetière, et les belles percées du bois de Fay, « qui sont l'ouvrage du cousin Deviefville. » Le pourra-t-il ? Nommé par le conseil exécutif (le 15 septembre 92) pour inspecter Laon, Soissons et Guise, et vérifier si les dénonciations faites contre les juges de chacune de ces villes méritent d'être prises en considération par le ministre de la Justice, il déploiera, selon les conseils de son père, les *qualités qui sont propres à cette administration.* Nobles et simples paroles de ce père, dont la tendresse est jalouse *comme celle des amants,* dit-il. La situation nouvelle de son fils, loin de l'éblouir, l'effraye un peu. « Je préférerais vous voir paisible possesseur de mes places et le premier de vos concitoyens dans notre ville natale ! » Mais, comme il faut accepter les choses accomplies, M. Desmoulins envoie ses conseils : « Joignez à votre popularité connue cet esprit d'intégrité et de modération que vous aurez souvent occasion d'y développer ; dépouillez-vous de celui de parti, qui vous y a peut-être élevé, mais qui pourrait ne pas vous y maintenir. Avec la droiture que je vous connais et la modération que je vous prêche, on va loin, même dans le poste le plus scabreux ! » Trop scabreux, encore une fois. O les champs de Guise, le carillon des jours d'enfance, et cette mère qui *partage tous les sentiments* de M. Desmoulins, le père ! Au bout d'un an, comme Camille les regrette ! comme il a soif de les revoir !

Oui, à un an de distance, le doute et la lassitude étaient entrés dans cette âme, et Camille allait brûler plus d'une idole jusqu'ici adorée, ou plutôt, renversant les dieux sanglants, il n'allait plus rendre de culte fervent et solide qu'à ces dieux éternels, qui s'appellent le droit, la vérité, l'humanité, la pitié, la justice !

CHAPITRE QUATRIÈME

L'ARRESTATION

LA CONVENTION || LES MASSACRES DE SEPTEMBRE || LA MORT DE LOUIS XVI || L'HISTOIRE DES BRISSOTINS || LASSITUDE DE CAMILLE || LE VIEUX CORDELIER || LE « CRI DIVIN QUI REMUE LES AMES » || BONHEUR DOMESTIQUE || ANGOISSES DE LUCILE || CAMILLE ET ROBESPIERRE || LA SÉANCE DES JACOBINS || BRULER N'EST PAS RÉPONDRE || L'ARRESTATION || LA PRISON DU LUXEMBOURG || LA DERNIÈRE LETTRE DE CAMILLE A LUCILE || LA CONCIERGERIE || LE PROCÈS || HORS LA LOI || LA CONDAMNATION.

I

La Convention Nationale qui, dans la pensée de ceux qui l'avaient dès longtemps réclamée, représentait une assemblée centralisant tous les pouvoirs, exerçant une dictature suprême, la Convention dont l'idée inspirait à Camus, en pleine Assemblée nationale, le 1er juin 1790, cette pensée : « Nous avons assurément le pouvoir de changer la religion, » cette Convention souveraine devait être la résultante même de la journée du 10 août. Dès le dimanche 26 août, les assemblées primaires s'étaient réunies pour nommer des *électeurs* en nombre égal aux élections dernières ; ces électeurs allaient le dimanche suivant, 2 septembre, procéder ensuite à l'élection des députés de la Convention nationale. « La distinction des Français en citoyens *actifs* et *non actifs*, consacrée par la Constitution de 1791, fut supprimée, et les seules conditions à remplir pour être admis aux assemblées électorales furent d'être Français, âgé de vingt et un ans, *domicilié depuis un an*, vivant de son revenu ou du produit de son travail. Étaient seuls exceptés ceux qui étaient en état de domesticité. De même les diverses conditions d'éligibilité que la Constitution de 1791 exigeait, soit pour les électeurs, soit pour les représentants, furent déclarées inapplicables au cas d'une Convention nationale ; et tout citoyen âgé de vingt-cinq ans, satisfaisant aux conditions ci-dessus, put être choisi pour électeur ou élu député [1]. »

Camille était tout naturellement désigné au choix des électeurs, il était populaire et aimé. Une seule chose pouvait lui nuire, l'éclat même de son talent. On pouvait craindre qu'un satirique aussi étincelant ne fût un législateur un peu léger. Il fallut deux tours de scrutin pour que Camille Desmoulins fût proclamé député de Paris. Son adversaire était Kersaint. Le samedi 8 septembre 92, au second tour, sur 677 votants, la majorité absolue étant de 339 voix, Camille obtint contre Kersaint 465 voix. Il était élu. Il allait siéger dans cette Convention nationale où l'on comptait (je ne donne pas tous les états des 749 membres de l'Assemblée) 45 anciens constituants, 147 anciens législateurs, 59 administrateurs des départements, 81 hommes de loi, 34 maires, 28 présidents de districts, 14 évêques, 9 vicaires épiscopaux, 7 curés, 26 juges de paix, 5 professeurs, 21 médecins, 10 notaires, 5 marchands, 15 cultivateurs, 2 apothicaires, 1 peintre, 15 hommes de lettres, etc.

Ce fut le lundi 20 septembre, que sous la présidence du vieux Philippe Rühl, député du Bas-Rhin, presque octo-

[1] Voyez dans le *Complément de l'Encyclopédie moderne* de Didot un excellent travail de Ed. Carteron sur les *Conventions nationales*.

génaire et hydropique, — qui se donnera la mort en prairial an III, pour échapper à la proscription, — la Convention se réunit pour la première fois. Quel étonnement de voir réuni, dans ce palais des Tuileries, devenu édifice national, tout ce que la France comptait de plus ardent, de plus généreux, de plus terrible, de plus patriotique ; tant d'idées, tant d'espoirs, tant d'utopies, tant de dévouements à la patrie! Le canon grondait dans la France envahie. L'émeute hurlait dans la rue, la Champagne était aux Prussiens, Longwy, Verdun avaient succombé, et les pavés, autour de l'Abbaye, étaient rouges encore des massacres du 2 septembre. Cependant, et Danton, et Condorcet, et Vergniaud, et Saint-Just, et Robespierre, et Romme, et Soubrany, et Cambon, et Robert Lindet, et Rabaut, et Lakanal, et Carnot, et Louvet, et Guadet, et Philippeaux, et tant d'autres, acceptaient la rude tâche de sauver la France déchirée et de lui assurer, avec la liberté qui fait les nations heureuses, l'indépendance qui est leur fierté.

Espoirs profonds, puissants élans, courages haussés à la redoutable hauteur des circonstances ! Camille Desmoulins, ivre des suffrages de ses concitoyens, retracera bientôt dans son *Fragment de l'histoire de la Révolution,* l'état, si je puis dire, psychologique de la nation à cette heure décisive :

On dut, écrira-t-il, porter envie à ceux qui venoient d'être nommés députés à la Convention. Y eut-il jamais une plus belle mission ? une plus favorable occasion de gloire ? L'héritier de soixante-cinq despotes, le Jupiter des rois, Louis XVI, prisonnier de la Nation et amené devant le glaive vengeur de la justice ; les ruines de tant de palais et de châteaux, et les décombres de la monarchie tout entière, matériaux immenses devant nous bâtir la Constitution ; quatre-vingt-dix mille Prussiens ou Autrichiens arrêtés par dix-sept mille Français ; la nation tout entière debout pour les exterminer ; le ciel s'alliant à nos armes et auxiliaire de nos canonniers par la dissenterie ; le roi de Prusse, réduit à quarante mille hommes effectifs, poursuivi et enveloppé par une armée victorieuse de cent dix mille hommes ; la Belgique, la Savoie, l'Angletere, l'Irlande, une grande partie de l'Allemagne, s'avançant au-devant de la liberté, et faisant publiquement des vœux pour nos succès : tel était l'état des choses à l'ouverture de la Convention.

Et que d'œuvres à accomplir ! Quelle *carrière de gloire* ! La République à créer, les lois, les arts, le commerce, l'industrie à revivifier, enfin « le peuple à faire. » — *Le peuple à faire !* Grand mot de Camille, qui est tout un programme et qui reste encore à remplir. Camille eût voulu qu'on fît de Paris « moins un département que la ville hospitalière et commune de tous les citoyens des départements, dont elle est mêlée et dont se compose la population [1]. » « Ce Paris, continue-t-il, qui ne subsistait que de la monarchie et qui avait fait la République, il faut le soutenir, en le plaçant entre les Bouches-du-Rhin et les Bouches-du-Rhône, en y appelant le commerce maritime par un canal et un port ! » Et que de choses encore ! « La liberté, la démocratie à venger de ses calomniateurs par la prospérité de la France, par ses lois, ses arts, son commerce, son industrie affranchie de toutes les entraves et prenant un essor qui étonnât l'Angleterre, en un mot, par l'exemple du bonheur public ; enfin le peuple qui, jusqu'à nos jours, n'avait été compté pour rien, le peuple, que Platon lui-même, dans sa

[1] N'avait-il pas dit déjà, à propos de Paris, dans ses *Révolutions de France et de Brabant*, n° 56 : « Paris doit être regardé moins comme une ville particulière, que comme la patrie commune de tous les Français. Paris est à la France ce qu'est à une ville la maison commune. » (P. 177.)

République, tout imaginaire qu'elle fût, avait dévoué à la servitude, à rétablir dans ses droits primitifs et à rappeler à l'égalité, — telle était la vocation sublime des députés de la Convention. Quelle âme froide et rétrécie pouvait ne pas s'échauffer et s'agrandir en contemplant ces hautes destinées ? »

Qui donc empêcha ce résultat d'être atteint ? Pourquoi, malgré ses prodiges, la Convention eut-elle pour conclusion cette tyrannie militaire : l'empire ? Et aussi pourquoi malgré ses déchirements tragiques, a-t-elle, de fond en comble, renouvelé le monde ? Redoutables questions. Notre temps persiste à les poser et l'avenir seul les résoudra. Fiévée, dans un livre plein d'idées justes mêlées à quelques erreurs, a voulu expliquer que la Révolution aboutit fatalement à la dictature, parce que les *opinions* s'y trouvaient opposées aux *intérêts* [1]. Ce qui explique plutôt les drames terribles dont cette Assemblée fut à la fois le théâtre et la victime, c'est l'ignorance où se trouvaient ces hommes et de leurs adversaires et de leurs propres amis. Ils faisaient pis que se méconnaître, ils ne se connaissaient pas. Ils se soupçonnaient et se déchiraient comme dans les ténèbres. Quelque chose d'effaré planait sur eux : la peur et l'ignorance. Ignorance de tout et peur de tout, et cependant (expliquez le prodige) cette terreur poussait cette poignée d'hommes à des actes éternellement admirables de courage, et la lâcheté se faisait héroïsme aussi rapidement que la témérité se faisait vilenie.

Il y eut tout d'abord un malheur horrible, quelque chose d'épouvantable et de sinistre : Septembre. Les massacres des Carmes, de l'Abbaye et de la Force devaient à jamais

[1] *Des opinions et des intérêts pendant la Révolution*, par J. Fiévée. (Paris, 1809, in-8°.)

séparer des hommes faits pour s'unir, les Dantonistes et les Girondins. Jamais, les amis de Brissot et de Vergniaud ne pardonnèrent à Danton cette affreuse journée où des *travailleurs* armés de sabres, de faux ou de massues à battre le plâtre, égorgeaient ou assommaient des prisonniers, des prêtres, des femmes. Que Danton ait *organisé,* comme on l'a affirmé, les massacres de Septembre, l'histoire dit non. Que Camille Desmoulins ait pris part au forfait, comme l'ont imprimé tant d'écrivains royalistes, c'est ce qui est absolument faux. « Mais il fit sauver l'abbé Bérardier, son ancien principal au collège Louis-le-Grand ; mais il lui envoya un sauf-conduit dans sa prison. » Cela prouve simplement qu'il voulut rendre la liberté à son vieux professeur ; mais cela ne prouve pas qu'il fût même dans le secret du massacre. Quel est le principal accusateur de Camille en cette affaire ? C'est ce Roch Marcandier, son compatriote, son ancien secrétaire, son obligé, qui, après avoir collaboré à ses numéros les plus violents, se tourne contre lui, l'attaque et le calomnie. Un autre témoin à charge est ce Peltier, l'ancien directeur des *Actes des Apôtres,* qui, dans son *Histoire de la Révolution du 10 août,* accuse nettement Danton et ses deux secrétaires, Camille Desmoulins et Fabre d'Églantine. Mais le témoignage de Peltier est plus que suspect ; il déteste Camille, il le calomnie jusque dans sa femme. L'occasion était trop belle pour la laisser échapper. Lorsqu'un crime est anonyme, ou multiple, comme Septembre, on a toute facilité pour en accuser ceux-là même qui en sont innocents.

La fatalité voulut que l'homme qui eût pu sauver, féconder, pondérer la Révolution, fût aux yeux des Girondins, « l'homme de Septembre », et que Danton portât le poids du crime de la foule. Ces deux groupes de gens dévoués, également prêts à fonder la République (car, aujourd'hui, qui oserait accuser la Gironde de royalisme ?), au lieu de s'unir, s'entre-déchirèrent. Le groupe des Dantonistes eût été la force de ce grand parti réuni, si l'union eût pu se faire. La Gironde était la parole, on le sait trop ; les Dantonistes eussent été le muscle.

Nous ne saurions ici suivre les diverses phases de ces luttes qui « entamèrent » d'abord, décimèrent ensuite, discréditèrent enfin la Convention nationale. Il ne faut pas oublier, encore une fois, que cette histoire est celle d'un homme ou de quelques hommes, non d'une époque.

La Convention avait aboli la royauté ; elle frappa le Roi. Trente ans après le vote rendu contre Louis XVI, le vieux et intègre Lakanal écrivait à David (d'Angers), et à propos de son vote de mort : « Pour ma part, j'ai suivi la ligne de mes devoirs et de mes convictions, et vingt-deux ans d'exil n'ont fait que me confirmer dans l'opinion que j'avais justifié la confiance de mes commettants... 1° Nous avions le droit de juger. Le décret de l'Assemblée législative, rendu sur le rapport de Vergniaud, disait : « L'intérêt public exige que le peuple français manifeste sa volonté par le vœu d'une Convention nationale formée de représentants investis par lui de pouvoirs *illimités*. 2° *Deux millions d'adresses* ont félicité cette Assemblée courageuse et juste de son jugement contre le Roi parjure [1].» Camille Desmoulins, qui vota la mort du Roi, crut devoir mêler la facétie à la condamnation, et il souleva de violents murmures en motivant ainsi son vote : « Manuel, dans son opinion du mois de novembre a dit : Un roi mort, ce n'est pas un homme de moins. Je

[1] Lettre inédite. Collection d'autographes de Mme Charras.

vote pour la mort, trop tard peut-être pour l'honneur de la Convention nationale [1]. »

C'est en de telles circonstances qu'on eût souhaité que Lucile apprît à Camille à modérer sa nature toujours prête à quelques traits excessifs et que la femme aimée lui eût enseigné avec la modération et la fermeté, une certaine netteté d'attitude plus proche de la dignité. Mais Camille, médiocre orateur et partant ne faisant guère figure à la tribune de la Convention (il faisait partie du *Comité de correspondance,* et s'y trouvait mieux à sa place), Camille dépité de demeurer au second plan, voulait sans doute, par de tels éclats, maintenir sa popularité, sa réputation d'impitoyable frondeur. Quant à Lucile, elle-même se laissait entraîner à des écarts de pensée, d'imagination, et on a bien la preuve de l'exaltation de ses idées dans certaines pages tombées alors de sa plume féminine.

C'est ainsi qu'elle écrit, à propos de Marie-Antoinette bientôt accusée comme Louis XVI [2], et plus inutilement encore immolée que lui :

[1] Avait-il reçu cette lettre que lui écrivait son père :

« Mon fils, vous pouvez encore vous immortaliser, mais vous n'avez plus qu'un moment : c'est l'avis d'un père qui vous aime. Voici à peu près ce qu'en votre place je dirais : Je suis républicain et par le cœur et par les actions, j'ai fait mes preuves. J'ai été un des premiers et des plus ardents dénonciateurs de Louis XVI ; par cela même je me récuse. Je le dois à l'austérité de mes principes ; je le dois à la dignité de la Convention ; je le dois à la justice de mes contemporains et de la postérité ; en un mot, je le dois à la République, à Louis XVI, à moi-même.

« Entre nous deux ceci, afin que tout le mérite en reste à vous seul ; je ne souhaite que d'avoir à en faire bientôt le commentaire à votre avantage et pour votre tranquillité et la mienne, car je suis votre meilleur ami.

DESMOULINS.

« 10 janvier 1793. »

[2] Deux ans auparavant, Camille Desmoulins avait osé écrire, à propos de celle

CE QUE JE FERAIS SI J'ÉTAIS A SA PLACE.

Si le destin m'avait placée sur le trône, si j'étais Reine enfin, et qu'ayant fait le malheur de mes sujets, une mort certaine, qui serait la juste punition de mes crimes, me fût préparée, je n'attendrais pas le moment où une populace effrénée viendrait m'arracher à mon palais pour me traîner indignement au pied de l'échafaud, je préviendrais ses coups, dis-je, et voudrais en mourant en imposer à l'univers entier.

Je ferais préparer une vaste enceinte dans une place publique, j'y ferais dresser un bûcher et des barrières l'entoureraient, et trois jours avant ma mort je ferais savoir au peuple mes intentions ; au fond de l'enceinte et vis-à-vis le bûcher je ferais dresser un autel.

qu'il appelait (après Louis XVIII) l'*Autrichienne* ou la *femme du gros mangeur d'hommes :*

« Maints patriotes continuent de regarder Marie-Antoinette comme irréconciliable avec la Constitution. Tous les papiers publics ont annoncé que dimanche elle a trouvé sous son couvert ce billet : *Au premier coup de canon que votre frère fera tirer contre les patriotes français, votre tête lui sera envoyée.* L'anecdote du billet est peut-être apocryphe, mais tant de journaux l'ont publiée que c'est comme si le billet avait été mis sous l'assiette. » (*Révolutions de France et de Brabant.*)

Un pamphlet du temps s'amuse de la colère que devait éprouver la reine en lisant ces attaques de Desmoulins :

Requête de la Reine à nosseigneurs du tribunal de police de l'Hôtel de ville à Paris.

« Supplie humblement Marie-Antoinette d'Autriche, reine de France, épouse souvent séparée de corps et toujours d'intérêt de S. M. Louis XVI, ci-devant roi de France et de Navarre, et en cette qualité autorisée à la poursuite de ses droits en action.

« Se plaint de Desmoulins qui la nomme la *femme du Roi* et réclame contre lui, « non pas l'embastillement, puisque, par suite de l'insurrection du peuple de Paris », la Bastille n'existe plus, mais « la claustration de ce forcené dans une prison quelconque ».

Pendant trois jours j'irais au pied de cet autel prier le grand maître de l'univers ; le troisième jour, pour expirer, je voudrais que toute ma famille en deuil m'accompagnât au bûcher ; cette cérémonie se ferait à minuit, à la lueur des flambeaux [1].

Ce n'était donc point Lucile qui pouvait ramener et maintenir Camille dans la voie grave. Cette jeune fille souriante, qui sut mourir comme une Romaine, vécut en Athénienne, honnête, aimant, — plus que cela, adorant — son mari ; mais ne sachant ni le conseiller, ni le modérer. C'est ainsi

[1] En revanche, Lucile écrira sur son cahier rouge ces vers entendus dans la rue ou composés par quelque poète ami :

COMPLAINTE DE MARIE-ANTOINETTE, REINE DE FRANCE.

Sur l'air de la complainte de Marie Stuart, reine d'Angleterre.

De votre Reine infortunée,
Français, écoutez le remords ;
A la coupable destinée
Demandez raison de mes torts.
Près de mon palais solitaire,
Autrefois plein de faux amis,
Du peuple j'entends la colère.
Il m'accuse, et moi je gémis.

A tous les coups mon âme est prête.
Mais où m'entraînent ces bourreaux ?
Où suis-je ? J'entends sur ma tête
Se croiser de fatals ciseaux.
On m'arrache le diadème,
Un voile est posé sur mon front,
Je vais donc survivre à moi-même ?
Non, je mourrai de cet affront.

O vous, pastourelles naïves,
Qui portiez envie à mon sort,
Dans quelques romances plaintives
Placez mon nom après ma mort.
Dites de Marie-Antoinette
L'ambition et les malheurs.
J'expire un peu plus satisfaite
Si votre Reine obtient des pleurs.

qu'en mai 1793, Camille, poussé par Robespierre, publiait son *Histoire des Brissotins* (*Fragment de l'Histoire secrète de la Révolution*). Dans la lutte engagée entre la Gironde et la Montagne, il prenait contre la Gironde un parti décisif. Jamais son style n'avait été si féroce. Il parlait de la *scélératesse* de Brissot, de *l'hypocrisie* de Roland, de la complicité de Gensonné avec Dumouriez, de la vénalité de Guadet, et, pour arriver à « *la poule au pot pour tout le monde* », comme il dit, il proposait le *vomissement des Brissotins hors du sein de la Convention* et les *amputations du Tribunal révolutionnaire.* L'épouvantable pamphlet ! Et, comme Desmoulins en sera châtié lorsqu'il verra se retourner contre lui les accusations qu'il formule contre les Girondins, et quand, après les avoir accusés d'une conspiration orléaniste et anglo-prussienne, il sera, avec Danton, frappé de mort pour avoir été l'ami du duc d'Orléans et le fauteur d'une imaginaire restauration monarchique !

Tout se tient en politique. Les Girondins, épris de liberté, avaient commis la faute de demander la mise en accusation de Marat, sans calculer que la popularité de cet avocat sinistre des vieilles haines populaires leur renverrait Marat absous et grandi par le verdict du Tribunal révolutionnaire. Le triomphe de Marat avait été le premier échec violent de la Gironde. Quel homme parut plus puissant que l'*Ami du peuple* — son mauvais génie — après un tel acquittement ?

Boilly a peint cette scène dans un tableau qu'on peut voir au musée de Lille, et qui donne bien l'idée de l'ivresse des foules. Cela est vivant et charmant ; le peintre, un peu effrayé par l'orage révolutionnaire, a fait de cette scène une idylle. On croirait trouver quelque chose de farouche comme le *Marat* de David, on rencontre une scène joyeuse et paternelle à la façon de Greuze. L'Ami du peuple porté sur les épaules de gars robustes, sourit doucement à la foule de l'air d'un sage sans colère qu'on vient d'arracher au trépas, et qui salue une vie qui lui est légère. Les forts de la Halle, propres, coquets, blancs comme des mariés d'opéra-comique, agitent avec enthousiasme leurs larges feutres. Un bon bourgeois à l'air paterne contemple, les mains sur son estomac, dans la pose d'un Flamand de Jean Steen ou d'Adrian Brauwer, ce bon M. Marat, qu'on vient de tirer des mains des juges. Des femmes en vêtements de soie, d'un gris tendre, coquettes, ravissantes, l'une d'elles tenant par la main un enfant costumé en garde national (l'habit à la mode), se mêlent à la foule, qui ne semble pas hurler de joie en retrouvant un tribun, mais s'attendrir en revoyant un père. Seul, le fond du tableau, gris, assombri malgré sa teinte argentée, le long couloir froid du tribunal, les deux lourdes colonnes carrées, recrépies à la chaux, les fenêtres aux vitres à demi brisées, la petite porte terrible du tribunal avec ses sculptures représentant la loi, cette triste galerie, donnent quelque chose de solennel et de lugubre à ce tableau rayonnant et gai comme une *Kermesse* de Téniers, une *Cinquantaine* de Knauss.

La Gironde devait payer cher sa fausse attaque ainsi terminée par une mise en liberté triomphale. Marat n'allait pas à l'Abbaye, au contraire, il rentrait, invincible, à la Convention et se dressait de nouveau devant ceux que le journaliste-hibou appelait dédaigneusement des *hommes d'État*. Pourtant, ce ne fut point Marat, ce fut Robespierre, qui porta à la Gironde les plus rudes coups, et Camille, pour le moment, plus dominé par Maximilien que par Danton, plus Jacobin

MADAME DANTON, PAR BOILLY.
(Collection de M. Sardou.)

Pl. 13

que Cordelier, tint la plume tandis que Robespierre, je ne dirai pas dicta, mais conseilla. De là, l'*Histoire des Brissotins,* assemblage de calomnies, de menus propos, de saillies meurtrières.

Le pamphlet cruel eut un succès énorme. Il s'en débita plus de quatre mille. Il fut — et Camille s'en vante (lettre à son père) « *le précurseur* de la révolution du 31 mai, il en fut le *manifeste.* » En effet l'*Histoire des Brissotins* servit à précipiter la lutte de la Gironde. Et Camille, en rédigeant ensuite l'*Adresse des Jacobins aux départements sur l'insurrection du* 31 *mai,* croyait encore avoir rendu service à la République.

Un coup de foudre lui dessilla les yeux, ou plutôt, il sortit comme en sursaut de sa coupable erreur, au bruit du couteau de Sanson tombant lourdement sur les têtes des Brissotins. Quoi ! Boyer-Fonfrède, Ducos, Isnard, Girey-Dupré, Carra, Valazé, voilà ceux qu'il avait voulu que la Convention *vomît*? Eh bien, c'était fait. Mais on ne joue pas avec la dénonciation. L'étourderie sinistre de Camille devait lui peser bientôt comme un remords. On ne devait pas s'arrêter à l'épuration, on devait aller jusqu'au sacrifice. On allait condamner à mort comme royalistes, Guadet et Lasource, qui avaient éventé le projet de la Fayette de *marcher sur Paris,* oui, comme royalistes et comme complices de ce Dumouriez, que Brissot et ses amis (voyez les *Mémoires* de Garat et les *Considérations* de Mallet du Pan) tenaient déjà pour suspect, à l'heure où Robespierre disait encore (le 10 mars 1793) : *J'ai confiance en Dumouriez.* On allait les accuser d'avoir *voulu démembrer la France,* eux dont le fédéralisme, dangereux sans doute en face de l'étranger et à l'heure où ils le proposaient, était cependant une idée que devaient reprendre plus tard et les *décentralisateurs* du Comité de Nancy en 1866, et, je l'ai déjà dit, en 1870, les plus furieux des ennemis de la Gironde, les héritiers mêmes de la Commune. On allait les immoler à cause du mot insensé, coupable d'Isnard menaçant Paris d'être « rasé », et ce mot, Barère l'avait cependant à peu près dit de même aussi brutalement[1] !

Camille, qui eût voulu sauver les Girondins, assista à leur condamnation. Danton aussi, qui leur offrait d'aller comme leur otage à Bordeaux, les eût volontiers arrachés à la mort, et Bazire, l'honnête Bazire, que Chabot entraînera dans sa chute, cachait leur dossier au Comité de sûreté générale, comme si dérober les noms des accusés c'eût été sauver leurs têtes. Lorsque la condamnation fut rendue (31 octobre), Camille, pâle, tout en pleurs, s'écria, se frappant la poitrine et le front : « Ah ! malheureux, c'est moi, c'est mon *Histoire des Brissotins* qui les tue ! Et ils meurent républicains ! » Devant l'accusation de Fouquier-Tinville, Camille effaçait, voulait effacer son mensonge avec ses pleurs. Vilate a raconté cette scène émouvante :

J'étais, dit-il, assis avec Camille Desmoulins, sur le banc placé devant la table des jurés. Ceux-ci revenant des opinions, Camille s'avance pour parler à Antonelle, qui rentrait l'un des derniers. Surpris de l'altération de sa figure, il lui dit assez haut : « *Ah ! mon*

[1] Oui, le mot d'Isnard en mai 1793, mot qui précipita le dénoûment, avait été dit par Barère à la séance du 10 mars 1793, sans exciter un murmure. Au contraire, il avait été applaudi.

Barère (*Moniteur* du 12, p. 243) : « Les têtes des députés sont posées sur chaque département de la République. (*On applaudit à plusieurs reprises.*) Qui donc oserait y toucher ? Le jour de ce crime impossible, la République serait dissoute, et Paris anéanti. »

Dieu, je te plains bien, ce sont des fonctions terribles » ; puis entendant la déclaration du juré, il se jette dans mes bras, s'agitant, se tourmentant : « *Ah! mon Dieu! mon Dieu! c'est moi qui les tue! mon Brissot dévoilé, ah! mon Dieu! c'est ce qui les tue!* » A mesure que les accusés rentrent pour entendre leur jugement, les regards se tournent vers eux ; le silence le plus profond régnait dans toute la salle, l'accusateur public conclut à la peine de mort ; l'infortuné Camille, défait, perdant l'usage de ses sens, laissait échapper ces mots : « *Je m'en vais, je m'en vais, je veux m'en aller.* » Il ne pouvait sortir[1].

Ainsi, le remords venait. Mais toutes les larmes, tous les sanglots de Camille ne faisaient pas oublier les attaques de l'imprudent contre ceux dont il disait :

Necker, Orléans, La Fayette, Chapelier, Mirabeau, Bailly, Desmeuniers, Duport, Lameth, Pastoret, Cerutti, Brissot, Ramond, Pétion, Guadet, Gensonné ont été les vases impurs d'Amasis avec lesquels a été fondue, dans la matrice des Jacobins, la statue d'or de la République. Et au lieu qu'on avoit pensé, jusqu'à nos jours, qu'il étoit impossible de fonder une république qu'avec des vertus, comme les anciens législateurs, la gloire immortelle de cette société, c'est d'avoir créé la *République avec des vices*[2] !...

Il pleurait maintenant sur ces pages, et ses larmes coulaient, amères, mais inutiles. Il pleurait, mais c'était le mot de Shakespeare : « Tous les parfums de l'Arabie ne laveraient pas cette main tachée de sang. » *All the perfumes of Arabia will not sweeten this little hand.*

[1] *Les Mystères de la Mère de Dieu dévoilés*, troisième volume des *Causes secrètes de la Révolution*, du 9 au 10 thermidor, par Vilate, ex-juré au tribunal révolutionnaire de Paris, détenu, p. 51.

[2] *Histoire secrète.*

Je sais par tradition (le renseignement m'a été donné par M. Labat père) qu'un soir de ce lugubre été de 1793, Danton et Camille Desmoulins, remontant jusqu'à la cour du Commerce, longeant la Seine par le quai des Lunettes, et songeant à ce 31 mai qui devait finir par le 31 octobre, Danton indiqua tout à coup à Camille le grand fleuve dans lequel le soleil couchant, derrière la colline de Passy, reflétait ses rouges rayons, si bien qu'il semblait rouler quelque chose de sanglant. « Regarde, dit Danton, — et, comme Garat, Camille vit alors les yeux du tribun se gonfler de larmes, — vois que de sang ! La Seine coule du sang ! Ah ! c'est trop de sang versé ! Allons, reprends ta plume, écris et demande qu'on soit clément ; je te soutiendrai ! »

Déjà, Danton, à Sèvres, à la fin d'un repas, comme Souberbielle s'écriait : « Ah ! si j'étais Danton ! — Danton dort, il se réveillera ! » avait-il répondu.

Le réveil de Danton devait être un cri de clémence.

Danton voulut, demandant un congé, aller se reposer à Arcis. La lassitude était venue, une lassitude amère. Les reins du colosse pliaient.

Lui aussi, Camille Desmoulins était las. Avant même la mort des Girondins, avant la scène racontée par Vilate, il avait ressenti le remords et l'accablement. Dès le 10 août 1793, il semble envier, dans la lettre qu'il écrit à son père, la mort de son frère tombé en combattant pour la patrie. La vie, si heureuse jusqu'ici, cette vie charmante entre Fréron, Brune, madame Duplessis, Lucile, lui apparaît sombre et pleine de pressentiments funestes. Trop longtemps il a été fou, heureux, éperdument heureux. Il a vu Fréron-*Lapin* jouer avec des lapins du jardin, *Patagon* (c'était le surnom de Brune dans ce groupe jeune et souriant) errer sous les arbres de Bourg-la-Reine avec *Saturne* (Duplain, de la Commune). Le *lapereau* (le petit Horace), la belle-maman *Melpomène*, les folies dans les jardins, alors que Lucile, l'*être indéfinissable*, jetait des *potées d'eau* à Fréron qui riait, tout cela est loin! Pauvres éclats de rire d'autrefois! Camille ne les entendra plus. Il a peur maintenant de perdre son fils, « cet enfant si aimable et que nous aimons tant. » — « La vie, dit-il, est si mêlée de maux et de biens en proportions, et depuis quelques années le mal se déborde tellement autour de moi sans m'atteindre, *qu'il me semble toujours que mon tour va arriver d'être submergé.* » Où est la plaisanterie maintenant? Où sont les sarcasmes? Camille est père, Camille est époux, Camille est ami. L'enfant terrible est châtié pour la vie, et lui qui attaquait hier, il défend aujourd'hui, il prend la défense du général Dillon, détenu aux Madelonnettes.

« *Tout le monde a eu son Dillon*, » devait-il dire plus tard au tribunal, lorsqu'on lui reprocha sa liaison avec ce royaliste convaincu ou déguisé, ancien cavalier servant de Marie-Antoinette, et qu'on a pu accuser d'avoir dénoncé aux Prussiens les mouvements du brave et malheureux Custine en 92. Un ami de M. de Pastoret contait, qu'étant aide de camp de Dillon, il vit le général aller, chaque nuit, du camp français au camp prussien: Mais Camille était léger et défendait qui lui plaisait, si bien qu'il put faire dire que ce séduisant Dillon, jadis remarqué par la reine, pouvait bien avoir fait une impression plus profonde encore sur Lucile Desmoulins. Qui dit cela? Desmoulins lui-même, sur un ton de persiflage assez étonnant :

« Mais connaissez-vous bien Dillon? lui demande un interlocuteur. — Il faut que je le connaisse pour m'être fait de si rudes affaires à son corps défendant. — Votre femme le connaît mieux que vous. — Bon ! que voulez-vous dire ? — Je crains de vous affliger. — N'ayez peur. — Votre femme voit-elle souvent Dillon ? — Je ne crois pas qu'elle l'ait vu quatre fois en sa vie. — Un mari ne sait jamais cela ; et, comme je ne paraissais pas ému : puisque vous prenez la chose en philosophe, sachez que Dillon vous trahit aussi bien que la République. Vous n'êtes pas un joli garçon. — Tant s'en faut. — Votre femme est charmante, Dillon est encore vert, le temps que vous passez à la Convention est bien favorable, et les femmes sont si volages ! — Du moins quelques-unes. — J'en suis fâché pour vous, car je vous aimais pour vos *Révolutions* qui faisaient les délices de ma femme à la campagne. — Mais, mon cher collègue, d'où êtes-vous si bien instruit ? — C'est le bruit public, et cinq cents personnes me l'ont dit ce matin. — Ah ! vous me rassurez ; déjà, comme les filles de Prœtus,

In lævi quærebam cornua fronte.

On me croit donc du royaume de Buzot, ce qui est bien pis que d'en être, au témoignage de La Fontaine. Mais que votre amitié se rassure : je vois bien que vous ne connaissez pas ma femme, et si Dillon trahit la République comme il me trahit, je réponds de son innocence. »

Camille a beau être un enfant terrible, quelque crédit qu'on puisse faire à sa verve, il faut ici pousser le *holà* ! Il va trop loin. On ne parle pas au public de certaines choses, et cet amateur de l'antiquité eût dû se souvenir que le gynécée était sacré. L'amour profond de Lucile pour lui était un plus sûr garant de sa vertu que cette plaisanterie presque sacrilège. Mais quoi ! sous cette raillerie, il y a une pitié ; Camille défend un accusé, et voilà pourquoi on peut lui pardonner[1].

Il semble, en effet, que Camille soit mû désormais par les sentiments les plus touchants et les plus humains. Il veut lutter. Il veut réagir contre la Terreur, contre les fureurs. Mais tout l'accable dans les sociétés populaires. Les vulgaires orateurs des clubs, dotés de cette *aristocratie du poumon* qu'il raillera chez Legendre, lui ôtent la parole ou l'étouffent. « On a dit qu'en tout pays absolu, c'était un grand moyen pour réussir que d'être médiocre. Je vois que cela peut être vrai des pays républicains. » Le succès, d'ailleurs, le succès même qu'il aimait tant, lui importe peu. « Que m'importerait de réussir ? Mais je ne puis soutenir la vue des injustices, de l'ingratitude, des maux qui s'amoncellent. » Sans cesse il songe que ces hommes qu'on tue — à la guerre ou ailleurs — *ont des enfants, ont aussi leurs pères*. Et, après avoir maudit la guerre, l'envie lui prend de s'aller faire tuer en Vendée ou aux frontières, « pour se délivrer du spectacle de tant de maux ».

« Adieu, dit-il à son père, je vous embrasse ; ménagez

1 Dillon lui adressa alors cette lettre :

« Madelonnettes, 26 juillet 93, 7 heures du soir.

« Ma monstrueuse affaire devenue si simple, grâce à votre amabilité, à votre courage et surtout à votre loyauté, ne tient plus qu'à un fil qui s'allonge furieusement par la paresse de votre cousin Fouquet de Tinville. Depuis trois jours, le président du tribunal le presse de faire un rapport ; le terme fatal à lui accordé est demain samedi. Voyez-le, je vous prie ; engagez-le à finir comme il l'a promis. Il connaît mon innocence ; ma requête est digne de vous, mon aimable et honnête défenseur ; il ne faut plus qu'un mot de votre cousin. Voyez-le demain de grand matin ; qu'il le dise et qu'il rende à la république un homme qui sans fiel n'aspire qu'à la sauver des mains des tyrans qui s'avancent à grands pas. »

votre santé, pour que je puisse vous serrer contre ma poitrine si je dois survivre à cette Révolution [1]. »

S'il ne lui restait point la liberté de la presse, Camille serait tout à fait accablé et sans espoir. Mais, Dieu merci, se dit-il, il peut lutter contre l'ambition, la cupidité et l'intrigue. « L'état des choses, tel qu'il est, est incomparablement » mieux qu'il y a quatre ans, parce qu'il y a l'espoir de « l'améliorer. » Et il est tenté alors de répéter le cri qui servait d'épigraphe à la *Lettre au général Dillon* :

— *A moi mon écritoire !*

II

Son *écritoire,* Camille allait la ressaisir bientôt et y tremper une plume aussi vaillante à la clémence qu'elle l'avait été à l'attaque. Le *Vieux Cordelier* allait naître, le *Vieux Cordelier,* indestructible monument de pitié, de généreuse ardeur, de courage et d'humanité.

La mort des Girondins avait laissé dans l'âme de Danton une tristesse profonde, une débordante amertume. « Je ne pourrai les sauver, » avait-il dit à Garat avec une consternation qui rendait malade, qui courbait son corps d'athlète, « et de grosses larmes, ajoute Garat, tombaient le long de ce visage dont les formes auraient pu servir à représenter celui d'un Tartare. » Cet homme, qui avait essayé de rallier les Girondins, qui s'écriait en parlant d'eux : « Ils refusent de me croire ! qui leur avait offert — je le répète à sa gloire — de se rendre à Bordeaux, comme otage de la paix définitive

[1] Voy. *Œuvres de Camille Desmoulins* (édition Charpentier, 2 vol. 1874, t. II, p. 373).

qu'il leur offrait, ce tribun tout-puissant n'avait pu sauver même Ducos, même Vergniaud, à qui Saint-Just lui reprochera bientôt d'avoir *tendu la main*. De guerre lasse, accablé, navré, *saoul des hommes* (ces mots énergiques déjà cités sont de lui), il était parti de Paris vers le milieu d'octobre 1793 [1], et il était allé, jusqu'à la fin de novembre (vers le 15 ou le 20), à Arcis-sur-Aube, où il eût voulu demeurer et *cultiver son jardin,* comme Candide. Là, du moins, dans son coin de terre natale, sous le toit maternel, il respirait, il oubliait. Il voulait être loin de Paris, durant cette tuerie du 31 octobre, où le sang le plus pur de la Gironde allait couler. Il se retrouvait auprès de sa mère, auprès de la vieille Marguerite Hariot, sa nourrice, et sa rude écorce se fondait; il retrouvait des effusions, des tendresses, des soupirs oubliés. Il lui semblait, en arrivant de Paris, dans la petite cité champenoise, passer de l'atmosphère d'une forge dans l'air calmant d'une oasis. On raconte, dans le pays, que tandis qu'il causait, le soir, au coin du feu, répétant à sa mère qu'il reviendrait bientôt à Arcis pour ne plus le quitter, les bonnes gens de la cité venaient avec curiosité (et quelques-uns avec effroi), coller leurs visages aux vitres des fenêtres de madame Danton pour apercevoir, s'il se pouvait, la face énergique du Titan de la Révolution. Et quand ils l'avaient vu apaisé, songeur, mélancolique ou, parfois, riant, confiant, ils se retiraient étonnés et conquis.

Cette halte de Danton, cette retraite, comparable à la courte échappée que fit Robespierre vers Ermenonville à la veille de Thermidor, cette abdication passagère fut fatale à

[1] Séance de 12 octobre : « Le président informe la Convention nationale que le citoyen Danton, député, demande un congé pour se rendre à Arcis et accélérer le rétablissement de sa santé. La Convention accorde le congé. »

Danton. Lorsqu'il revint, son impuissance à enrayer un mouvement funeste à la Révolution, — impuissance déjà visible avant son départ, puisque tous ses efforts pour sauver la Gironde furent vains, puisque le 25 septembre, une attaque contre le Comité de salut public s'était terminée par une victoire de Billaud-Varennes et de Robespierre, cette impuissance était absolue. Pendant les semaines que Danton avait passées à Arcis, le gouvernement avait été proclamé *révolutionnaire* jusqu'à la paix. (Rapport de Saint-Just, 10 octobre[1].) Amar avait obtenu, presque par intimidation, la mort des Girondins, et le Comité était plus redoutable encore qu'auparavant. Ce Comité, proposé jadis par Isnard, qui devait en être la victime, Danton eût pu le diriger peut-être ; mais il avait — par faiblesse ou plutôt par manque absolu d'ambition — refusé d'en faire partie. Il n'y comptait, à la fin de 1793 (Thuriot ayant donné sa démission), qu'un seul ami, Hérault de Séchelles, dont le Comité devait se débarrasser bientôt.

A la vérité, Billaud-Varennes et Saint-Just régnaient, Robespierre était populaire et puissant aux Jacobins, à la Convention et au Comité. La terreur était mise à l'ordre du jour, cette terreur dont un écrivain révolutionnaire, M. Louis Blanc, a pu dire franchement qu'elle *a éreinté* la Révolution. Saint-Just avait beau lui donner le nom de *Justice*, Billaud-Varennes, le patriote *rectiligne*, comme disait Camille, l'ap-

[1] Saint-Just disait : « Les lois sont révolutionnaires ; ceux qui les exécutent ne le sont pas. La République ne sera fondée que quand la volonté du souverain comprimera la minorité monarchique et *régnera sur elle par droit de conquête*. Il n'y a point de prospérité à espérer tant que le dernier ennemi de la liberté respirera. *Vous avez à punir non seulement les traîtres, mais les indifférents mêmes ; vous avez à punir quiconque est passif dans la République et ne fait rien pour elle.* »

pelait nettement la *Terreur* et voulait qu'on la pratiquât sous ce nom. « Que de traîtres, disait Saint-Just, ont échappé à la Terreur qui parle, et n'échapperaient pas à la Justice qui pèse les crimes dans sa main ! » Billaud-Varennes, plus intraitable, n'entend pas qu'on distingue, il veut qu'on terrorise. C'est lui qui, en dépit des efforts d'ailleurs assez peu énergiques de Robespierre, précipitera, — de concert avec Saint-Just, — Danton, Camille et leurs amis.

Camille Desmoulins avait eu, au surplus, lors de la publication de la *Lettre au général Dillon*, l'imprudence de se rendre définitivement hostiles ces deux hommes tout-puissants, Saint-Just et Billaud-Varennes. Il avait tout à la fois, accusé, dans ce même écrit, Billaud de lâcheté et Saint-Just de fatuité.

Aussi pourquoi, écrivait-il à Dillon, pourquoi avez-vous dit en présence de maints députés que lorsque Billaud était Commissaire du pouvoir exécutif au mois de septembre dans votre armée, il avait eu un jour une telle peur qu'il vous avait requis de tourner le dos et qu'il vous avait toujours regardé depuis de travers et comme un traître pour lui avoir fait voir l'ennemi ? Jugez si ce bilieux patriote vous pardonne d'avoir dit cette plaisanterie qu'il ne me pardonnera pas d'avoir répétée [1].

Et plus loin, en note, à propos de Saint-Just :

Après Legendre, le membre de la Convention qui a la plus grande idée de lui-même, c'est Saint-Just. On voit dans sa démarche et dans son maintien qu'il regarde sa tête comme la pierre angulaire de la République, et qu'il la porte sur ses épaules avec respect et comme un Saint-Sacrement. Mais ce qui est assommant

[1] Page 43.

dans la vanité de celui-ci, c'est qu'il avait publié, il y a quelques années, un poème épique en vingt-quatre chants intitulé *Argant* (c'est *Organt* ; Camille est bien capable de mal imprimer le nom par malice). Or, Rivarol et Champcenetz, au microscope de qui il n'y a pas un seul vers, pas un hémistiche en France qui ait échappé, et qui n'ait fait coucher son auteur sur l'*Almanach des grands hommes,* avaient eu beau aller à la découverte, eux qui avaient trouvé sous les herbes jusqu'au plus petit ciron en littérature, n'avaient point vu le poème épique en vingt-quatre chants de Saint-Just. Après une telle mésaventure, comment peut-on se montrer[1] ?

Il est certain que ces personnalités devaient coûter cher à Camille. Ni Billaud, ni Saint-Just n'étaient d'un tempérament à les pardonner. Mais on voit par là que Desmoulins, avant même d'écrire le *Vieux Cordelier,* était décidé à engager la lutte avec le Comité. Encore une fois, c'était de Danton que partait le signal de clémence : Robespierre aussi avait conseillé à Camille de demander qu'on s'arrêtât dans ce courant sinis-

[1] On trouve l'annonce suivante dans les *Révolutions de France et de Brabant :* « *Organt,* poème en vingt chants, avec cette épigraphe : *Vous, jeune homme, au bon sens avez-vous dit adieu ?* Et cette préface : J'ai vingt ans, j'ai mal fait, je pourrai faire mieux. » (N° 6, p. 283.) Voyez aussi dans le *Portefeuille de Camille,* publié par M. Matton, la lettre de Saint-Just à Desmoulins, où le futur accusateur de Camille, son compatriote, lui écrit : « *Votre pays s'enorgueillit de vous !* » Saint-Just se peint dans cette lettre s'amusant, chez le comte de Lauraguais, à couper la tête à des fougères. A propos d'*Organt,* la *Correspondance littéraire* de Grimm faisait ainsi mention de ce poème, à la date du mois de juin 1789 (t. V de la troisième partie, p. 178, édition de 1813) : « *Organt* (attribué d'abord à M. de la Dixmerie, l'ami du fameux chevalier d'Arc, l'auteur de *Lutin,* de la *Sibylle gauloise,* de *Toni et Clairette*) paraît l'ouvrage d'un jeune homme qui a trop lu la *Pucelle* et qui ne l'a pas lue assez ; beaucoup trop, car on y trouve à chaque instant des réminiscences ou des imitations maladroites de quelques morceaux de l'Arioste français ; pas assez parce qu'il n'en saisit que rarement l'esprit, la grâce et le génie. »

tre de la Terreur ; mais il devait abandonner son ami en chemin. Danton le suivit, du moins, jusqu'à la mort. Entre ces deux hommes, avons-nous dit, l'idée du *Comité de clémence* était déjà née ; c'était à Camille qu'allait appartenir l'honneur de lui donner un corps.

Le moment semblait bien choisi, non pas sans doute au point de vue de la prudence personnelle, mais à celui de l'utilité publique et du salut national, au point de vue républicain surtout, car il était important que la République devînt enfin ce qu'elle doit être, généreuse, libérale et fraternelle. La Convention, devenue sous la main du Comité, et selon le mot d'Isnard (approuvé par Sieyès à la séance du 4 germinal an III), une *machine à Décrets*, retrouvait pourtant un peu d'âme et d'élan lorsque des accents pareils à ceux de Bazire se faisaient entendre : « Quand donc, s'écriait cet homme qui, si longtemps avait essayé, nous l'avons vu, de sauver les Girondins en cachant leur dossier sous les papiers du Comité, quand donc cessera cette boucherie des députés ? » Il était temps que le cri étouffé de la pitié empruntât une voix éloquente[1].

Cette voix fut celle de Camille. Le *Vieux Cordelier* parut le 15 frimaire, an II (5 décembre 1793), deux jours après

[1] On a très justement fait remarquer que la lutte entre le Comité de salut public et Danton avait son contre-coup en Angleterre. Les débats du Parlement anglais à cette époque en font foi. La destinée politique de Danton est intimement liée à celle de Fox. Déjà, lord Wycombe, Sheridan avaient parlé de *paix*. « J'ai toujours été, disait Fox, pour qu'on traite avec les Jacobins de France. » Fox eût poussé à la paix, Pitt continua énergiquement la guerre. La chute de Fox ôta bien de la puissance à Danton. Ce sont là des points de vue que l'on peut seulement indiquer en note dans une histoire comme celle-ci, mais qu'on devrait développer dans une histoire générale sous peine de ne rien comprendre au tableau synoptique de l'histoire de France à cette époque.

une séance du club des Jacobins où Danton ayant demandé qu'on se défiât « de ceux qui veulent porter le peuple au delà des bornes de la Révolution, et qui proposent des mesures *ultra-révolutionnaires* », il avait été accueilli par des murmures, si bien que Robespierre avait dû le défendre, ce qui prouvait bien que la popularité de Danton, son influence sur le club, étaient irrémédiablement perdues. Qu'importe ! Il fallait lutter. L'influence de Robespierre suffisait, d'ailleurs, au besoin, pour mener à bonne fin l'entreprise. « La victoire nous est restée, écrit Camille dès le n° I de son *Vieux Cordelier*, parce que, au milieu de tant de ruines de réputations colossales de civisme, celle de Robespierre est debout ; parce qu'il a donné la main à son émule de patriotisme, notre président perpétuel des anciens Cordeliers, notre Horatius Coclès, qui seul avait soutenu sur le pont tout l'effort de La Fayette et de ses quatre mille Parisiens... » Et s'adressant à Robespierre : « Dans tous les autres dangers dont tu as délivré la République, tu avais des compagnons de gloire ; hier, tu l'as sauvée seul ! »

Ainsi, au début, l'alliance est évidente. Robespierre, comme Danton, veut qu'on en finisse avec la Terreur. Camille écrit et ils dictent. Mais dès le premier numéro de sa feuille nouvelle, Desmoulins parut compromettant à Maximilien. Billaud-Varennes, Saint-Just avaient froncé les sourcils ; Robespierre exigea de Camille qu'il lui soumît dorénavant les épreuves de ses numéros. Dans le n° II du *Vieux Cordelier*, on aperçoit encore clairement l'influence de Robespierre, alors tout occupé et tout préoccupé de se débarrasser de Chaumette et d'Anacharsis Clootz, coupables, à ses yeux, d'incarner trop vivement la philosophie même du dix-huitième siècle. Hélas ! Camille manie une dernière fois l'instrument de mort. Il y a encore du virus rabique dans son encre, et le malheureux Anacharsis, le rêveur panthéiste Clootz [1], — celui qui appelait jadis Desmoulins « *illustre patriote, intrépide Desmoulins* » (lettre de Clootz, 28 août 1790), celui que Camille à son tour appelait : *Notre ami Clootz* ; Clootz, « *baron en Prusse, citoyen à Paris* », et dont il disait : « C'est une chose si rare qu'un *Anacharsis* prussien ! » — Anacharsis, le citoyen du monde, et Anaxagoras, le philosophe humanitaire, en ressentent les effets.

Chaumette, qui pour Camille avait le grand tort de s'appeler Anaxagoras, et qui fut de ceux qui obtinrent l'abolition du fouet et des peines corporelles dans les maisons d'éducation, la suppression des loteries, la fermeture des maisons de jeu, ouvrirent au public, tous les jours, les bibliothèques qui ne l'étaient, sous la royauté, que deux heures par semaine, Chaumette, qui écrivait à son ami Thomas, lequel se faisait prêtre : « Mon ami, autant ce métier-là qu'un autre : l'essentiel est d'être honnête homme », Chaumette était loin d'être dangereux. Tandis que bien des collègues d'Anaxagoras à la Commune se faisaient une renommée sinistre, il s'occupait, lui, d'organiser la bienfaisance, il obtenait que les malades entassés dans les hôpitaux, quelquefois cinq ou six sur le même lit, eussent dorénavant chacun un lit séparé, que des livres fussent envoyés à ces hôpitaux, qu'une maison spéciale fût affectée aux femmes en couches, qu'on adoucît le traitement atroce des fous, qu'on donnât aux aveugles non logés aux Quinze-Vingts, quinze sous par jour, qu'on cherchât le moyen d'assurer un

[1] Voici un autographe de deux lignes qui peint ce personnage mystique :

« Fort de ma vertu, une main sur les mamelles de la nature, je repousserai de l'autre tous les sophismes de la friponnerie. — Anacharsis Clootz. »

asile aux indigents et aux vieillards. N'est-ce pas cette victime de Camille qui aida à fonder le Conservatoire de musique, fit suspendre au Louvre les stupides restaurations de tableaux que certains surintendants, depuis, n'ont pas craint de faire reprendre ? Il mit à la mode les sabots, pour laisser le cuir aux souliers des défenseurs de la patrie, aux soldats qui, dans la neige et la boue, marchaient pieds nus. Il demanda enfin l'égalité de sépulture, et voulait (c'était un rêve, mais un beau rêve !) que tous les citoyens eussent pour linceul, dans leur bière, un drapeau tricolore. Camille ne l'en raillait pas moins cruellement. Il contribua à l'immoler. Tournons la page ; nous avons hâte d'arriver à l'heure sublime de la vie de Camille. Il publie enfin son troisième numéro. C'est Tacite qu'il prend pour collaborateur ; il saisit de sa main légère de satirique picard et parisien le fer rouge du Romain, et il en marque au front ceux qui réclament à grands cris une éternelle Terreur :

Il y avait anciennement à Rome, dit Tacite, une loi qui spécifiait les crimes d'État et de lèse-majesté, et portait peine capitale. Ces crimes de lèse-majesté, sous la République, se réduisaient à quatre sortes : si une armée avait été abandonnée dans un pays ennemi ; si l'on avait excité des séditions ; si les membres des corps constitués avaient mal administré les affaires et les deniers publics ; si la majesté du peuple romain avait été avilie. Les empereurs n'eurent besoin que de quelques articles additionnels à cette loi pour envelopper et les citoyens et les cités entières dans la proscription. Auguste fut le premier extendeur de cette loi de lèse-majesté, dans laquelle il comprit les écrits qu'on appelait contre-révolutionnaires. Sous ses successeurs, les extensions n'eurent bientôt plus de bornes dès que des propos furent devenus des crimes d'État ; de là, il n'y eut qu'un pas pour changer en crimes les simples regards, la tristesse, la compassion, les soupirs, le silence même.

Bientôt ce fut un crime de lèse-majesté ou de contre-révolution à la ville de Nursia, d'avoir élevé un monument à ses habitants morts au siège de Modène, en combattant cependant sous Auguste lui-même, mais parce qu'alors Auguste combattait avec Brutus ; et Nursia eut le sort de Pérouse.

Crime de contre-révolution à Dibon Drusus, d'avoir demandé aux diseurs de bonne aventure s'il ne posséderait pas un jour de grandes richesses. Crime de contre-révolution au journaliste Cremutius Cordus, d'avoir appelé Brutus et Cassius les derniers des Romains. Crime de contre-révolution à un des descendants de Cassius, d'avoir chez lui un portrait de son bisaïeul. Crime de contre-révolution à Mamercus Scaurus, d'avoir fait une tragédie où il y avait tels vers à qui l'on pouvait donner deux sens. Crime de contre-révolution à Torquatus Silanus, de faire de la dépense. Crime de contre-révolution à Petreius, d'avoir eu un songe sur Claude. Crime de contre-révolution à Appius Silanus, de ce que la femme de Claude avait eu un songe sur lui. Crime de contre-révolution à Pomponius, parce qu'un ami de Séjan était venu chercher un asile dans une de ses maisons de campagne. Crime de contre-révolution d'être allé à la garde-robe sans avoir vidé ses poches, et en conservant dans son gilet un jeton à la face royale, ce qui était un manque de respect à la figure sacrée des tyrans. Crime de contre-révolution de se plaindre des malheurs du temps, car c'était faire le procès du gouvernement. Crime de contre-révolution de ne pas invoquer le génie divin de Caligula. Pour y avoir manqué, grand nombre de citoyens furent déchirés de coups, condamnés aux mines ou aux bêtes, quelques-uns même sciés par le milieu du corps. Crime de contre-révolution à la mère du consul Furius Geminus, d'avoir pleuré la mort de son fils.

Il fallait montrer de la joie de la mort de son ami, de son parent, si l'on ne voulait s'exposer à périr soi-même. Sous Néron, plusieurs dont il allait faire mourir les proches allaient en rendre grâce aux dieux ; ils illuminaient. Du moins il fallait avoir un air ouvert et calme. On avait peur que la peur même ne rendît coupable.

Tout donnait de l'ombrage au tyran. Un citoyen avait-il de la popularité, c'était un rival du prince, qui pouvait susciter une guerre civile. *Studia civium in se verteret et si multi idem audeant bellum esse*. Suspect.

Fuyait-on au contraire la popularité, et se tenait-on au coin de son feu ; cette vie retirée vous avait fait remarquer, vous avait fait donner de la considération. *Quanto metu occultior, tanto famæ adeptus*. Suspect.

Étiez-vous riche ; il y avait un péril imminent que le peuple ne fût corrompu par vos largesses. *Auri vim atque opes Plauti principi infensas*. Suspect.

Étiez-vous pauvre ; comment donc ! invincible empereur, il faut surveiller de plus près cet homme. Il n'y a personne d'entreprenant comme celui qui n'a rien. *Sylla inopem, indè præcipuam audaciam*. Suspect.

Étiez-vous d'un caractère sombre, mélancolique, ou mis en négligé ; ce qui vous affligeait, c'est que les affaires publiques allaient bien. *Hominem bonis publicis mæstum*. Suspect.

Si, au contraire, un citoyen se donnait du bon temps et des indigestions, il ne se divertissait que parce que l'empereur avait eu cette attaque de goutte qui heureusement ne serait rien ; il fallait lui faire sentir que Sa Majesté était encore dans la vigueur de l'âge. *Reddendam pro intempestivâ licentiâ mæstam et funebrem noctem quâ sentiat vivere Vitellium et imperare*. Suspect.

Était-il vertueux et austère dans ses mœurs ; bon ! nouveau Brutus, qui prétendait, par sa pâleur et sa perruque de Jacobin, faire la censure d'une cour aimable et bien frisée. *Gliscere æmulos Brutorum vultûs rigidi et tristis quo tibi lasciviam exprobent*. Suspect.

Était-ce un philosophe, un orateur ou un poète ; il lui convenait bien d'avoir plus de renommée que ceux qui gourvernaient !

Pouvait-on souffrir qu'on fît plus d'attention à l'auteur, aux quatrièmes, qu'à l'empereur dans sa loge grillée ? *Virginium et Rufum claritudo nominis*. Suspect.

Enfin s'était-on acquis de la réputation à la guerre ; on n'en était que plus dangereux par son talent. Il y a de la ressource avec un général inepte. S'il est traître, il ne peut pas si bien livrer une armée à l'ennemi qu'il n'en revienne quelqu'un. Mais un officier du mérite de Corbulon ou d'Agricola, s'il trahissait, il ne s'en sauverait pas un seul. Le mieux était de s'en défaire. Au moins, seigneur, ne pouvez-vous vous dispenser de l'éloigner promptement de l'armée. *Multa militari famâ metum fecerat*. Suspect.

On peut croire que c'était bien pis si on était petit-fils ou allié d'Auguste ; on pouvait avoir un jour des prétentions au trône. *Nobilem et quod tunc spectaretur è Cæsarum posteris* ! Suspect.

Et tous ces suspects, sous les empereurs, n'en étaient pas quittes, comme chez nous, pour aller aux Madelonnettes, aux Irlandais, ou à Sainte-Pélagie. Le prince leur envoyait l'ordre de faire venir leur médecin ou leur apothicaire, et de choisir, dans les vingt-quatre heures, le genre de mort qui leur plairait le plus. *Missus centurio qui maturaret eum*.

C'est ainsi qu'il n'était pas possible d'avoir aucune qualité, à moins qu'on n'en eût fait un instrument de la tyrannie, sans éveiller la jalousie du despote et sans s'exposer à une perte certaine. C'était un crime d'avoir une grande place, ou d'en donner sa démission ; mais le plus grand de tous les crimes était d'être incorruptible. Néron avait tellement détruit ce qu'il y avait de gens de bien, qu'après s'être défait de Thrasea et de Soranus, il se vantait d'avoir aboli jusqu'au nom de vertu sur la terre. Quand le Sénat les avait condamnés, l'empereur lui écrivait une lettre de remerciements de ce qu'il avait fait périr *un ennemi de la République* ; de même qu'on avait vu le tribun Clodius élever un *autel à la Liberté* sur l'emplacement de la maison rasée de Cicéron, et le peuple crier : *Vive la liberté !*

L'un était frappé à cause de son nom et de celui de ses ancêtres ; un autre, à cause de sa belle maison d'Albe ; Valérius Asiaticus, à cause que ses jardins avaient plu à l'impératrice ; Statilius, à cause que son visage lui avait déplu ; et une multitude sans qu'on en pût deviner la cause. Toranius, le tuteur, le vieil ami d'Auguste, était proscrit par son pupille sans qu'on sût pourquoi, sinon qu'il était homme de probité et qu'il aimait sa patrie. Ni la préture, ni son innocence ne purent garantir Quintus Gellius des mains sanglantes de l'exécuteur ; cet Auguste dont on a vanté la clémence, lui arrachait les yeux de ses propres mains. On était trahi et poignardé par ses esclaves, ses ennemis ; et si l'on n'avait point d'ennemi, on trouvait pour assassin un hôte, un ami, un fils. En un mot, sous ces règnes, la mort naturelle d'un homme célèbre, ou seulement en place, était si rare que cela était mis dans les gazettes comme un événement, et transmis par l'historien à la mémoire des siècles. Sous ce consulat, dit notre annaliste, il y eut un pontife, Pison, qui mourut dans son lit ; ce qui parut tenir du prodige.

Est-ce tout ? Non. Une sorte de colère aveugle et généreuse s'est emparée de Camille. Il est lancé. Nerveux et impressionnable, il s'excite lui-même à cette œuvre de réaction humanitaire qui, quoi qu'en disent Tissot, Louis Blanc, ne nuisait pas à la République. « Les contre-révolutionnaires battaient des mains, » dit Louis Blanc. Soit. Mais, à cette heure, les ultra-révolutionnaires étaient plus dangereux peut-être pour la République que ses ennemis les plus acharnés. Ils faisaient plus que la combattre, ils la compromettaient. Ils étaient, on l'a fort bien dit, à la Révolution ce que les Jacques étaient à Étienne Marcel, les Anabaptistes aux Réformés, les Iconoclastes aux fiers Huguenots des Flandres. Ils effrayaient, ces « enragés », ils poussaient à la folie de l'épuration et de la mort.

Ce nom d'*enragés* avait désigné d'abord les membres du côté gauche à la Constituante, les adversaires des *noirs*; il datait en réalité du Manège. Les royalistes le donnaient alors aux hommes du mouvement. Plus tard, ce mot désigna les *exaltés*. Marat l'applique à Jacques Roux, Leclerc et Varlet. Jusqu'au commencement de 1793, les *enragés* se confondent avec ceux qu'on appela plus tard *hébertistes*. Tous sont des *ultra-révolutionnaires*; mais les nuances de ce parti *ultra*, que Desmoulins opposera spirituellement aux *citra*, ne sont pas nettement tranchées. Au 10 mars 1793, au 31 mai, les *enragés*, agissant encore de concert avec d'autres plutôt que pour leur propre compte, occupent la scène et jouent un rôle. Au 31 mai, ils sont à l'avant-garde. Plus tard, ils voudront être le gros de l'armée — que dis-je ! — l'état-major de la nation. Ils commencent, après la victoire, à se produire sous leur véritable aspect, à montrer manifestement et distinctement leurs doctrines; ils apparaissent comme socialistes; ils sont Cordeliers, non Jacobins. Ils attaquent la Constitution, et tous les partis alors fondent sur eux, les poursuivant avec acharnement jusqu'à ce qu'ils soient écrasés. Ils donnent la main aux socialistes de Lyon; Leclerc est le trait d'union entre Lyon et Paris, entre Chalier et Jacques Roux. Ils s'appuient, cherchant partout une force, sur « les femmes révolutionnaires » que poursuivent les Jacobins. Leurs hommes sont Varlet, J. Roux, Leclerc, un certain Dubois que Robespierre (fin de ventôse an II) désigne comme un affidé de Jacques Roux; parmi les femmes apparaît déjà la fameuse Rose Lacombe. Probablement ils connaissent Babeuf. Oui, dès 1792, il y avait eu de sourdes rumeurs de communisme. Danton, l'homme pratique, avait pressenti Babeuf, le dangereux rêveur, le séduisant et terrible sophiste.

Camille était résolu à les harceler. Son n° III avait paru le 15 décembre ; son n° IV était en vente le 20 décembre. On le vit dans toutes les mains. Camille se plaint qu'on l'ait vendu « *un prix exorbitant.* » C'est que la France, qui est généreuse, humaine, folle mais non cruelle, insensée mais non implacable, se reconnaissait, pour ainsi dire, corps et âme, dans ces pages éloquentes, inspirées, jaillies de cette source d'inspiration : le cœur, d'où naissent non seulement les grandes pensées, comme dit Vauvenargues, mais les grandes résolutions et les grandes actions.

Camille avait poussé fièrement, en homme épris de la liberté pure, le cri profond de clémence :

La liberté ! s'écrie Camille, n'a ni vieillesse, ni enfance ; elle n'a qu'un âge, celui de la force et de la vigueur. Cette liberté que j'adore n'est point inconnue. Nous combattons pour défendre des biens dont elle met sur-le-champ en possession ceux qu'elle invoque ; ces biens sont la déclaration des Droits, la *douceur* des maximes républicaines, la fraternité, la sainte égalité, l'inviolabilité des principes. Voilà les traces des pas de la déesse ; voilà à quels traits je distingue les peuples au milieu de qui elle habite.

Si par la liberté, dit-il encore, vous n'entendez pas comme moi les principes, mais seulement un morceau de pierre, il n'y eut jamais d'idolâtrie plus stupide et plus coûteuse que la nôtre. O mes chers concitoyens, serions-nous donc avilis à ce point de nous prosterner devant de telles divinités ! Non, la liberté, cette liberté descendue du ciel, ce n'est point une nymphe de l'Opéra, ce n'est point un bonnet rouge, une chemise sale ou des haillons. La liberté, c'est le bonheur, c'est la raison, c'est l'égalité, c'est la justice !...

... Voulez-vous que je la reconnaisse, voulez-vous que je tombe à ses pieds, que je verse tout mon sang pour elle ? Ouvrez les prisons à ces deux cent mille citoyens que vous appelez suspects ; car, dans la Déclaration des droits, il n'y a point de maisons de suspicion, il n'y a que des maisons d'arrêt. Le soupçon n'a point de prisons, mais l'accusateur public ; il n'y a point de gens suspects, il n'y a que des prévenus de délits fixés par la loi ; et ne croyez pas que cette mesure serait funeste à la République, ce serait la mesure la plus révolutionnaire que vous eussiez jamais prise. Vous voulez exterminer tous vos ennemis par la guillotine ! Mais y eut-il jamais plus grande folie ? Pouvez-vous en faire périr un seul à l'échafaud sans vous faire dix ennemis de sa famille ou de ses amis ? Croyez-vous que ce soient ces femmes, ces vieillards, ces cacochymes, ces égoïstes, ces traînards de la Révolution que vous enfermez, qui sont dangereux ? De vos ennemis, il n'est resté parmi vous que les lâches et les malades ; les braves et les forts ont émigré ; ils ont péri à Lyon ou dans la Vendée ; tout le reste ne mérite pas votre colère.

C'en est fait, Camille a jeté, comme dit Michelet, « le cri divin qui remuera les âmes éternellement. » La nation a tressailli comme la terre sous un effluve de printemps. Seuls, les aveugles, les inflexibles, les *rectilignes,* ou encore les hommes que Desmoulins appelle les *patriotes d'industrie,* les *profiteurs de révolutions,* se sentent courroucés par ces appels à la clémence. Et pourtant, supposez ce rayon de liberté tombant sur la France avec les premiers jours de 1794 ; supposez la Terreur terminée, la réconciliation venue, à cette heure où tant de têtes généreuses, intelligentes, courageuses n'étaient point tombées, que de maux évités, que d'épreuves nouvelles on n'infligeait pas à la patrie, que de réactions on évitait, plus dangereuses pour la République que celle de la pitié !

Les terroristes ne le comprirent pas. Robespierre, effaré des protestations que soulevait le *Vieux Cordelier,* rompit avec Camille. Le courroux de ses alliés, *the Jacobinical rage,* comme disaient les Anglais, l'eût atteint comme il allait frapper Desmoulins. Maximilien se contentera bientôt de défendre son ami d'une façon telle que Camille Desmoulins prendra cette défense pour une attaque et s'en irritera.

« *O mon cher Robespierre !* » s'écriait, comme jadis, Camille dans son n° IV. C'était avouer, c'était déclarer tout haut que Robespierre était, si je puis dire, derrière Desmoulins tandis que celui-ci écrivait ses articles. « Déjà, disait Camille, *tu viens de t'approcher beaucoup de cette idée* (que l'amour est plus fort, plus durable que la crainte) *dans la mesure que tu as fait décréter.* » Maximilien dut être désolé de voir « son vieux camarade de collège » le découvrir ainsi brusquement. A partir de ce moment, Robespierre laissa Camille risquer sa vie, et Desmoulins n'eut plus pour appui que Danton, qui, du moins, ne lui déconseilla point l'indulgence.

Camille avait cité avec éloge Philippeaux, le dénonciateur courageux de Ronsin en Vendée. Camille avait attaqué Hébert [1] dont les conseils pouvaient encore être suivis par la population parisienne, et qui effrayait encore le Comité de salut public [2]. Camille devait être attaqué pour tous ces

[1] « Que le peuple, disait peu de temps auparavant Hébert, se porte demain en masse à la Convention, qu'il l'entoure comme il a fait au 31 mai, qu'il n'abandonne pas ce poste jusqu'à ce que la représentation nationale ait adopté les moyens qui sont propres pour nous sauver. Que l'armée révolutionnaire parte à l'instant même où le décret aura été rendu ; *mais surtout que la guillotine suive chaque rayon, chaque colonne de cette armée* *. »

[2] On sera peut-être curieux de connaître, d'après l'*Almanach* de 1793, les fonctions officielles de ce Comité :

« Ce comité est établi par le décret du 2 octobre dernier, qui l'a composé de

* Séance de la Commune, 3 septembre 1793. — *Républicain français*, n° CCXCIV ; *Journal de la Montagne*, n° XCVI ; dans Buchez et Roux, XXIX, p. 23.

écrits au club des Jacobins. Le 1er nivôse, Nicolas, le *tape-dur,* juré et imprimeur du Tribunal révolutionnaire, celui qui escortait Robespierre avec ses estafiers armés de bâtons, osa dire à la tribune de ce club : « *Camille Desmoulins frise depuis longtemps la guillotine !* » Mot terrible. Camille essayera de le relever en plaisantant, mais c'est un glas qui sonnera

trente membres, nombre considérable, mais qui suffit à peine aux opérations multiples et au travail assidu que leurs fonctions exigent.

« Ces trente membres, tels qu'ils sont choisis, sont presque tous de l'Assemblée législative, réélus à la Convention nationale.

« On peut dire que ce comité n'a d'autres fonctions que de veiller à la sûreté générale de l'État ; et pour cet objet, sa correspondance peut embrasser tous les lieux et tous les citoyens de la République.

« Dans cette surveillance, qui n'excepte rien de tout ce qui est relatif à la sûreté générale, quatre objets peuvent être particulièrement distingués.

« Ce comité est chargé :

« 1° De surveiller à Paris les ennemis de la chose publique, et de les interroger lorsqu'ils sont arrêtés, pour découvrir les complots, leurs auteurs, leurs chefs et leurs agents ;

« 2° De rechercher et de poursuivre partout les fabricateurs de faux assignats ;

« 3° De faire arrêter ceux qui lui sont dénoncés comme agents des cours étrangères, et tous ceux qui troublent, de quelque manière que ce soit, l'ordre public ;

« 4° Et enfin, de surveiller également ceux qui se trouvent compris dans la *Liste civile,* c'est-à-dire dans la liste des hommes vendus au ci-devant Roi.

« Par un autre décret du même jour, 2 octobre dernier, la Convention nationale a attribué à ce comité une nouvelle fonction, en l'autorisant à se faire rendre compte des arrestations relatives à la révolution, qui ont eu lieu dans toute l'étendue de la République, depuis le 10 août, à prendre connaissance de leurs motifs, à se faire représenter la correspondance des personnes arrêtées, et généralement toutes les pièces tendantes ou à leur justification, ou à donner des preuves des délits dont elles sont accusées, pour en faire le rapport à la Convention nationale et pour être par elle pris telle détermination qu'elle jugera convenable.

« Ce rapport du Comité sur ce dernier objet doit être imprimé et envoyé aux quatre-vingt-quatre départements. »

l'avertissement sinistre à son oreille. Rendons-lui cette suprême justice : Desmoulins ne recula point dans l'accomplissement de sa tâche. Dénoncé, menacé par Hébert, traité de « polisson politique », de « coquin », de « renégat de la sans-culotterie », de « misérable intrigant » ; accusé par le *Père Duchesne* de tenir « le langage des muscadins que tu fréquentes et dont tu partages les sentiments autant que le langage », il persiste, il continue son œuvre : « Toi, l'ami des comtes et des marquis, lui dit Hébert ; toi, le commensal de ce d'Orléans dont tu ne parles pas, et pour cause, tu ne voudrais pas, aujourd'hui que tu mènes une vie de cibarite (*sic*), te souvenir de tes jours de détresse ; tu rougirais de te rappeler l'hôtel de la Frugalité, où nous nous sommes trouvés ensemble et à côté de braves maçons et de pauvres ouvriers qui valaient mieux que toi et moi. » Étrange reproche que celui du luxe sous la plume de cet Hébert qui portait des gants et vivait véritablement, comme il dit, en *muscadin* tout en écrivant ses numéros infâmes. Reproches sanglants d'ailleurs et mortels ; mais Camille ne faiblit pas. Cet homme qu'on a accusé d'avoir manqué de sang-froid devant la guillotine n'aura pas un moment d'hésitation pour continuer l'œuvre commencée. Accusé, Camille va répondre par une série de défenses personnelles qui sont plutôt des attaques successives contre ses ennemis. Et quelles attaques ! Ceux qu'il atteint ne s'en relèvent pas. Hébert porte au flanc pour l'éternité les traits acérés de cette plume étincelante ; la blessure saigne encore :

Ne sais-tu donc pas, Hébert, que quand les tyrans d'Europe veulent avilir la République, quand ils veulent faire croire à leurs esclaves que la France est couverte des ténèbres de la barbarie ; que Paris, cette ville si vantée par son atticisme et son goût, est peuplée de Vandales, ne sais-tu pas, malheureux, que ce sont des lambeaux de tes feuilles qu'ils insèrent dans leurs gazettes, comme si le peuple était aussi bête, aussi ignorant que tu voudrais le faire croire à M. Pitt; comme si on ne pouvait lui parler qu'un langage aussi grossier; comme si c'était là le langage de la Convention et du Comité de salut public; comme si tes saletés étaient celles de la nation; comme si un égout de Paris était la Seine [1] !

On le voit, Camille ne s'amende point. Hébert pourtant redouble de furie; il parle ainsi de Desmoulins : « Un bourriquet à longues oreilles (c'est l'*Anon des Moulins* des Apôtres), qui n'eut jamais ni bouche ni éperon, fait feu des quatre pieds depuis quelques jours. Après avoir plaidé la cause du muscadin Dillon et soutenu que sans la protection des talons rouges la République ne pouvait se sauver, il devient aujourd'hui le champion de tous les j... f.... qui sifflent la linotte. » Mais Camille ne s'effraye ni des attaques d'Hébert ni de la contenance de Robespierre. Il n'a garde de

[1] On n'a que fort peu cité la réponse d'Hébert raillant Camille, lui rappelant, avec une ironie qui, malheureusement, touchait juste, qu'il n'avait pas toujours été si tendre et si clément :

« Il est, braves sans-culottes, dit Hébert, un grand homme que vous avez oublié; il faut que vous soyez bien ingrats, car il prétend que sans lui, il n'y aurait jamais eu de révolution. Il s'appelait autrefois le Procureur général de la Lanterne, vous croyez que je vous parle de ce fameux coupe-tête, dont la barbe si célèbre faisait fuir les aristocrates; non, celui dont il s'agit se vante, au contraire, d'être le plus pacifique des humains. A l'en croire, il n'a pas plus de fiel qu'un pigeon; il est si sensible qu'il n'entend jamais parler de *guillotine* sans frissonner jusqu'aux os; c'est un grand docteur qui, à lui seul, a plus d'esprit que tous les patriotes ensemble, et plus de jugement que la Convention entière; c'est grand dommage qu'il ne puisse pas parler pour prouver à la Montagne et au Comité de salut public qu'ils n'ont pas le sens commun. Mais, s'il ne parle pas, maître Camille, en revanche il écrit, au grand contentement des modérés, des feuillants, des royalistes et des aristocrates. » (*J.-R. Hébert,* auteur du *Père Duchesne, à Camille Desmoulins et compagnie.*)

suivre le prudent conseil de Pollion ; *N'écris point contre qui peut proscrire !* Et quant à son Comité de clémence, en dépit des menaces de Nicolas et des *enragés,* en dépit de la censure de Barère, il en maintient le principe et il s'écrie, comme Galilée condamné par le Sacré-Collège : *Je sens pourtant qu'elle tourne !*

III

Le n° V du *Vieux Cordelier,* daté du 5 nivôse an II (25 décembre 1793), ne fut cependant mis en vente que le 16 nivôse (5 janvier 1794). Le VIe, daté, par erreur, du 10 nivôse (30 décembre), ne parut que vers le 15 pluviôse (février 1794). Ce numéro VI devait être le dernier qui parut du vivant de Desmoulins. Camille avait commencé là ce qu'il appelle son *Credo politique* ; mais lorsqu'il apporta son numéro VII à Desenne, son libraire, celui-ci, pris d'épouvante, refusa d'imprimer. Ces feuillets couverts de l'écriture serrée de Desmoulins lui faisaient peur. Le n° VII ne devait paraître qu'en prairial an III (juin 1795), au lendemain de l'émeute dont nous avons raconté l'émouvante histoire [1]. Mais Desenne, en 1795, n'en donna que des fragments, et M. Matton aîné, héritier des manuscrits de Camille, et qui publia les *Œuvres* de son parent, n'a pas tout donné en complétant, en 1834, ce n° VII. Dans un article du *Complément de l'Encyclopédie moderne* [2], un homme très versé dans l'histoire de la Révolution, feu Édouard Carteron, archiviste aux Archives nationales, a

[1] Voy. les *Derniers Montagnards.*

[2] Firmin Didot.

publié, au mot *Indulgent,* des pages tirées de ce n° VII, et qui peuvent être considérées encore comme inédites ou du moins comme très inconnues.

Elles sont tirées de la collection de M. le baron de Girardot, de Bourges. M. Carteron les avait transcrites sur le manuscrit même de Camille, « lequel consiste en plusieurs feuilles détachées qui jadis se faisaient suite. » D'autres fragments sont copiés de la main de Panis, dantoniste, ami de Camille, sur les originaux de Desmoulins.

Ces divers fragments montrent clairement l'état de l'âme de Camille au commencement de cette année 1794, dont le printemps devait marquer sa mort. Il était ulcéré : Miot de Mélito, dans ses *Mémoires,* nous le montre attristé et assailli de pressentiments funèbres : « Le peu de mots qu'il laissait échapper, dit Mélito, avaient toujours pour objet des recherches ou des observations sur les condamnations du Tribunal révolutionnaire, sur le genre de supplice infligé aux condamnés et sur la plus noble ou la plus décente façon de s'y préparer ou de le supporter[1]. » Il était las. Il se sentait perdu. Et ce n'était pas seulement lui (quel tourment !) qu'il perdait, c'étaient les siens. Déjà deux commissaires de la section Mucius Scevola, la section de Vincent, l'ami d'Hébert, avaient opéré chez M. Duplessis, le beau-père de Camille, une perquisition suivie de saisie, ce qui avait même provoqué à la Convention une interpellation de Danton, appuyé par Romme, réclamant contre la saisie d'objets d'art ; et ce n'était pas tout : quoiqu'il n'eût pas épousé une Autrichienne, comme Chabot, Camille aussi, comme l'ex-capucin, devait se défendre d'avoir *épousé une femme riche.*

[1] *Mémoires* du comte Miot de Mélito, seconde édition (1873), t. Ier, p. 44

« Je ne dirai qu'un mot de ma femme, répond-il à ce sujet à Hébert, et sur un ton pénétré et touchant qui ne lui est pas familier. J'avais toujours cru à l'immortalité de l'âme. Après tant de sacrifices d'intérêts personnels que j'avais faits à la liberté et au bonheur du peuple, je me disais, au fort de la persécution : « Il faut que les récompenses « attendent la vertu ailleurs. » Mais mon mariage est si heureux, mon bonheur domestique si grand, que j'ai craint d'avoir reçu ma récompense sur la terre, et j'avais perdu ma démonstration de l'immortalité. Maintenant tes persécutions, ton déchaînement contre moi et tes lâches calomnies me rendent toute mon espérance[1]. »

Hélas ! à l'heure où il parle de son « bonheur domestique si grand », Camille le sent bien atteint, ce bonheur ; il s'émiette entre ses mains, il disparaît, il s'enfuit ; le malheureux n'en a plus que l'ombre ! Le désespoir, l'inquiétude, la terreur sont entrés dans cette maison, que Sylvain Maréchal appelait autrefois — que ce temps est loin ! — le séjour de l'innocence. On a une lettre de Lucile, lettre navrée, désespérée, qu'elle envoie à Fréron, alors à Toulon, et qui donne bien le ton de ce moment tragique, et cette lettre, déjà citée, mais incomplètement, dans l'*Histoire des Tribunaux,* p. 283, et dans le livre de E. Lairtullier, les *Femmes célèbres de* 1789 à 1795, nous la publions ici, dans son intégralité et avec son orthographe même, telle que nous l'avons copiée sur l'original.

Fréron est loin ; absent depuis huit mois, il est devant Toulon qu'on assiège ; et lui qui écrit à Camille : « Tu sais que j'aime ta femme à la folie » ; lui qui voudra un jour

[1] Le *Vieux Cordelier*, n° 5. Voy. *Œuvres de Camille Desmoulins*, t. II, p. 213, édition Charpentier.

que ses deux enfants s'appellent l'un, Camille, l'autre Lucile (ces enfants de Fréron moururent tous deux avant l'âge, comme ceux dont ils portaient les noms, moururent avant de vieillir) ; il regrette le *lapin*, l'ami de *Bouli-Boula*, — c'est le surnom de Desmoulins, — et de *Rouleau*, — c'est celui de Lucile ; — il regrette « le thym et le serpolet dont les *jolies mains à petits trous* de madame Desmoulins le nourrissaient » ; il évoque le passé ; il se souvient des *idylles, des saules, des tombeaux et des éclats de rire* de cette Lucile qui lit à la fois Young et Grécourt ; il la revoit « trottant dans sa chambre, courant sur le parquet, s'asseyant une minute à son piano, des heures entières dans son fauteuil, rêvant, faisant voyager son imagination, puis *faisant le café à la chausse*, se démenant comme un lutin et montrant les dents comme un chat. » Quel joli portrait de Lucile, et comme on sent que Fréron a raison, plus raison qu'il ne croit peut-être en disant qu'il l'aime et que la mélancolie interrompue par le rire de Lucile l'a charmé ! « Adieu, folle, cent fois folle, Rouleau chéri », lui dira-t-il. Et il imite la jeune femme dans son langage après l'avoir peinte dans ses attitudes : « *Qu'est-ce que ça me fait? C'est clair comme le jour!* » Le « lapin embrasse toute la garenne, en attendant qu'il retourne s'ébaudir sur l'herbe du Bourg-Égalité ! » Puis songeant à Camille, au *Vieux Cordelier*, aux dénonciations dont il est l'objet, le futur réacteur des lendemains de Thermidor trouve — chose à noter ! — que le *loup-loup* (c'est encore Camille) doit tenir en bride son imagination relativement à ses comités de clémence. « Ce serait, dit Fréron, un triomphe pour les contre-révolutionnaires. Que sa philanthropie ne l'aveugle pas ; mais qu'il fasse une guerre à outrance à tous les patriotes d'industrie ».

Or, c'est à cela que répond Lucile, essayant de faire comprendre à l'ami éloigné tout le danger pressant, terrible, d'une situation qu'il ignore :

24 nivôse l'an deux de la République une et indivisible.

Revenez, Fréron, revenez bien vitte. Vous n'avez point de tems à perdre, ramenez avec vous tous les vieux Cordeliers que vous pourrez rencontrer, nous en avons le plus grand besoin. Plut au ciel qu'ils ne se fussent jamais séparés ! Vous ne pouvez avoir idée de tout ce qui se fait ici ! Vous ignorez tout, vous n'appercevez qu'une foible lueur dans le lointain qui ne vous donne qu'une idée bien légère de notre situation. Aussi je ne m'étonne pas que vous reprochiez à Camille son *comité de clémence*. Ce n'est pas de Toulon qu'il faut le juger. Vous êtes bien heureux là où vous êtes ; tout a été au gré de vos désirs, mais nous, calomnié, persécuté par des ignorants, des intrigants, et même des patriottes, Robespière (*sic*), votre *boussolle*, a dénoncé Camille aux Jacobins ; il a fait lire ces numéros 3 et 4, a demandé qu'ils fussent brulez *lui qui lui avoit lus manuscrit. Y concevez-vous quelque chose*[1] ? Pendant deux séances consécutives il a tonné *ou plutôt crié*[2] contre Camille. à la troisième séance on avoit rayé Camille. Par une bisarie (*sic*) bien singulière, il a fait des efforts inconcevables pour obtenir que sa radiation fût rapporté, elle a été rapportée, mais il a vu que lorsqu'il ne pensoit pas ou qu'il n'agissoit pas *à leur*[3] la volonté d'une certaine quantité d'individus, il n'avait pas tout pouvoir. Marius[4] n'est plus écouté, il perd courage, il devient faible. Déglantine est arrêté, mis au Luxembourg ; on l'accuse de faits très graves. Il n'était donc pas patriotte ! lui avoit si bien été jusqu'à ce moment. Un patriotte de moins c'est un malheur de plus.

Ces monstres là ont osé reprocher à Camille d'avoir épouser

1 Rayé par Lucile sur l'autographe.
2 Rayé par Lucile sur l'autographe.
3 Rayé.
4 Danton.

MONUMENT ÉLEVÉ A DANTON PAR LA VILLE DE PARIS.
(Phot. Hachette et Cie.)

L'ENTRÉE DE LA COUR DU COMMERCE.

une femme riche. Ah ! qu'ils ne parlent jamais de moi, qu'ils ignorent que j'existe, qu'ils me laissent aller vivre au fond des déserts, je ne leur demande rien, je leur abandonne tout ce que je possède pourvu que je ne respire pas le même air qu'eux ! *(Ici, — détail qui donne je ne sais quoi de sinistre et de trop vivant à ce document qui sent la mort, — Lucile laisse échapper de sa plume une tache d'encre, et, cette plume allant mal, elle essaye de la façonner en traçant en marge des barres, zigzags qui rendent cet autographe plus étrange et plus précieux encore.)* Puissai-je les oublier, eux et tous les maux qu'ils nous causent, je ne vois autour de moi que des malheureux. Je suis trop faible, je l'avoue, pour soutenir un si triste spectacle. La vie me devient un pesant fardeau. Je ne scais plus penser. Penser, bonheur si pur, si doux. Hélas, j'en suis privée... Mes yeux se remplissent de larmes... Je renferme en mon cœur cette douleur affreuse, je montre à Camille un fond serein, j'affecte du courage pour qu'il *ne perde pas le sien*[1] continue d'en avoir.

Vous n'avez pas lu à ce qu'il me parroit ses cinq numéros. Vous y êtes cependant abonné.

Oui, le serpolet est *cueilli*[2] tout prêt. C'est à travers mille soucis que je l'ai cueilli. Je ne ris plus, je ne fais plus le chat, je ne touche plus à mon piano, je ne rêve plus, je ne suis plus qu'une machine. Je ne vois plus personne, je ne sors plus. Il y a long tems que je ne vois plus les Robert. Ils ont éprouvé des désagréments par leur faute. Ils tâchent de se faire oublier.

Adieu, lapin, *tu*[3] vous allez encore m'appeler folle. Je ne le suis pourtant pas encore tout à fait, il me reste assé de raison pour souffrir.

Je ne saurois vous exprimer la joie que j'ai éprouvée en apprenant qu'il n'étoit point arrivé de malheur à votre aimable sœur [et

[1] Rayé.
[2] Rayé.
[3] Rayé.

à Paris] j'ai été tout inquiette lorsque j'apris la prise de Toulon. Je pensois sans cesse quel seroit leur sort ? Parlez leur quelquefois de moi. Embrassez les tous deux pour moi. Je les prie de vous le rendre en mon intention.

Entendez-vous, mon loup qui crie Martin, mon pauvre Martin, *te voilà, viens que je t'embrasse*[1], reviens bien vitte.

Revenez, revenez bien vitte, nous vous attendons avec impatience[2].

Marius n'est plus écouté ! Nous sommes calomniés, persécutés ! D'Églantine est arrêté ! Je ne sais plus penser ! Quel tableau ! Comme on s'imagine des sourires contraints, des cœurs serrés et des fronts pâles ! Camille persistait pourtant dans son œuvre, et malgré les avis qu'on lui donnait[3]. Des lettres semblables à celles-ci, qu'il recevait du fond des prisons, l'éperonnaient, activaient son courage : il y retrouvait l'écho de ses cris de pitié :

Quintidi, nivôse.

Grâces immortelles te soient rendues pour ta noble et touchante idée d'un comité de clémence. Mais, hélas ! *ils n'en rabatteront que trop*. Au moment ou l'on m'apporta hier ton quatrième nu-

[1] Rayé.

[2] Copié sur l'original.

[3] *Dialogue entre Camille Desmoulins et moi au moment où son cinquième numéro du* Vieux Cordelier *venait de paraître.*

« Mon cher Camille, il faut de la prudence
En toute chose. — Eh ! m'en suis-je écarté ?
Qu'ai-je donc fait ? J'ai dit la vérité ;
En homme libre, avec toute assurance,
Je veux la dire. Ah ! garder le silence
Serait trahir mon auguste devoir.
— Mais Robespierre est forcé de se voir
Dans vos portraits. — C'est l'unique remède
Pour le guérir. — A femme ou fille laide
Il ne faut pas présenter un miroir. »

Le *Chiffonnier*, par P. Villiet, auteur des *Rapsodies*. A Paris, chez tous les marchands de chiffons, an VIII.

méro, je lisais le chapitre 18 du traité de la clémence de Sénèque le philosophe, et j'en étais précisément à ces mémorables paroles d'Auguste : *Vitam tibi, Cinna, iterum do, prius hosti, nunc insidiatori ac parricidæ.* Citoyen non moins éclairé que vertueux, quand tu leur dis que ce comité de clémence finirait la révolution, la preuve en est dans ce même chapitre de Sénèque : *Post hæc... nullis amplius insidiis ab ullo petitus est.* Puisse le génie de l'humanité qui t'a inspiré un si beau commentaire du « *Soyons amis, Cinna* », convaincre ceux qui nous gouvernent qu'il ne peut y avoir de constitution sans morale, et que la seule bonne politique est de se montrer juste. Ah ! s'ils avaient le noble courage de dire à ces deux cent mille citoyens qu'on appelle *suspects* : Soyons amis, en deux mots ils sauveraient la République bien plus sûrement que le million d'hommes armés pour la défendre.

Si je recouvre ma liberté, le premier usage que j'en ferai sera d'aller entretenir un ami que le malheur m'aura donné ; mais j'en désespère, s'il faut que nous soyons traînés de comité en comité, et si la Convention n'abrège pas, dans sa justice et sa sagesse, la longueur de ce dédale de procédures.

Faudra-t-il donc, sous le régime de la liberté comme sous la main de fer du despotisme, que *le mal soit versé tout à la fois et le bien goutte à goutte* ! Ne crains pas de te compromettre dans ce que ta belle âme peut t'inspirer en ma faveur, et sois assuré, homme selon mon cœur et mon esprit, que le plus sévère examen de ma conduite et de mes principes, ne le sera jamais assez au gré de mes désirs.

Amable LATRAMBLAYE[1].

[1] *Lettre inédite.*

Camille recevait, en revanche, des lettres où on lui demandait d'accuser et de proscrire ; je n'en citerai qu'une, tirée de ses papiers inédits :

« 20e nivôse de l'an II de la République française, une, indivisible et impérissable.

LIBERTÉ, ÉGALITÉ OU LA MORT.

Dénonciation au comité de salut public.

« *Pitt et Cobourg* n'ont peut-être à leur inçû, eu de croupier plus indéfiniment

Et en même temps, un autre ami fidèle écrivait à Camille, en l'encourageant :

11 nivôse an II

O mon Camille, comme je te remercie de ton précieux cadeau ! En vérité, je n'ai rien lu, depuis la révolution, qui m'ait fait tant de plaisir ! Quelle nuit délicieuse tu m'as fait passer au corps de garde ! Tu m'y réservais la compagnie de Cicéron et de Voltaire. Tiens, mon ami, je ne suis ni fanatique, ni enthousiaste, ni complimenteur ; mais s'il arrive que je te survive, je veux avoir ton buste sur lequel je graverai :

Des méchants voulaient nous pétrir
une liberté de boue et de sang ; Camille nous la fit aimer
de marbre et couverte de fleurs.

Que Robespierre ne quitte pas le Comité de salut public, Danton la tribune, et toi la plume, et bientôt les Français vous devront à tous trois un bonheur éternel. — Mais, plus je réfléchis, et moins je devine ton indéfinissable Lucile. Qu'ai-je fait pour lui donner une si piètre idée du pauvre Polichinelle ? Hier encore elle

utile que le mannequin *Bouchote*. Ses sotises, son ineptie, son incurie équivalent à la plus haute trahison.

« Émule de son nul prédécesseur que j'ay suivi de près, il y a douze mois, il a contre le texte des décrets esquivé des réquisitions militaires un bataillon de jeunes gens que j'offre à la République ; bien loin de *désansculotiser* les généraux, il a peuplé l'état-major de muscadins et de blansbecs tels que lui, et moins valants s'il est possible.

« Il fait payer sept cent mille hommes effectifs à la République, et un grand quart est incapable de services militaires. Il a peuplé les armées de généraux sots autant que fripons et conservé partout jusque dans les vivres des voleurs, brigands, même nobles ; enfin j'offre tous les éclaircissements et révélations que le comité pourra exiger sur ce petit capitaine d'Esterazy.

« Salut et fraternité,

« Le républicain Hédoin,
« Né en 1739, militaire de quarante ans,
« premier vice-président de la section Lepelletier, à Reims. »

ne voulait pas me prêter ton journal, de crainte qu'il ne fût pas de mon goût.

Quoi ! si jusqu'ici j'ai aimé la liberté sur la simple ébauche d'artistes souvent inhabiles et infidèles, n'était-il pas sûr que je l'adorerais tracée, d'après nature, par le peintre heureux qui a hérité tout à la fois des pinceaux et des couleurs de Cicéron, de Lucien, de Voltaire et du naïf Lafontaine !

Pour punir cette Lucile, aussi laide d'esprit que de corps, il faut qu'elle envoie à son joli Polichinelle le manuscrit où se trouve la *Fleur que j'aime,* tes *Révolutions,* tous tes ouvrages et les numéros présents et à venir de ton *Vieux Cordelier*.

Je te persuaderais facilement que j'aurais plus de plaisir à venir les prendre moi-même ; mais, dans la crainte de te déranger, j'aime mieux te donner mon adresse : par ce moyen tu pourras me faire savoir si, par hasard, tu as quelques moments à me sacrifier au coin de ton feu, non pas dans ta chaise percée, mais dans *celle à deux bras*. Tu pourras encore me venir chercher un de ces matins au saut du lit, et partager le déjeuner de

POLICHINELLE.

P. S. Quoique assez rares, je regarde comme moins précieux qu'utiles les livres dont je te fais présent. C'est ce qui se trouve de plus convenable pour toi dans ma petite bibliothèque, qui est toute à ton service.

Mais, adieu ; je bavarde beaucoup au lieu de me rappeler que je ne me suis échappé du corps de garde que pour dîner ; j'y cours, en te priant de ne pas ménager les citoyennes *Rouleau, Roulette et Daronne,* car je leur en veux un tantinet.

Quelques jours après, Brune déjeunait chez Camille ; mais il était triste, inquiet, avec des pressentiments funestes. Desmoulins, au contraire, par un retour fréquent chez ces natures nerveuses, avait repris confiance, et tandis que Lucile lui versait du chocolat en disant à Brune : « Il faut bien qu'il remplisse sa mission. — Bah! dit Camille en citant du latin pour complaire à l'ami d'Horace : *Buvons et mangeons, nous mourrons demain.* » C'était son mot habituel, à cette heure décisive.

M. Duf..., son ancien maître de conférences, le rencontra rue Saint-Honoré, quelques jours avant son arrestation : « Que portez-vous là, Camille ? lui dit-il en désignant un paquet de journaux que Desmoulins portait sous le bras. — Des numéros de mon *Vieux Cordelier* ; en voulez-vous ? — Non, non, ça brûle. — Peureux ! répond Desmoulins. Avez-vous oublié ce passage de l'Écriture : *Edamus et bibamus, cras enim moriemur ?* »

« Nous mourrons ! » Le pauvre Desmoulins ne croyait peut-être pas dire si vrai. Toujours est-il que la rupture entre Robespierre et lui était complète ; nous l'avons vu par la lettre de Lucile à Fréron. On raconte que cette rupture était née d'une imprudence de Camille, qui aurait prêté un livre illustré, l'*Arétin,* avec des gravures obscènes à Élisabeth Duplay, la plus jeune des filles de l'hôte de Robespierre. Le courroux de Maximilien eût été grand alors contre « ce corrupteur » de Camille. Mais ce n'est là qu'une anecdote impossible à contrôler. Peut-être Robespierre avait-il senti un secret dépit contre Camille lorsque, recherchant la main de Mademoiselle Adèle Duplessis, la sœur de Lucile, il s'était vu fort doucement éconduit. J'imagine que le père, M. Duplessis, ne tenait pas à donner sa seconde fille à un homme politique. De là le refus, sans nul doute. Il est probable que Camille plaida alors la cause de son ami. Bref, Robespierre se rabattit sur la fille du menuisier Duplay, qu'il aima d'ailleurs, on le sait, d'une affection profonde et austère.

Toujours est-il que l'heure approchait où cette rupture entre Camille et Maximilien allait devenir publique. Le 7 janvier, au club des Jacobins, deux jours après l'apparition du nº V du *Vieux Cordelier,* on discuta la question de savoir si Fabre d'Églantine, Bourdon (de l'Oise) et Camille Desmoulins devaient être chassés de la Société. Trois fois on appela leurs noms ; aucun ne répondit. « Eh bien, dit Robespierre, citez-les devant le tribunal de l'opinion publique ; elle jugera ! » A ce moment Camille se présente. On lui demande de rendre compte de ses liaisons avec Philippeaux. Camille répond qu'il a pu se tromper, que les accusations qu'on lui jette sont des calomnies. Mais là n'est point le cœur du débat. Ce que les Jacobins veulent atteindre, flétrir, c'est le *Vieux Cordelier.* Que si Camille sort vaincu, si l'*épuration* est prononcée, tout est fini, la guillotine est proche. A cette heure, la route vers l'échafaud se compose de plusieurs stations ; l'*épuration* est la première. Camille n'a pas encore parlé sur ce chef d'accusation, que Robespierre demande la parole.

« Tout en blâmant énergiquement le *Vieux Cordelier,* dit Charlotte Robespierre dans ses *Mémoires,* Maximilien chercha à justifier l'auteur. Malgré son immense popularité et son influence extraordinaire, des murmures accueillirent ses paroles. Alors il vit qu'en voulant sauver Camille il se perdait lui-même. Camille ne lui tint pas compte des efforts qu'il avait faits. »

La vérité est que Robespierre, voulant détourner la colère des Jacobins, crut devoir sacrifier l'ouvrage pour sauver l'auteur : « Camille, dit-il avec une certaine ironie, et d'un ton sec qui dut irriter profondément l'impressionnable Desmoulins, Camille est un enfant gâté ; il avait d'heureuses dispositions ; les mauvaises compagnies l'ont égaré. » Ce sont presque déjà là les expressions dont Saint-Just se servira dans son meurtrier rapport, rapport dont Robespierre lui fournira les éléments.

« Enfin, conclut Robespierre, il faut sévir contre ces numéros que Brissot lui-même n'eût osé avouer, et conserver Desmoulins au milieu de nous. Je demande, pour l'exemple, que les numéros de Camille soient brûlés dans la société. »

Brûlés ! brûlés par les Jacobins comme la *France libre* par arrêt du Parlement de Toulouse ! C'est trop, en vérité, pour Camille, qui ne comprend point le but de Robespierre. Il se redresse, il regarde Maximilien en face, et d'une voix nette, qui contraste avec ses balbutiements habituels : « C'est fort bien dit, Robespierre ; mais je te répondrai comme Rousseau ; *Brûler n'est pas répondre* ! »

Robespierre fut surpris d'une riposte aussi soudaine. Il ne s'y attendait pas. Il croyait que Desmoulins comprendrait le véritable but d'une pareille tactique. Le cri de « son ami » l'irrita à son tour, et le ton de sa réplique fut bientôt changé :

Apprends, Camille, dit-il, que si tu n'étais pas Camille, on ne pourrait avoir autant d'indulgence pour toi ! La façon dont tu prétends te justifier me prouve que tes intentions étaient mauvaises. — Mes intentions, reprend Camille, mais ne les connaissais-tu pas ? N'ai-je pas été chez toi ? ne t'ai-je pas lu mes numéros ? — Je n'en ai lu qu'un ou deux ; j'ai refusé d'entendre les autres !

Ainsi, le duel de paroles continuait, ardent, pressé, les ripostes se succédant comme les passes rapides d'une escrime à fleurets démouchetés, tandis que le public, les témoins, la masse frémissante des Jacobins, passait de l'un à l'autre des adversaires avec une partialité évidente pour l'*incorruptible,* défenseur tout à l'heure, maintenant accusateur. Vainement Danton intervient, essaye de persuader publiquement à Camille qu' « il ne doit pas s'effrayer des leçons un peu sévères que l'amitié de Robespierre vient de lui donner. » L'apaisement est impossible. La lutte continue. « Eh bien, oui ! s'écrie Robespierre, qu'on ne brûle pas, mais qu'on réponde ! » Et, aux murmures de l'auditoire la voix d'un secrétaire lit aussitôt le n° IV du *Vieux Cordelier*. Camille et Danton pouvaient déjà sentir qu'ils étaient perdus. Le 8 janvier (19 nivôse), c'est encore aux *Vieux Cordelier* que les Jacobins reviennent. C'est Momoro qui lit, cette fois, le n° III, le terrible réquisitoire où le mot *suspect* retentit comme un refrain lugubre, ce Momoro qui tremblait, en juin 1789, d'imprimer la *France libre*, et qui maintenant accuse Desmoulins de *modérantisme*. Un silence morne accueille cette lecture. Robespierre alors reprend la parole ; pour lui, Desmoulins est « un composé bizarre de vérités et de mensonges, de politiques et de chimères. » D'ailleurs, que les Jacobins chassent ou conservent Desmoulins, peu importe, « *ce n'est qu'un individu.* » Ce qui importe, c'est « la chose publique. » Or, deux sortes de gens la menacent, les *citra-révolutionnaires* et les *ultra-révolutionnaires*. Et ces deux factions « s'entendent comme des brigands dans une forêt. » Et, pour préciser sa pensée : « Camille et Hébert, dit Robespierre, ont également tort à mes yeux[1]. »

Ainsi, dès le mois de janvier, le projet de Maximilien apparaît clairement : il s'agit, pour lui, de se défaire à la fois des

[1] Voyez, dans le livre de Courtois, le projet d'un discours où Robespierre attaque à la fois les deux *factions*. « L'une prêche la fureur et l'autre la clémence ; l'une conseille la faiblesse et l'autre la folie... Les deux factions se *rapprochent* et se *confondent*... » Robespierre, dans cet écrit, appelle les *libelles* de Desmoulins l'*évangile* des aristocrates et traite Westermann de *ridicule fanfaron*.

modérés et des exagérés, des *indulgents* et des *enragés*. Le double coup de bascule est arrêté dans sa tête. Il n'y a plus maintenant qu'à frapper.

Cette longue discussion tourna cependant, en apparence, à l'avantage de Desmoulins. Il ne fut pas rayé du club des Jacobins, on lui rendit son titre de Cordelier. Il pouvait se croire sauvé. Il était perdu.

On a produit naguère un témoignage de la sœur de Robespierre essayant de faire croire que Maximilien voulut réellement sauver Camille. Ce qui est plus certain, c'est que Robespierre rédigea, pour Saint-Just, un acte d'accusation contre Desmoulins, un projet de rapport que M. France publia en 1841 sur les autographes, avec des rapprochements qui ne permettent pas de douter que Robespierre ait été l'inspirateur du *Chevalier porte-glaive*. Quelle étrange destinée que celle de Camille, traité de vaniteux et d'homme versatile par celui qu'il appelait jadis son *cher Robespierre*[1] ! Camille, en effet, a beaucoup varié, nous l'avons vu, sur les hommes. Il y a toujours de lui, la plupart du temps, deux jugements touchant le même personnage. Un seul homme l'a constamment séduit et conquis, c'est celui

[1] Les rapports de Robespierre avec son ancien condisciple de Louis-le-Grand furent assez bizarres. Les deux camarades de collège s'étaient un moment perdus de vue. Robespierre écrit à Desmoulins le 7 juin 1790 pour réclamer contre une anecdote rapportée par Camille. Robespierre n'avait pas dit, le petit Dauphin applaudissant, le 22 mai, le décret Mirabeau : « *Eh! laissez ce marmot battre des mains.* » Dans cette lettre, Robespierre appelle assez sèchement Camille *Monsieur*.

« Monsieur,

« J'ai lu dans votre dernier numéro, etc. »

« Tu es à bon droit, répond Camille, fier du laticlave, mais tu devrois saluer au moins un ancien camarade d'une légère inclination de tête. Je ne t'en aime

qu'il appelait, dès 1791, *le plus robuste athlète des patriotes, le seul tribun du peuple qui eût dû se faire entendre dans le Champ de Mars,* c'est Danton, et l'influence de Danton le pousse à la pitié et au pardon. Aussi bien Camille a-t-il décidement rompu avec Maximilien.

Le septième numéro, qui ne devait être qu'un numéro posthume, est plein d'attaques directes, enfiévrées, hardies et éperdues contre Robespierre, contre Vadier, « ce même Vadier qui, le 16 juillet 1791, disait à la tribune de l'As-

pas moins parce que tu es fidèle aux principes, si tu ne l'es pas autant à l'amitié. »

Plus tard, Camille dit à propos de Maximilien :

« On ne peut parler de Robespierre sans penser à Pétion. »

Deux gens de bien à Versailles vivoient...

comme on disoit du temps de Turgot et de Malesherbes.

En cette même année 1790, à propos du discours de Robespierre, répondant à Cazalès contre les chefs militaires, loi martiale, etc., Camille, après avoir rapporté ces paroles de Robespierre, cet *orateur du peuple* : « Ne remettons pas le sort de la Révolution dans les mains des chefs militaires ; ne nous laissons point aller aux murmures de ceux qui préfèrent un paisible esclavage à une liberté achetée par quelques sacrifices, et qui nous montrent sans cesse les flammes de quelques châteaux incendiés ». Camille s'exprime ainsi : « O mon cher Robespierre ! il n'y a pas longtemps, lorsque nous gémissions ensemble sur la servitude de notre patrie, lorsque, puisant dans les mêmes sources le saint amour de la liberté et de l'égalité, au milieu de tant de professeurs dont les leçons ne nous apprenoient qu'à détester notre pays, nous nous plaignions qu'il n'y eût pas un professeur de conjurations qui nous apprît à l'affranchir ; lorsque nous regrettions la tribune de Rome et d'Athènes, combien j'étois loin de penser que le jour d'une constitution mille fois plus belle étoit si près de luire sur nous, et que toi-même, dans la tribune du peuple françois, tu serois un des plus fermes remparts de la liberté naissante ! » Enfin, dans son nº 65 des *Révolutions de France et de Brabant,* Camille dit encore : « *Robespierre,* et non pas *Robertspierre,* comme affectent de le nommer des journalistes qui trouvent apparemment ce dernier nom plus noble et plus moelleux et qui ignorent que ce député, quand même il se nommeroit la Bête, comme Brutus, ou Pois-Chiche, comme Cicéron, porteroit toujours le plus beau nom de la France. »

semblée nationale : *J'adore la monarchie et j'ai en horreur le gouvernement républicain !* », contre David « qui a déshonoré son art en oubliant qu'en peinture comme en éloquence le foyer du génie c'est le cœur », contre Héron, La Vicomterie, etc. C'est le chant du cygne, un chant de colère ardente et de généreuse haine. Mais ce chant ne parviendra au monde que lorsque celui qui le fait entendre sera mort.

IV

Depuis leurs dernières lettres, Dantonistes et Hébertistes étaient irrémissiblement condamnés. Les amis d'Hébert, au printemps de 94, essayèrent vainement de pousser à l'insurrection le peuple de Paris. Carrier, revenu de Nantes, avait parlé à la tribune des Cordeliers, d'une « *insurrection sainte* ». Ils la tentèrent. Vincent fait décider que l'on voilera d'un crêpe noir, jusqu'à l'anéantissement des modérés, le tableau des *Droits de l'Homme*. Hébert accuse, rugit, et le *Père Duchesne* se met atrocement en colère. Vaines menaces. Saint-Just monte à la tribune de la Convention, dénonce les Hébertistes qu'il accuse d'être les partisans de l'étranger et, le 24 mars, Hébert, Momoro, Clootz, Chaumette, sont exécutés.

Les *ultras* n'étaient plus à craindre ; c'était aux *citras* de trembler. Les comités avaient licencié l'armée révolutionnaire, renouvelé, discipliné la Commune, *régénéré,* c'est-à-dire épuré les Cordeliers. Ils allaient maintenant tourner toutes leurs forces contre les Dantonistes. Frapper Danton, atteindre Camille, quelque dépopularisés qu'ils fussent aux yeux des clubs, ce n'était pas une mince besogne. Combien de membres pouvaient encore se lever pour les défendre ? Et quelle audace il fallait pour accuser Desmoulins de royalisme et Danton de trahison !

Les comités manœuvraient habilement. Et tout d'abord ils se défirent du seul ami de Danton qui siégeât au Comité de salut public, Hérault de Séchelles. Hérault, las, écœuré, se laissa faire. On l'accusa d'avoir emporté chez lui les papiers du Comité diplomatique, entretenu des correspondances avec Proly, Pereyra et Dubuisson, ce qui était faux, et d'avoir donné asile à un émigré, ce qui est vrai. Le 26 ventôse, il était arrêté et, le lendemain, la Convention confirmait cette arrestation, après un rapport de Saint-Just. Ce Saint-Just, l'*ange exterminateur,* le *chevalier porte-glaive* était revenu de l'armée du Nord pour faire, froidement, avec une conviction terrible, l'office d'accusateur. Il parlait, de sa voix faible mais ferme, avec une concision sinistre. Pour Hérault, comme pour plus tard les autres Dantonistes, il semblait, selon le mot d'un témoin, dire de la voix et du geste : Ce n'est qu'un peu de sang impur qu'on vous demande !

Hérault arrêté, c'était Danton directement menacé. Des amis l'avertirent. Ils savaient que Billaud-Varennes et Saint-Just étaient prêts à demander les têtes des *indulgents.* Danton haussait les épaules. « Il n'y a rien à faire, disait-il. Résister ? Verser du sang ? Il y a assez de sang répandu. J'aime mieux donner le mien. *J'aime mieux être guillotiné que guillotineur !* » — Et comme on lui disait de fuir, cette grande âme de patriote exhalait son amour ardent pour notre France dans un mot qui traversera les siècles : « Est-ce qu'on emporte sa patrie à la semelle de ses souliers ? » Il répétait aussi, comme Camille, le mot altier du duc de Guise : *Ils n'oseraient !* (Sa réponse était même plus énergique.)

Ils allaient oser cependant. Déjà un mois auparavant, Billaud-Varennes avait dénoncé Danton au Comité de salut public, mais Robespierre s'était levé « comme un furieux » en disant : « Tu veux perdre les meilleurs patriotes [1] ». Mais, cette fois, Billaud allait être écouté. Au début de la séance de nuit, qui devait marquer l'arrestation de Danton et de ses amis, Robert Lindet et le vieux Rühl — qui d'ailleurs ne signèrent pas ce décret d'arrestation — firent avertir Danton par Panis. « Danton, dit le docteur Robinet (*Comment se tuent les Républiques*, article de la *Politique positive*), Danton avait gardé son domicile. Assis près du foyer de sa chambre de travail, le corps penché dans l'âtre, abîmé dans ses réflexions, de temps à autre, il sortait de son immobilité pour tisonner avec violence, puis on l'entendait pousser de profonds soupirs et prononcer des paroles entrecoupées... D'autres fois, il se relevait brusquement, se promenait à grands pas dans la chambre, et prenant dans ses bras le fils de sa sœur, duquel nous tenons ce récit, il l'embrassait avec émotion. » La visite de Panis, tout ému, troublé, suppliant, n'ébranla point Danton. Et cependant, le péril pressait. Billaud-Varennes, qui s'en repentit plus tard, au dire de Tissot, avait déjà dit nettement avec une résolution sinistre : « Danton conspire, il faut le faire mourir ! » Robespierre et Saint-Just approuvèrent. Maximilien minuta l'acte d'accusation, il donna la matière à Saint-Just qui la façonna avec l'habileté de la haine et la froideur terrible d'une conviction de marbre. Puis, pâle, accablé, soucieux, Robespierre se retira, ce matin de mars, dans sa petite chambre de la maison des Duplay, et il y demeura enfermé, tandis qu'on

[1] Voy. le discours de Billaud, au 9 thermidor.

arrêtait Danton, Camille Desmoulins, Lacroix et Philippeaux [1].

Il y a dans la vie des heures sinistres où les malheurs semblent frapper à la fois et fondre brutalement sur ceux qu'ils veulent atteindre. A l'heure où l'on délibérait aux Tuileries sur l'arrestation de Camille, le malheureux venait de recevoir la lettre suivante de son père. La pauvre madame Desmoulins n'était plus :

Mon cher fils,

J'ai perdu la moitié de moi-même. Ta mère n'est plus. J'ai toujours eu l'espérance de la sauver, c'est ce qui m'a empêché de t'informer de sa maladie. Elle est décédée aujourd'hui, heure de midi. Elle est digne de tous nos regrets ; elle t'aimait tendrement. J'embrasse bien affectueusement et bien tristement ta femme, ma chère belle-fille, et le petit Horace. Je pourrai demain t'écrire plus au long. Je suis toujours ton meilleur ami.

Desmoulins.

Le désespoir de Camille était profond ; il avait encore les yeux rouges de larmes, lorsque la patrouille des soldats, chargés de l'arrêter, vint occuper les issues de la maison. Le premier mot de Camille en entendant les lourdes crosses de fusils tombant sur le palier fut celui-ci : « On vient m'arrêter ! » Lucile l'écoutait et le regardait, éperdue. Elle se sentait devenir folle. Camille fut plus calme qu'on ne pouvait le supposer. Il s'habilla, embrassa son enfant, prit dans sa bibliothèque les *Nuits* d'Young et les *Méditations sur les Tombeaux* d'Harvey, il serra contre sa poitrine cette femme

[1] Le procès-verbal d'arrestation est signé de : Billaud-Varennes, Lebas, Barère, Carnot, Prieur, Louis (du Bas-Rhin), Vadier, Collot-d'Herbois, Vouland, Jagot, Dubarrau, Saint-Just, Amar, La Vicomterie, M. Bayle, Élie Lacoste, Robespierre et Couthon.

adorée qui sanglotait, et leurs lèvres se rencontrèrent encore une fois dans un de ces amers baisers rendus plus brûlants par les larmes.

Lucile, affolée, éperdue, l'appelait, se cramponnait à lui : un évanouissement dut seul la séparer de son Camille. On écroua Desmoulins et ses amis dans la prison du Luxembourg.

Camille Desmoulins, en entrant au Luxembourg, semblait avoir perdu tout espoir. On eût dit qu'il se sentait condamné d'avance. Ses lettres, ses admirables lettres, les plus poignantes pages qu'aient dictées à une main humaine l'amour profond et la douleur, ses lettres sont toutes remplies de pressentiments affreux et de tristes ressouvenirs. Il est là, apercevant du fond de sa prison ce jardin du Luxembourg où il passa « huit années à voir Lucile. » — « Un coin de vue sur le Luxembourg me rappelle une foule de souvenirs de nos amours. » Que ce temps est loin ! Et il songe à sa femme, à son enfant, à l'excellente madame Duplessis. Il est près d'eux « par la pensée, par l'imagination, presque par le toucher. » Pourtant non, Lucile est trop loin, le petit Horace lui est arraché : « Je me jette à genoux, j'étends les bras pour t'embrasser, je ne trouve plus mon pauvre Loulou... » Et une larme qui tombe sur le papier interrompt la phrase douloureuse.

Il essaye cependant de donner du courage aux siens. Qu'a-t-il à craindre ? « Ma justification est tout entière dans mes huit volumes républicains. C'est un bon oreiller sur lequel ma conscience s'endort dans l'attente du tribunal et de la postérité. » La *postérité* ! Camille a raison ; elle ne lui manquera pas, elle l'absoudra, elle oubliera ses sarcasmes, elle ne verra plus que ses larmes.

LA MAISON DE BOURG-LA-REINE.

LA FERME.

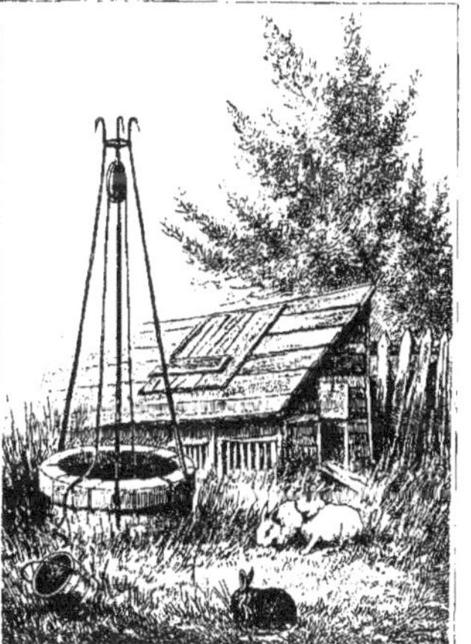

LE PUITS.

Pl. 15

La fièvre, d'ailleurs, s'empare de Camille. Son sang bout. Il écrit à Robespierre. Il ne peut dormir, il ne peut manger. Il n'a d'appétit que pour la soupe que lui fait apporter Lucile. « Envoie-moi, lui dit-il, de tes cheveux et ton portrait. » Lorsqu'il trouve un instant de sommeil, quelle joie ! Il rêve d'elle : « On est libre quand on dort... Le ciel a eu pitié de moi. Il n'y a qu'un moment, je te voyais en songe, je vous embrassais tour à tour, toi, Horace et Daronne (*sa belle-mère*), qui était à la maison ; mais notre petit avait perdu un œil par une humeur qui venait de se jeter dessus, et la douleur de cet accident m'a réveillé. Je me suis retrouvé dans mon cachot. Il faisait un peu de jour... J'ai fondu en larmes, ou plutôt j'ai sangloté en criant dans mon tombeau : Lucile ! Lucile ! O ma chère Lucile, où es-tu ?... »

Ce sera le cri éternel du malheureux, à qui la passion dicte de ces mots saisissants, profonds, qui donnent le frisson d'un drame shakespearien :

Hier, dit Camille, quand le citoyen qui t'apporta ma lettre fut revenu : Eh bien ! vous l'avez vue ? lui dis-je, comme je disais autrefois à cet abbé Landreville (confident des amours de Lucile et de Camille), et *je me surprenais à le regarder comme s'il fût resté sur ses habits, sur toute sa personne, quelque chose de toi.*

J'ai découvert une fente dans mon appartement, dit-il encore, j'ai appliqué mon oreille, j'ai entendu la voix d'un malade qui souffrait. Il m'a demandé mon nom, je le lui ai dit. « O mon Dieu ! » s'est-il écrié à ce nom, en retombant sur son lit, d'où il s'était levé, et j'ai reconnu distinctement la voix de Fabre d'Églantine. « Oui, je suis Fabre ! m'a-t-il dit, mais, toi ici ! la contre-révolution est donc faite ? » Nous n'osons cependant nous parler, de peur que la haine ne nous envie cette faible consolation, et que, si on venait à nous entendre, nous ne fussions séparés et resserrés plus étroitement ; car il a une chambre à feu, et la mienne serait assez belle si un cachot pouvait l'être.

Je vois le sort qui m'attend, ajoute Camille après le premier interrogatoire auquel on le soumet. Adieu, ma Lolotte, mon bon loup : dis adieu à mon père. Tu vois en moi un exemple de la barbarie et de l'ingratitude des hommes. Mes derniers moments ne te déshonoreront point. Tu vois que ma crainte était fondée, que mes pressentiments furent toujours vrais. J'ai épousé une femme céleste par ses vertus ; j'ai été bon mari, bon fils, j'aurais été bon père. J'emporte l'estime et tous les regrets de tous les vrais républicains, de tous les hommes, la vertu et la liberté. Je meurs à trente-quatre ans ; mais c'est un phénomène que j'aie traversé, depuis cinq ans, tant de précipices de la Révolution sans y tomber, et que j'existe encore, et j'appuie ma tête avec calme sur l'oreiller de mes écrits trop nombreux, mais qui respirent tous la même philanthropie, le même désir de rendre mes concitoyens heureux et libres, et que la hache ne frappera pas.

Je vois bien que la puissance enivre presque tous les hommes, que tous disent comme Denys de Syracuse : « La tyrannie est une belle épitaphe. » Mais, console-toi, veuve désolée ! l'épitaphe de ton pauvre Camille est plus glorieuse : c'est celle des Brutus et des Caton les tyrannicides. O ma chère Lucile ! J'étais né pour faire des vers, pour défendre les malheureux, pour te rendre heureuse, pour composer avec ta mère et mon père, et quelques personnes selon notre cœur, un Otahiti. J'avais rêvé une République que tout le monde eût adorée. Je n'ai pu croire que les hommes fussent si féroces et si injustes. Comment penser que quelques plaisanteries dans mes écrits, contre des collègues qui m'avaient provoqué, effaceraient le souvenir de mes services ! Je ne me dissimule point que je meurs victime de ces plaisanteries et de mon amitié pour Danton. Je remercie mes assassins de me faire mourir avec lui et Philippeaux ; et puisque mes collègues ont été assez lâches pour nous abandonner et pour prêter l'oreille à des calomnies que je ne connais pas, mais à coup sûr les plus grossières, je puis dire que nous mourons victimes de notre courage à dénoncer des traîtres, et de notre amour pour la vérité.

Nous pouvons bien emporter avec nous ce témoignage, que nous périssons les derniers des républicains. Pardon, chère amie, ma véritable vie que j'ai perdue du moment qu'on nous a séparés, je m'occupe de ma mémoire. Ma Lucile, mon bon Loulou, ma poule à Cachan, je t'en conjure, ne reste point sur la branche, ne m'appelle point par tes cris ; ils me déchireraient au fond du tombeau. Va gratter pour ton petit, vis pour mon Horace, parle-lui de moi. Tu lui diras, ce qu'il ne peut entendre, que je l'aurais bien aimé ! Malgré mon supplice, je crois qu'il y a un Dieu. Mon sang effacera mes fautes, les faiblesses de l'humanité ; et ce que j'ai eu de bon, mes vertus, mon amour de la liberté, Dieu le récompensera. Je te reverrai un jour, ô Lucile, ô Annette ! Sensible comme je l'étais, la mort, qui me délivre de la vue de tant de crimes, est-elle un si grand malheur? Adieu, Loulou, ma vie, mon âme, ma divinité sur la terre ! Je te laisse de bons amis, tout ce qu'il y a d'hommes vertueux et sensibles. Adieu, Lucile ! ma Lucile ! ma chère Lucile ! adieu, Horace, Annette, Adèle ! adieu, mon père ! Je sens fuir devant moi le rivage de la vie. Je vois encore Lucile ! je la vois, ma bien-aimée, ma Lucile ! mes mains liées t'embrassent, et ma tête séparée repose encore sur toi ses yeux mourants !

Nulle voix ne s'élevait donc en faveur de Camille ? Nul secours ne lui venait donc ? Ses anciens amis étaient-ils muets, ses parents inactifs ? Non. Legendre avait essayé, à la Convention, de réclamer en faveur de Danton et de ses amis. Il demandait que les députés arrêtés fussent traduits à la barre de l'Assemblée. « Ils seront accusés ou absous par vous », ajoutait-il. Mais ce n'était pas à la barre de la Convention, c'était sur les bancs du Tribunal révolutionnaire que Robespierre, Saint-Just, Billaud et Couthon voulaient traîner les *indulgents*. Le discours de Legendre fut couvert par des murmures.

Et puis Saint-Just va parler ; il semble qu'un archange de la mort se dresse à la tribune et, au milieu du silence, fasse entendre des paroles de deuil. Dès les premiers mots, Saint-Just est terrible et va droit au but : « La République est dans le peuple, dit-il, et non point dans la renommée de quelques personnages ! » Il parle avec une fierté farouche de l'amour sacré de la patrie qui immole tout, précipite Manlius, entraîne Régulus à Carthage, voit sans frémir Curtius se jeter au gouffre et, sur cette doctrine qui subordonne la morale et le droit à une théorie sinistre, il accuse tour à tour Hérault, qu'il appelle un conspirateur, Danton qu'il accuse de lâcheté, Camille à qui il prête des vices honteux, Fabre d'Églantine qu'il présente habilement comme le chef de la faction. Pourquoi ? Parce que Fabre est accusé de faux et qu'il est nécessaire de flétrir ces hommes, à qui on ne veut pas se contenter de donner la mort, mais encore le déshonneur. Il s'adresse, ce Saint-Just, à ses collègues arrêtés comme s'ils étaient là pour lui répondre : « Faux ami, dit-il à Danton, tu disais, il y a deux jours, du mal de Desmoulins, instrument que tu as perdu ! » De Camille, il dira qu'il fut d'abord *dupe et finit par être complice*. Saint-Just passe d'ailleurs avec dédain sur Camille, « qui manquait de caractère ». Il sait bien que ce n'est pas Camille, c'est Danton qu'il faut frapper. « Le pauvre Camille, a dit Michelet avec une émotion profonde, qu'était-ce ? Une admirable fleur qui fleurissait sur Danton ; on n'arrachait l'un qu'en touchant l'autre. »

Je ne sais rien de comparable à la perfidie de ce rapport de Saint-Just, arme meurtrière, d'un acier redoutable et bien trempé. Tout ce dont on accuse les Dantonistes, conspiration avec Dumouriez, complicité avec d'Orléans, royalisme et corruption, était faux, mais présenté par Saint-Just avec une habileté sinistre et une conviction féroce et inébranlable. Cet homme croyait accomplir un devoir. « Fatal aveuglement! s'écrie un historien ami de Robespierre et de Saint-Just, M. Ernest Hamel, égarement d'une âme généreuse et stoïque, qui vit des crimes là où il y eut sans doute beaucoup de légèreté et peut-être un peu de corruption [1]. » Quelque estime que nous ayons pour M. Hamel, pouvons-nous accepter ce *stoïcisme* particulier qui immole des gens parce qu'ils sont, en nous plaçant même au point de vue de Saint-Just, légers et « *peut-être* » un peu corrompus ? C'était au nom de je ne sais quel idéal de vertu surhumaine, inaccessible aux mortels qui ont la faiblesse d'avoir un cœur que Saint-Just demandait à la Convention d'immoler les Dantonistes. La Convention accueillit le rapport de Saint-Just par des applaudissements *unanimes et multipliés*. Elle continuait à trembler. Et Couthon, célébrant sa docilité, s'écriait : « La Convention va, comme les armées, au pas de charge. »

Moins de quatre mois après, c'était contre Couthon et ses amis que le pas de charge était sonné. Cependant Lucile courait Paris, essayait de parvenir, pour l'attendrir, jusqu'à Robespierre. Elle voulait entraîner avec elle, chez les Duplay, madame Danton. Robespierre fut invisible. Elle lui écrivait alors. Sa lettre est folle, mais poignante ; M. Ed. Fleury l'a donnée tout entière : « Camille a vu naître ton orgueil..... Mais il a reculé devant l'idée d'accuser un ami de collège, un compagnon de ses travaux. Cette main qui a pressé la tienne, a quitté la plume avant le temps, lorsqu'elle ne pouvait plus

[1] E. Hamel, *Histoire de Saint-Just*, t. II, p. 164.

la tenir pour tracer ton éloge. Et toi tu l'envoies à la mort! Tu as donc compris son silence ! » Elle errait autour du Luxembourg, s'efforçait d'apercevoir Camille et de lui faire des signes. Elle voudrait, de loin, par gestes, lui parler. Elle essayera de le sauver, et pour le sauver elle donnera sa vie. Touchante figure de femme, que cette héroïne de l'amour conjugal, ainsi résolue à suivre son époux jusque dans la mort !

L'instruction ou le semblant d'instruction contre les accusés était prête d'ailleurs. « Il faut nous partager l'instruction, écrivait Herman à Fouquier, elle appartient de droit à l'acc. (*sic*) public. » On les voit clairement, on les saisit un à un, les détails de cette instruction, où les renseignements les plus minces, les rapports les plus indignes, les accusations les plus basses sont accumulés avec une adresse perfide.

Un dénonciateur anonyme assure que « Lacroix et Danton, pendant qu'ils étaient à Bruxelles, envoyèrent en France une voiture chargée de linge appartenant à la gouvernante des Pays-Bas, et qui valait des sommes considérables, environ deux ou trois cent mille livres. Ce même linge, ajoute la note non signée, fut enregistré à la commune de Béthune, et c'est de là que l'on sait que ces deux députés se l'étaient approprié. — Ce fait est connu particulièrement de deux représentants du peuple, des citoyens Le Bas et Duquesnoy. » Soit ; va-t-on, du moins, s'enquérir auprès de Duquesnoy et de Le Bas de la valeur d'une telle dénonciation ? Non certes, ni le Bas, ni Duquesnoy, la future victime de prairial an III, ne sera cité comme témoin. Lacroix demandera que Pache, maire de Paris, Legendre, Gallou, Jagot, Robert Lindet, Gossuin, Merlin (de Douai), Guyton-Morveau,

Rose, « tenant l'auberge de la Grange-Batelière » soient entendus. On n'accédera pas à sa juste demande. Jamais procédure ne fut plus iniquement conduite.

Dans les papiers plus particulièrement relatifs à Camille Desmoulins, on rencontre, tracés de la main de Fouquier-Tinville, cette note de témoins à assigner :

> Panis,
> Boucher Saint-Sauveur,
> Robespierre (*rayé*),
> Robespierre (*rayé encore*).

Aucun de ces témoins ne fut assigné. Et quant à l'accusation formulée contre Danton et Lacroix d'avoir volé une voiture chargée de linge, ils s'en défendront devant le tribunal, sans qu'on leur permette de citer des témoignages favorables. « J'ai acheté en Belgique six cents livres de linge pour la table : il était à bon marché, dira Lacroix. — Et Danton : Il résulte du procès-verbal qu'il n'y avait, à moi, dans cette voiture qu'on prétendait aussi remplie d'argenterie que mes chiffons et un corset de molleton [1] ».

Ainsi, Fouquier et Herman s'empressaient de réunir contre les accusés tous les témoignages qui les pouvaient accabler. On retrouve dans le dossier en quelque sorte sanglant de ce procès, les preuves manifestes de l'acharnement déployé contre Danton et ses amis. Fouquier donne une longue liste des pièces accusatrices à rechercher, à coordonner, à grouper de manière à en former comme un faisceau d'instruments de mort. On va rechercher, dans le passé, tout ce que Danton a dit, tout ce que Desmoulins a écrit, tout ce

[1] Notes (détruites) de Topino-Lebrun. Archives de la Préfecture de police.

que Hérault a pensé. La liste est longue ; il faut à l'accusateur public :

L'extrait des délibérations de l'Assemblée électorale du département de Paris, qui nomma Danton administrateur du département ;

Ce que dirent les journaux à la même époque ;

La lettre de Laz-Cazas (*sic*) où est rapportée en détail une séance du Comité qui ne peut avoir été ainsi livrée en détail que par Hérault.

Pièces à rechercher.

Les journaux d'octobre et de novembre 1792, dans lesquels sont les opinions de Danton relatives :

A Marat,

A Roland,

A la guerre avec l'Angleterre ;

(En marge les *Révolutions de Paris.*)

Ceux dans lesquels sont les détails de la séance du Comité de défense générale où Danton se trouva avec Pétion, Brisson, etc., etc. ;

Les journaux qui annoncèrent la retraite de Danton à Arcis-sur-Aube en diverses circonstances et particulièrement après l'affaire du Champ-de-Mars ;

Les journaux qui ont fait mention du souper qui eut lieu chez *Talma,* lorsque Dumouriez vint à Paris en janvier 1793, l'*apparition* de Dumouriez aux différents théâtres avec Danton.

Rechercher : (sous les scellés chez Debenne).

Détails des journées des 31 mai et 2 juin sur ce que dirent Hérault, Lacroix et Danton relativement à Henriot ;

Les numéros du *Vieux Cordelier* ;

La lettre de Philippeaux au Comité de salut public et ses autres pamphlets ;

Le portrait de Marat, par Fabre ;

Le plaidoyer de Camille Desmoulins pour Dillon ;

La brochure de Levasseur intitulée : *Philippeaux peint par lui-même.*

Le catéchisme de Philippeaux.

On voit par ce simple document quel art avait Fouquier pour grouper les chefs d'accusation les plus disparates et pour donner une portée coupable à des actes ou à des paroles auxquels les accusés n'avaient aucune part. Telle est, pour n'en citer qu'un exemple, cette lettre de Las-Casas dont on rend responsable Hérault de Séchelles qui en ignorait certainement l'existence, lettre intéressante d'ailleurs, au point de vue de l'état des esprits à cette date.

Une chose ressort, évidente, de l'étude de ce procès, c'est la parfaite mauvaise foi des juges qui regardaient d'avance comme des condamnés ces hommes soumis à leur juridiction.

Vainement pouvait-on faire appel à leur conscience, à des sentiments de dignité et de droit qu'ils ne connaissaient pas. Sourds à toute parole de justice, les Fouquier et les Herman ne continuaient leur enquête que pour mieux rencontrer des coupables chez ceux en qui les Comités voyaient des ennemis. Une voix autorisée et honnête allait cependant se faire entendre aux oreilles de Fouquier-Tinville. Le père de Camille Desmoulins, ce respectueux serviteur de la loi, que nous avons vu dans son intègre amour de la justice et de la mansuétude, conjurer son fils de modérer son ardeur révolutionnaire, le vieux légiste de Guise sortit de son silence et de son ombre pour envoyer une prière à celui qui demandait la vie de son enfant. Lettre touchante et noble, où l'honnête homme ne s'abaisse pas jusqu'à la supplication ou la flatterie, où, tout au contraire, il conserve devant l'accusateur l'attitude digne et fière d'un père qui réclame justice sans demander grâce. Ce n'est pas lui qui, ayant à prier Fouquier, l'appellera « *mon cher parent* », comme Fouquier appelait Camille. Magistrat, il parle à un magistrat, grave et le cœur brisé. Cette magnifique lettre a dormi inconnue jusqu'ici dans les papiers du tribunal, et elle servira désormais à compléter la figure austère et vénérable de M. Desmoulins le père :

Au citoien Fouquier de Thinville, accusateur public.

Réunion-sur-Oise, cy-devant Guise, 15 germinal IIe année Rép.

Citoien compatriote,

Camille Desmoulin (c'est mon fils), je te parle d'après ma conviction intime, est un républicain pure, un republicain par sentiment, par principes et, pour ainsi dire, par instinct : Il était républicain dans l'ame et par goût avant le quatorze juillet mil sept cent quatre vingt neuf, il l'a été depuis constamment par effet. Son parfait désinteressement et son amour pour la vérité, ses deux vertus caractéristiques, que je lui ai inspirées dès son berceau et qu'il a invariablement pratiquées, l'ont toujours tenu à la hauteur de la Révolution.

Est-il vraisemblable, n'est-il pas même absurde de croire qu'il ait changé d'opinion, qu'il ait renoncé à son caractère, à ses affections pour la liberté, pour la souveraineté du peuple, à son système de son cœur, au moment où son vœu bien connu et bien prononcé avait les plus brillants succès ; au moment où il avait combattu et vaincu la cabale des *Brissot* ; au moment où il démasquait *Hébert* et ses adhérents, auteurs de la plus profonde conjuration ; au moment où il devait croire la Révolution achevée ou prête à l'être, et sa république établie par nos victoires et nos triomphes sur ses ennemis tant du dedans que du dehors ?

Ces invraisemblances ne suffisaient-elles pas pour écarter de mon fils jusqu'à l'ombre de soupçon, et cependant il est dans les horreurs d'une accusation aussi grave que je la crois calomnieuse.

Enchaîné dans mon cabinet par mes infirmités, je suis le dernier ici à apprendre par le soin qu'on prend à me le cacher cet événement bien fait pour alarmer le plus franc patriote.

Citoien, je ne te demande qu'une chose, au nom de la justice et de la patrie, car le vrai républicain ne sait connaître qu'elles, c'est de scruter par toi-même et de faire scruter par le juré de jugement la conduite entière de mon fils, et celle de son dénonciateur quel qu'il soit ; on connaîtra bientôt quel est le plus véritablement républicain. La confiance que j'ai dans son innocence me fait croire que cette accusation sera un nouveau triomphe aussi intéressant pour la Republique que pour lui-même.

Salut et fraternité de la part de ton compatriote et concitoien *Desmoulins,* celui qui jusqu'ici s'est honoré d'être le père de *Camille* comme du premier et du plus inébranlable républicain [1].

DESMOULINS.

[1] *Pièce inédite.*

Je citerai, comme antithèse cruelle à cette lettre, celle-ci, adressée deux ans auparavant à Camille par l'accusateur public Fouquier, qui, moins fier que M. Desmoulins le père, appuie sur ces mots : *mon cher parent.* Camille était, en effet, son cousin éloigné :

« 20 août 1792.

« Jusqu'à la journée à jamais mémorable du 10 de ce mois, mon cher parent, la qualité de patriote a été non seulement un titre d'exclusion à toute place, mais même un motif de persécution : vous en fournissez vous-même l'exemple. Le temps est enfin arrivé, il faut l'espérer aussi, où le patriotisme vrai doit triompher et l'emporter sur l'aristocratie ; c'est même un crime d'en douter d'après les ministres patriotes que l'Assemblée nationale vient de nous donner. Je les connais tous par leur réputation, mais je n'ai pas le bonheur d'en être connu. Vous seul pouvez m'être utile soit par vos connaissances et vos relations particulières auprès d'eux. Mon patriotisme vous est connu ainsi que ma capacité surtout pour les affaires contentieuses. Je me flatte que vous voudrez bien intercéder

Fouquier reçut sans doute trop tard cette lettre, qui n'ébranla certainement pas sa quiétude de pourvoyeur des sévérités iniques de la loi. Camille Desmoulins était déjà mort lorsque la lettre du père arriva pour demander le salut du fils. Détenu au Luxembourg, Camille avait, dès le 12 germinal, subi un premier interrogatoire ; nous le donnerons ici dans son intégralité :

Ce jourd'hui, 12e jour de germinal de l'an second de la République française une et indivisible, onze heures du matin, Nous, François-Joseph Denizot, l'un des juges du tribunal révolutionnaire établi à Paris par la loi du 10 mars 1793, sans aucun recours au tribunal de cassation et encore en vertu des pouvoirs délégués au tribunal par la loi du 5 avril de la même année, assisté de F. Girard de qui nous avons reçu serment, commis greffier du tribunal *en l'une des salles de l'auditoire du palais* (*imprimé rayé*), et en présence de Gilbert Lieudon, substitut de l'accusateur public, nous sommes transférés (*avons fait amener de la maison d'arrêt,* rayé), à la maison d'arrêt du ci-devant Luxembourg et avons fait venir dans une chambre particulière les prévenus auxquels avons demandé leurs nom, âge, proffession, pays et demeure.

A repondu se nommer.

D. Comment il s'appelle ?

R. Se nommer Benoit *Camille Desmoulins* âgé de 34 ans,

pour moi auprès du ministre de la justice pour me procurer une place soit dans ses bureaux, soit partout ailleurs. Vous savez que je suis père d'une nombreuse famille et peu fortuné. Mon fils aîné, âgé de seize ans, qui a volé aux frontières, m'a coûté et me coûte beaucoup. Je compte sur votre ancienne amitié et votre zèle à obliger. Je rappelle à votre souvenir Deviefville notre parent commun, dont la position est plus fâcheuse que je ne puis vous l'exprimer.

« Je suis parfaitement, mon cher parent, votre très humble et très obéissant serviteur.

« Fouquier, *homme de loi.* »

né à Guyse département de l'Aine, homme de loi et député à la Convention nationale demeurant à Paris rue du Théâtre françois.

D. S'il a conspiré contre la nation française en voulant rétablir la monarchie, détruire la représentation nationale et le gouvernement républiquain.

R. Non.

D. S'il a un deffenseur ?

R. Non.

Pourquoi luy avons nommé Chauveau de Lagarde.

Lecture faite du présent interrogatoire a dit contenir vérité y a persisté et a signé avec nous.

CAMILLE DESMOULINS. F. GIRARD.

LIEUDON. DENIZOT.

A. Q. FOUQUIER[1].

Camille avait été interrogé le premier. Après lui, Danton, puis Lacroix, puis Hérault subirent la même question. A cette demande : « Avez-vous conspiré contre la République ? » Hérault répondit que « ces horribles pensées » n'étaient jamais entrées « ni dans son esprit ni dans son cœur ». L'attitude des *Dantonistes* dans le procès devait être d'ailleurs admirable. A partir du moment où ils entrèrent au Luxembourg jusqu'à l'heure où ils sortirent de la Conciergerie, ils furent résolus et superbes. Danton surtout. « Je porte dans mon caractère une bonne portion de la gaieté française, » avait-il dit, le 16 mars, à la Convention, dans son avant-dernier discours[2]. Cette gaieté ne l'abandonna

[1] Dossier des Dantonistes. *Archives nationales.*

[2] Cet avant-dernier discours de Danton est, à mon avis, celui qui le caractérise le mieux. Gouaillerie de Titan, résolution et bon sens, tout s'y retrouve. Ce n'est pourtant pas une de ses harangues les plus importantes. Après la lecture

pas. En entrant dans la cour de la prison où il trouva Hérault de Séchelles jouant à la galoche, Danton dit aux prisonniers : « Quand les hommes font des sottises, il faut savoir en rire ! Mais si la raison ne revient pas en ce bas monde, vous n'avez encore vu que des roses ! » Il aperçut Thomas Payne, l'Américain, le défenseur de la Révolution contre Burke, ce Payne, dont le suffrage populaire des électeurs du Pas-de-Calais avait fait un député à la Convention et l'orage politique un détenu.

« Ce que tu as fait pour le bonheur et la liberté de ton pays, lui dit Danton, j'ai vainement essayé de le faire pour le mien ! J'ai été moins heureux ! » Quel contraste ! Ces deux hommes se retrouvant ainsi dans une cour de prison. Thomas Payne, tel que nous le montre la belle gravure d'Arano : narquois et superbe, à la fois railleur et enthousiaste, le nez long, gros, un peu recourbé sur la bouche d'une finesse remarquable, ce visage où palpite une âme, où voltige un esprit, terminé par un menton pointu, modelé

d'une pétition d'un orateur de section demandant à chanter, accompagné d'un joueur d'orgue, les mérites de la Convention, à la barre même de l'Assemblée, Danton rappela la Convention non à la *pudeur,* comme un jour l'avait fait Marat, mais au bon sens : « La salle et la barre de la Convention sont destinées, dit-il, à recevoir l'émission solennelle et sérieuse du vœu des citoyens ; nul ne peut se permettre de les changer en tréteaux. Je porte dans mon caractère une bonne portion de la gaieté française, et je la conserverai, je l'espère. Je pense, par exemple, que nous devons donner le bal à nos ennemis, mais qu'ici nous devons froidement et avec dignité et calme, nous entretenir des grands intérêts de la patrie, les discuter, sonner la charge contre tous les tyrans, indiquer et frapper les traîtres et battre la générale contre tous les imposteurs. Je rends justice au civisme des pétitionnaires, mais *je demande que dorénavant on n'entende plus à la barre que la raison en prose.* » C'était là comme un sourire sous la hache. Trois jours après, le 19 mars, à propos de l'accusation contre Bouchotte, Danton prononçait son dernier discours.

gracieusement. Le costume est celui d'un Franklin élégant, les cheveux sont poudrés. L'homme a la cinquantaine, mais une vigueur, une verdeur peu communes. Et, à côté de lui, Danton, droit, audacieux, presque menaçant et répondant, lui fils de Rabelais, à cette sorte de quaker : « On m'envoie à l'échafaud. Eh bien, j'irai gaiement ! »

On mit les prisonniers au secret, puis lorsque leur acte d'accusation leur eut été notifié, on les conduisit à la Conciergerie. Lacroix et Danton souriaient, Philippeaux demeurait fier, Camille était triste. « C'est à pareil jour, dit Danton en arrivant à la Conciergerie, que j'ai fait instituer le Tribunal révolutionnaire ; j'en demande pardon à Dieu et aux hommes ! Mais quoi ! ce n'était point par inhumanité ! Je voulais prévenir de nouveaux massacres de Septembre ! » Il parlait haut dans son cachot, et pour que les autres détenus entendissent : « Je laisse tout dans le gâchis, » disait-il encore. Et il ajoutait : « Ah ! qu'il vaut mieux être un pauvre pêcheur que de gouverner les hommes ! »

Le 13 germinal, les accusés — condamnés d'avance — comparurent au tribunal. Pour flétrir Danton, on l'accolait à un voleur comme d'Espagnac. On donnait le *fauteuil de fer* à Fabre d'Églantine. Les jurés avaient été triés parmi les *solides*, les gens à *feux de file* : c'était Renaudin le luthier, que Camille récusera vainement, Trinchard, Leroy dit *Dix-Août*, Desboisseaux, Lumière, Souberbielle, Topino-Lebrun, le plus sincère et qui témoignera devant l'histoire contre l'infâmie d'un tel procès. Quoi qu'en dise M. Ernest Hamel dans sa consciencieuse *Histoire de Robespierre*, il est parfaitement vrai que Souberbielle répondit à un des jurés qu'il vit pleurant à chaudes larmes à l'idée de condamner Danton : « Lequel de Robespierre ou de Danton est le plus utile à la

République ? — C'est Robespierre. — Eh bien ! il faut guillotiner Danton. » M. Moreau-Chaslon a raconté l'anecdote d'après le docteur Dubois (d'Amiens), qui la tenait de Souberbielle lui-même.

Les juges étaient Herman, président, avec Masson-Denizot, Foucault et Bravet pour assesseurs. Fouquier-Tinville et son substitut Fleuriot-Lescot étaient présents.

« J'ai trente-trois ans, âge du sans-culotte Jésus, âge critique pour les patriotes, répondit Camille, interrogé.

— Je m'appelle Georges-Jacques Danton, avocat au ci-devant conseil, et depuis révolutionnaire et représentant du peuple, répondit Danton. Ma demeure ? bientôt dans le néant, ensuite dans le Panthéon de l'histoire... Anciennement rue et section Marat. »

Hérault de Séchelles, Chabot, Bazire, Delaunay (d'Angers), Lacroix, Fabre, Philippeaux, tous députés ; Westermann[1], l'abbé Sahuguet d'Espagnac, Junius Frei et Emmanuel Frei, — les beaux-frères de Chabot, — Jacques Lhuillier, procureur général du département de Paris (le seul qui allait être acquitté), Deiderichen, avocat de la cour du roi de Danemark, André Gusman, Espagnol, répondirent à leur tour. Le plus âgé de ces hommes avait quarante et un ans, le plus jeune, Claude Bazire, celui qui mourait pour n'avoir pas voulu abandonner Chabot, en avait vingt-neuf. En accolant ces Autrichiens, cet Espagnol et ce Danois aux Dantonistes, en mêlant l'affaire de la suppression et de la falsification du décret du 17 vendémiaire concernant la Compagnie des Indes qui visait Fabre, à l'accusation qui atteignait Dan-

[1] Westermann eut un mot sublime : « Je demande à me mettre nu devant le peuple, dit-il. J'ai reçu sept blessures, toutes par devant ; je n'en ai reçu qu'une par derrière, mon acte d'accusation ! »

ton, on voulait, je le répète, discréditer la *fournée* tout entière dans l'opinion publique. Danton le sentit bien, lui qui protesta contre cette promiscuité avec des *fripons*. Il devait d'ailleurs faire grande figure devant l'accusation, et sa voix puissante couvrit, étouffa, annihila les tintements de la sonnette du président : « N'entends-tu pas ma sonnette ? s'écriait Herman. — Un homme qui défend sa vie se moque d'une sonnette et hurle, » répondait Danton. Au reste, ce procès, il revit, il palpite dans les notes de Topino-Lebrun qui font oublier à jamais le compte rendu falsifié de Coffinhal.

Or, tandis qu'on jugeait, ou plutôt qu'on sacrifiait les Dantonistes, la foule, pressée, inquiète, houleuse — *faisant queue*, comme on dit, — depuis la porte de l'ancienne Cour de cassation, brûlée en mai 1871 (c'était la salle où siégeait le Tribunal révolutionnaire), emplissant toute la salle dite aujourd'hui des *Pas-Perdus,* descendant dans la cour de Harlay et longeant le bâtiment du Palais de Justice, allait ainsi jusqu'au quai, encombrait la place Dauphine et, faisant un coude au Pont-Neuf, atteignait, toujours pressée, la Monnaie. Et cette longue poussée humaine palpitait réellement à chaque incident dont la salle du redoutable tribunal était le théâtre. Chaque parole de Danton était comme électriquement répétée, passait de bouche en bouche, et atteignait instantanément la Monnaie, grâce à cette sorte d'écho, de télégraphe humain. Le tonnerre de la voix de Danton allumait là comme une traînée de poudre[1]. Michelet a raconté

[1] Ces détails authentiques et précis furent donnés à feu M. Labat père, directeur des archives de la Préfecture de police, qui nous les a transmis, par un certain Collet, employé, en 1793, à l'Hôtel de ville (bureau des subsistances). C'est ce Collet qui, se rendant à la maison commune, à son poste ordinaire, le 10

--- fait certifié par des témoins --- que, les fenêtres du Tribunal révolutionnaire étant ouvertes, on entendait les éclats de voix de Danton de l'autre côté de la Seine.

Et que disait Danton ? Jamais homme ne défendit avec tant de courage et aussi de dédain son existence menacée. Devant le couperet de la guillotine, le tribun, un moment las et accablé, redevenait un Titan. L'élève de David, le peintre-juré Topino-Lebrun, qui, lui aussi, devait mourir exécuté, nous a transmis, dans ses notes, la physionomie même de ce discours suprême [1]. A mesure que Danton parlait, Topino-Lebrun écrivait. Ces notes du juré, notes uniques pour l'histoire, ont été consumées au mois de mai 1871, lors de l'incendie du Palais de Justice, avec bien d'autres richesses de ce genre. Nos travaux antérieurs et la gracieuseté de feu M. Labat, nous avaient heureusement permis d'en prendre copie. Nous ne nous doutions pas alors que ces documents seraient anéantis et que nous pourrions les conserver à l'histoire.

thermidor, aperçoit une grande foule devant l'Hôtel de ville. Une sentinelle lui demande : « Où allez-vous ? — A mon bureau, répond l'employé. — Mais vous ne voyez donc point ce qui se passe ? lui dit quelqu'un. — Quoi ? — Ce qui *se passe* ou ce qui *passe*, comme vous voudrez. » Collet regarde : entre deux rangs de gardes marchaient les employés de l'Hôtel de ville qui passaient en effet. Leur échafaud n'était pas loin.

[1] François-Jean-Baptiste Topino-Lebrun, né à Marseille en 1769, avait été envoyé à Rome pour étudier la peinture. Il y rencontra David, qui le ramena en France et le prit pour élève. Plus d'une fois, dans ses fonctions de juré, au lieu de *broyer du rouge*, selon le mot de son maître, il fut clément, il acquitta ; son républicanisme était profond. Impliqué dans l'affaire de Babeuf, il fut reconnu innocent ; mais, plus tard, en 1800, arrêté comme complice d'Arena, dans cette affaire où la police de Fouché joua le principal rôle, il fut condamné et exécuté avec J. Arena, Cerucchi et Demerville. Il demanda à mourir le visage découvert. On peut dire sans crainte que Topino-Lebrun était innocent. On a fort peu de ses peintures. Au salon de 1797, il avait exposé une mort de *Caïus Gracchus* que le Directoire donna à la ville de Marseille.

Rien n'égale la sublimité de cette défense énergique de Danton. Les notes mêmes de Topino-Lebrun nous en rendent le décousu, l'étrangeté, le mélange surprenant d'héroïsme et de bouffonnerie superbe. Qu'on se figure un personnage de Shakespeare, alliant le tragique au comique, et jetant le sarcasme à la face de ses accusateurs. C'est Danton, il raille, il prouve, il foudroie, il ricane ; il écrase, il est à la fois surhumain par l'audace et profondément humain par les mots qu'il trouve, — tout chauds de pitié et de tendre hardiesse, — dans ses entrailles, dans sa poitrine, dans son cœur. Comme il repousse, et avec quelle hauteur, les lâches accusations dont on le couvre ! Comme il redresse le front sous l'injure ! Comme il paraît agrandi devant ses ennemis troublés qui peuvent l'égorger mais non le fléchir !

« Moi vendu ? s'écrie-t-il. Un homme de ma trempe est impayable. La preuve ?... Que l'accusateur qui m'accuse, d'après la Convention, administre la preuve, *les semi-preuves*, les indices de ma vénalité ! »

Et comme on lui oppose le prétendu témoignage d'un *patriote* anonyme :

« Où est ce patriote ? Qu'il vienne ! Je demande à être confondu. Qu'il paraisse ! »

Puis, se retournant, comme un lion blessé, il fait face à ceux de ses adversaires qu'il connaît et dont la haine se dévoile :

« Billaud-Varennes, dit-il, ne me pardonne pas d'avoir été mon secrétaire ! »

Il fait connaître, avec l'orgueil d'un soldat après le combat, la part active qu'il avait prise à la journée du 10 août ; il donne les chiffres des sommes qui lui avaient été confiées pour sa mission en Belgique, il en établit clairement l'emploi. Ses mains sont nettes.

« J'eus 400,000 livres : 200,000 livres pour choses secrètes ; je les ai dépensées devant Marat et Robespierre. J'ai donné 6,000 livres à Billaud pour aller à l'armée. Pour les 200,000 autres, j'ai rendu ma comptabilité de 130,000 ; et quant au reste, je l'ai remis à Fabre, avec la disponibilité de payer les commissaires envoyés dans les départements. Il était caissier, et je ne l'ai employé que parce que Billaud-Varennes avait refusé. — Je crois encore Fabre bon citoyen. »

Certes, Danton se défend là d'une façon mâle et probante ; mais où il trouve, jaillie de l'âme, la véritable éloquence et la plus puissante, c'est quand, tout débordant de l'amour de la patrie et de la République, il adjure ses ennemis de faire taire leurs ressentiments, comme il fait taire ses colères, pour ne songer qu'à la France encore menacée :

« Que les patriotes se rallient, et alors, si nous pouvons nous vaincre, nous triompherons de l'Europe ! »

« J'embrasserais mon ennemi, ajoute-t-il avec sa violence shakespearienne, je l'embrasserais pour la patrie à laquelle je donnerais mon corps à dévorer ! »

Il a déjà, devant la mort, comme une conception nette de la moralité même de cette sanglante Révolution où s'entre-déchiraient « les frères ennemis. » Il pense que chacun fut utile à son heure, même les plus farouches, « Marat avec son caractère *volcanisé,* Robespierre *tenace et ferme.* » — « Et moi, ajoute-t-il, *je servais à ma manière !* »

Puis enfin, dégoûté, écœuré par l'attitude du tribunal : « On me refuse des témoins, dit-il en haussant les épaules, alors je ne me défends plus ! »

« Je vous fais d'ailleurs mes excuses, ajoute-t-il en se rasseyant, de ce qu'il y a de trop chaud dans mes paroles. C'est mon caractère. »

Et, dans un dernier cri, prophétique et superbe :

« Le peuple, dit-il, déchirera par morceaux mes ennemis, avant trois mois [1] ! »

On conçoit que de tels accents, répétés, avons-nous dit, par la foule anxienne et dont la sympathie pour les accusés commençait à se manifester (rien n'exalte une masse populaire comme le courage physique, l'attitude hautaine devant la mort), on conçoit qu'une telle défense dût paraître dangereuse aux juges du Tribunal révolutionnaire. Ils en pâlissaient sur leurs bancs.

Dans les papiers relatifs à ce procès des Dantonistes, on trouve, aux Archives nationales, la preuve du désarroi dans lequel se trouvaient et le président Herman et l'accusateur Fouquier-Tinville. Ils se passaient, l'un à l'autre, de petits papiers couverts d'une écriture rapide et qui, demeurés au dossier, témoignent de l'état d'inquiétude où les jetait l'attitude de Danton, cet accusé qui, le front levé et la voix puissante, devint parfois l'accusateur.

« *A Fouquier*, écrivait Herman. — *Dans une demi-heure je ferai suspendre la défense de Danton, il faudra prendre quelques mesures de détail.* »

Et Fouquier à Herman :

« *J'ay une interpellation à faire à Danton relative à la Belgique lorsque tu cesseras les tiennes.* »

« Il ne faut, dit un autre papier, entamer relativ. à d'autres que Lacroix et Danton l'aff. de la Belgique, et quand nous en serons là (*un tiret*) — *il faut avancer.* »

[1] Notes de Topino-Lebrun.

Il faut avancer ! Ce terrible mot nous rendrait, à lui seul, la physionomie même du procès. En effet, il *n'avance* pas. Le 13 germinal (3 avril), Herman, effaré par la vigueur des accusés, avait brusquement levé la séance, et Fouquier était allé demander aux Comités s'il fallait entendre les témoins dont les accusés réclamaient l'assignation. On avait répondu à Fouquier qu'il ne le fallait pas. Le 14 germinal, Danton avait foudroyé ses juges, et Desmoulins avait apitoyé les spectateurs. Le 15, les accusés, à qui l'on refusait des témoins, se révoltaient énergiquement contre cette violation de tout droit, et Fouquier s'était alors adressé à la Convention pour réclamer son aide contre les « *indécences* » des accusés. Le 16, la parole allait tout simplement être refusée aux Dantonistes promis au bourreau. Il fallait, avant de les glacer, imposer silence à ces lèvres redoutables.

« Pourvu qu'on nous donne la parole *largement,* avait dit Danton, je suis sûr de confondre mes accusateurs, et si le peuple français est ce qu'il doit être, je serai obligé de demander leur grâce ! »

Qui sait si ce rêve *magnanime* de Danton (le mot, on le sait, est de Royer-Collard) ne se fût point réalisé, si Fouquier et Herman n'eussent tout à coup appelé à leur aide le plus inique des décrets ?

Lorsque, plus tard, Fouquier-Tinville aura lui-même à comparaître devant des juges, le témoignage de Nicolas-Joseph Pâris, dit *Fabricius,* greffier du Tribunal révolutionnaire, viendra révéler enfin les odieuses machinations de ce procès des Dantonistes :

C'est dans cette affaire où le déposant (N.-J. Pâris) a vu les Comités de salut public et de sûreté générale employer le machiavélisme le plus raffiné et Fouquier ainsi que Dumas se prêter lâchement et complaisamment aux projets perfides de ces deux Comités qui vouloient immoler les citoyens les plus éclairés et les plus fermes deffenseurs de notre liberté pour parvenir plus sûrement à établir leur tyrannie et le système barbare qu'ils ont employé depuis. Voici ce que le déposant a vu et entendu pendant le cours de cette affaire à jamais mémorable par les crimes qui ont été commis et à jamais malheureuse pour son pays : A onze heures les accusés furent introduits dans la salle d'audience, après lecture de l'acte d'accusation on envoya chercher Westermann et Lulier qui furent accolés à Danton, Camille et Philipeaux, comme ceux-ci l'avoient été à Deglantine, Chabot et Despagnac, de sorte que dans cette affaire il s'y trouvait trois sortes de personnes qui ne s'étoient jamais vu ni connu, raffinement de perfidie qu'ont employé souvent les Comités, et encore plus souvent Fouquier en confondant les hommes les plus probes, les deffenseurs les plus intrépides de notre liberté avec des lâches fripons et les ennemis les plus déclarés de la révolution. Dans cette séance, Camille Desmoulins récusa Renaudin, il motiva sa récusation, les motifs paraissoient fondés, Fouquier devait requérir et le tribunal statuer sur les motifs de récusation, mais on avoit trop besoin d'un juré comme Renaudin, on se garda bien de faire droit sur cette récusation, on ne délibéra même pas. Les accusés voyant une partialité marquée de la part du tribunal qui était *circuis* par la présence des membres du Comité de sûreté générale qui étoient derrière les juges et les jurés, demandoient au tribunal la comparution de plusieurs députés au nombre de *zèze* (seize), qu'ils demandoient à faire entendre comme témoins, Danton demanda aussi que le tribunal écrivit à la Convention pour demander qu'une commission prise dans son sein fût nommée pour recevoir la dénonciation que lui, Camille et Philipeaux vouloient faire contre le sistème de dictature qu'exerçoit le Comité de salut public. Il ne fut fait aucun droit sur ces demandes, elles furent rejettées par le président et par Fouquier et son digne ami Fleuriot qui remplissoit conjointement avec Fouquier le rôle d'accusateur public et comme le tribunal n'avoit aucune raison valable à opposer aux accusés sur une demande qu'on ne pouvoit sans injustice leur refuser, le président leva la séance.

Le lendemain l'audience commença fort tard, quelques questions furent faites à quelques uns des accusés, Danton demanda la parole pour répondre aux accusations qui lui étaient imputées, elle lui fut refusée d'abord sous prétexte qu'il parleroit à son tour; il insista; en fin on ne put la lui refuser plus longtems, il prit l'acte d'accusation, chaque chef qui lui était imputé n'étant appuyé ni de preuve ni de pièces, étant même dénué de vraisemblance il ne lui étoit pas difficile de se justifier. Une grande partie de l'auditoire applaudit à sa justification, ce n'étoit pas ce que vouloit le tribunal. Le président lui retira la parole sous le prétexte qu'il étoit fatigué, et qu'il falloit que chaque accusé parlât à son tour. Danton n'abandonna la parole qu'après que le président lui eût promis qu'il l'auroit le lendemain pour réfuter les autres chefs d'accusation qu'on ne lui avoit pas laissé le tems d'aborder et pour en finir on leva la séance.

Le lendemain l'audience commença encore fort tard, on vouloit consummer le tems sans que la vérité qu'on redoutoit ne parut. Avant d'arriver à l'expiration des trois jours après lesquels on se proposoit de faire dire au jurés qu'ils étoient suffisamment instruits comme cela est arrivé, les accusés entrés, Danton demanda la parole pour continuer sa justification, elle lui fut refusée, sous prétexte qu'il falloit que les autres accusés fussent interrogés sur les faits qui leur étoient imputés. Danton, Camille, Philipeaux et autres demandèrent de nouveau la comparution des députés leurs collègues et que le tribunal écrivît à la Convention pour qu'elle nommât une commission pour recevoir leur dénonciation et qu'ils en appeloient au peuple du refus qui leur seroit fait. Ce fut à cette époque que Fouquier au lieu de faire droit aux réclamations justes et bien fondées des accusés écrivit une lettre au Comité de salut public où il peignoit les accusés dans un état de révolte et demanda un décret. C'étoit un décret de mise hors des débats que demandoit Fouquier comme on le verra par la suite; il en avoit besoin, car pour cette fois seulement et pendant un instant on a vu la vertu et l'innocence faire pâlir le crime, Fouquier et son digne ami Fleuriot tout atroces qu'ils étoient; juges et jurés étoient annéantis devant de tels hommes et le déposant a cru un instant qu'ils n'auroient pas l'audace de les sacrifier. Il ignoroit alors les moyens odieux qu'on employoit pour y parvenir et qu'on fabriquoit au Luxembourg qu'à l'aide de laquelle et de la lettre de Fouquier Tinville on a surpris la religion de la Convention nationale en lui arrachant un décret qui mettoit les accusés hors des débats ; ce fatal décret arriva il fut apporté par Amar accompagné de Vouland. Le déclarant étoit dans la salle des témoins lorsqu'ils arrivèrent, il les vit pâles, la colère et l'effroi étoient peints sur leurs visages, tant ils paroissoient craindre de voir échapper à la mort leurs victimes, ils saluèrent le déclarant, ce dernier voulant savoir ce qui pouvoit y avoir de nouveau, il les aborda ; Vouland lui dit : *Nous les tenons, les scélérats, ils conspiroient dans la maison du Luxembourg.* Ils envoyerent appeler Fouquier qui étoit à l'audience. Il parut à l'instant. Amar en le voyant lui dit : *Voilà ce que tu demandes.* C'étoit le décret qui mettoit les accusés hors des débats. Vouland dit : *Voilà de quoi vous mettre à votre aise.* Fouquier répondit en souriant : *Ma foi, nous en avions besoin.* Il rentra avec un air de satisfaction dans la salle d'audience, donna lecture du décret et de la déclaration du scélérat Laflotte que tout le monde connoît, les accusés frémirent d'horreur au récit de pareil mensonge. Le malheureux Camille entendant prononcer le nom de sa femme, poussa des cris de douleur et dit : *Les scélérats, non contents de m'assassiner ils veulent assassiner ma femme !* Pendant cette scène déchirante pour les âmes honnêtes et sensibles, les membres du Comité de sûreté générale placés sous les gradins et derrière Fouquier et les juges jouissant du plaisir barbare du désespoir des malheureux qu'ils faisoient immoler, Danton les apperçut et les faisant voir à ses malheureux compagnons d'infortune, dit : *Voyez ces lâches assassins, ils nous suivront jusqu'à la mort.* Les accusés demandèrent la parole pour démontrer l'absurdité et l'invraisemblance de cette conspiration, on leur répondit en levant la séance. Pendant les trois jours qui s'étaient écoulés depuis le commencement de cette affaire les membres du Comité de sûreté générale, et particulièrement Amar, Vouland, Vadier et David n'avoient point quitté le tribunal. Ils alloient, venoient, s'agitoient, parloient aux juges, jurés et témoins, disoient à tous venans que les accusés étoient des scélérats, des conspirateurs et particulièrement Danton. Dumas, Artur et Nicolas en faisoient autant. Les membres du Comité de sûreté générale correspondoient de là avec le Comité de salut public. Le lendemain qui étoit le 4e jour, les membres du Comité de sûreté générale étoient au tribunal avant neuf heures. Ils se rendirent au cabinet de Fouquier, et lorsque les jurés furent assemblés, le déclarant vit Herman, président, avec Fouquier, sortir de la Chambre des jurés. Pendant ce tems Amar, Vouland, Vadier, David, et autres députés qu'il reconnut pour être membres du Comité de sûreté générale étoient à la buvette (*restés*[1]) dans une petite pièce voisine de la Chambre des jurés et de laquelle on peut entendre ce qui se passe dans celle des jurés ; le déclarant ignoroit ce qui s'étoit passé entre Herman, Fouquier et les jurés, mais Topino-Lebrun, l'un d'eux, lui a dit que Herman et Fouquier les avoient engagé à déclarer qu'ils étoient suffisamment instruits et que pour les y déterminer ils avoient peint les accusés comme des scélérats, des conspirateurs et leur avoient représenté une lettre qu'ils disoient venir de l'étranger et qui étoit adressée à Danton. L'audience s'ouvrit, et les jurés déclarèrent qu'ils étoient suffisamment instruits.

Depuis ce moment les accusés ne reparurent plus à l'audience.

[1] *Rayé* sur la minute.

Ils furent renfermés chacun séparément dans la prison et envoyés à l'échafaud le même jour par Fouquier[1]. Pendant le tems que les jurés étoient aux opinions, le déclarant étoit au greffe, dans la pièce du fond. Il entendit du bruit qui venoit du côté de l'escalier qui conduit à la chambre du juré, il se porta vers la porte d'entrée du greffe, il vit que c'étoit les jurés à la tête desquels étoit Trinchard. Ils avoient à l'exception de quelques-uns l'air de forcenés. La rage et la colère étoient peints sur leur visage. Trinchard en l'approchant avec un air furieux et en faisant un geste du bras qui annonçoit la pensée la plus outrée dit : *Les scélérats vont périr*. Ne voulant pas être témoin de tant d'horreurs, le déclarant se retira en gémissant sur les malheurs qui accabloient la République, et sur ceux encore plus grands qu'une semblable tyrannie lui présageoit. Le lendemain il se rendit au tribunal dans la ferme résolution que c'étoit pour la dernière fois, étant bien décidé à donner sa démission. Fouquier ayant fait demander au greffe une expédition de liste des jurés, voulant scavoir l'usage qu'il vouloit en faire, le déclarant la lui porta. Il étoit à la buvette, il prit son crayon, et à côté de plusieurs noms et en marge il faisait une + et disait *f*..... Le déclarant s'apperçut qu'il en marquoit d'une *f* qui avoient été de l'affaire de la veille. Il lui en fit l'observation. Il répondit : *C'est un petit raisonneur, nous ne voulons pas de gens qui raisonnent, nous voulons que cela marche*. Le déclarant ne put s'empêcher de faire un mouvement qui lui annonçoit qu'il ne l'approuvoit pas, il s'en apperçut et en regardant fixement le déposant il lui dit : « *Au surplus, c'est le Comité de salut public qui le veut ainsi*[2]. »

[1] *Écrit en marge* : Néantmoins plusieurs témoins avoient été assignés à la requête de Fouquier, un seul fut entendu le premier jour des débats et ce témoin parla à la décharge des accusés.

[2] *Archives nationales.* (Procès de Fouquier-Tinville, déposition de Pâris, dit *Fabricius*, ventôse an III, carton W, 501). Fabricius fut arrêté le lendemain du jour où Fouquier le regarda ainsi fixement. Le décret du 22 thermidor lui rendit et la liberté et sa place au tribunal.

Quoi de plus dramatique qu'un tel récit, sincère, et accablant dans sa naïveté ? Fabricius raconte mieux que nul ne le saurait faire cet épisode tragique. Sur le manuscrit autographe de cette déposition, il est facile de lire le mot *foible* effacé, et qui explique la lettre *f* dont se servait Fouquier-Tinville. L'accusateur public s'était d'ailleurs, on l'a vu, trouvé amplement satisfait, et la réponse à la demande qu'il adressait à la Convention ne s'était pas fait attendre.

« Le seul moyen de leur imposer silence, avait-il écrit, serait un décret, à ce que nous prévoyons. »

Or, le décret fut rendu le 15 germinal, sur un rapport de Saint-Just, auquel on ajouta la lecture, réclamée par Billaud-Varennes, d'une dénonciation de l'espion Alexandre La Flotte, accusant Arthur Dillon de s'être associé à Lucile Desmoulins pour délivrer les accusés.

Saint-Just trouvait encore des sophismes pour écraser ses ennemis, condamnés d'avance. Il leur faisait un crime de leur indignation même : « *Quel innocent,* disait-il, *s'est jamais révolté devant la loi ? Il ne faut plus d'autres preuves* de leurs attentats que leur audace. » Nous devons le citer, d'ailleurs, dans ses parties les plus saillantes, ce rapport que Vouland et Amar allaient apporter avec tant de hâte. Les lambeaux de phrase que nous imprimons *en italique* sont soulignés au crayon rouge (par Fouquier sans doute) sur l'original.

Extrait du procès-verbal de la Convention nationale, du quinzième jour de germinal l'an II de la République française, une et indivisible.

RAPPORT FAIT AU NOM DES COMITÉS DE SALUT PUBLIC
ET DE SURETÉ GÉNÉRALE.

L'accusateur public au tribunal révolutionnaire *nous a mandé* que la révolte des coupables avoit fait suspendre les débats de la justice jusqu'à ce que la Convention nationale ait statué.

Vous avez échappé au danger, le plus grand qui jamais ait menacé la liberté, maintenant tous les complices sont découverts, *et ces criminels aux pieds de la justice même,* intimidés par la loi, explique le secret de leur conscience, leur désespoir, leur fureur, tout annonce que la bonhomie qu'ils faisoient paroître étoit le piége le plus hypocrite qui ait été tendu à la Révolution. Quel innocent s'est jamais révolté devant la loi ! *Il ne faut pas d'autres preuves de leurs attentats que leur audace.* Quoi ! ceux que nous avons accusés d'avoir été les complices de Dumouriez et d'Orléans, ceux qui n'ont fait une révolution qu'en faveur d'une dinastie nouvelle, ceux-là qui ont conspiré par le malheur et l'esclavage du peuple *mettent le comble à leur infamie.*

S'il est des hommes véritablement amis de la liberté, si l'énergie qui convient à ceux qui ont entrepris d'affranchir leur pays est dans leurs cœurs, vous verrés qu'il n'y a plus de conspirateurs cachés à Paris, mais de ces conspirateurs à *front découvert* qui comptant sur l'aristocratie avec laquelle ils ont marchés depuis plusieurs années, appellent sur le peuple la vengeance du crime. Non, la liberté ne reculera pas devant ses ennemis et la coalition est découverte. *Dilon* qui ordonna à son armée de marcher sur Paris a déclaré que la femme de Desmoulins avoit touché de l'argent pour exciter un mouvement, pour assassiner les patriotes et le tribunal révolutionnaire.

Nous vous remercions de nous avoir placé au poste d'honneur. Comme vous nous couvrirons la patrie de nos corps. Mourir n'est rien pourvu que la Révolution triomphe, voilà le jour de gloire, voilà le jour où le Sénat romain lutta contre Catilina. Voilà le jour de consolider pour jamais la liberté publique.

Vos comités vous répondent d'une surveillance héroïque ; qui peut vous refuser sa vénération dans ce moment terrible où vous combattés pour la dernière fois contre la faction qui fut indulgente pour vos ennemis et qui aujourd'hui retrouve sa fureur pour combattre la liberté ?

Vos comités estiment peu la vie ; ils font cas de l'honneur. Peuple tu triompheras. Mais puisse cette expérience te faire aimer la Révolution par les périls auxquels elle expose tes amis. *Il était sans exemple que ta justice eût été insultée* et si elle le fut ce n'a jamais été que par des émigrés insensés prophétisant la tyrannie. Hé bien, les nouveaux conspirateurs ont récusé la conscience publique. Que faut-il de plus pour achever de nous convaincre de leurs attentats ? Les malheureux ! Ils avouent leurs crimes *en résistant aux loix*. Il n'y a que les criminels que l'équité terrible épouvante. Combien etoit il dangereux, tous ceux qui sous des formes simples cachoient leurs complots et leur audace. En ce moment *on conspire dans les prisons en leur faveur*. En ce moment l'aristocratie se remue, les lettres que l'on va vous lire démontreront vos dangers.

Est-ce par privilège que les accusés se montrent insolents ? Qu'on rappelle donc le tyran, Custine et Brissot du *tombeau, car ils n'ont point le privilège épouvantable d'insulter leurs juges*.

Dans le péril de la patrie, dans le degré de majesté où vous a placé le peuple, marqués la distance qui vous sépare des coupables. C'est dans ces vues que vos comités vous proposent le décret ci-joint (coté A).

Et sur la motion d'un membre la Convention nationale décrète que le rapport du Comité de salut public, le procès-verbal des administrateurs du département de police de la commune de Paris seront envoyés au tribunal révolutionnaire avec injonction au président d'en donner lecture pendant la séance.

Décrète en outre que le rapport et les pièces seront imprimées et insérées au bulletin.

Visé par l'inspecteur, AUGER.

Collationné à l'original par nous secrétaires de la Convention, à Paris, le 15 germinal, l'an II de la République française.

PEYSSARD, LEGRIS, BÉRARD, M. A. BAUDOT.

Paraphé par les membres de la commission avec

A. Q. FOUQUIER, LECOINTRE, BEAUPREY, GUFFROY[1].

Chose à noter, chose navrante, ce véritable décret de mise hors la loi, présenté par Saint-Just, la Convention l'adopta *à l'unanimité* ! A l'unanimité, ces hommes de tempéraments opposés et d'opinions diverses, déclarèrent qu'on pouvait employer tous les moyens voulus pour empêcher d'« entraver la marche de la justice ! » Aucune voix ne s'éleva pour réclamer contre cette *mise hors des débats*, aucune, pas même celle du dantoniste Legendre qui pouvait cependant, cette fois, mettre ses rudes poumons au service de son ami. Quoi !

[1] Archives nationales. C. W. 500.

Le décret coté A portait :

Extrait du procès-verbal de la Convention nationale du quinzième jour de germinal l'an deuxième de la République française une et indivisible.

« La Convention nationale décrète que le tribunal révolutionnaire continuera l'instruction relative à la conjuration de Lacroix, Danton, Chabot et autres.

« Que le président emploiera tous les moyens que la loi lui donne pour faire respecter son autorité et celle du tribunal révolutionnaire et pour réprimer toute tentative de la part des accusés pour troubler la tranquillité publique et entraver la marche de la justice.

« Décrète que tout prévenu de conspiration qui résistera ou qui insultera à la justice nationale sera mis hors des débats et jugé sur-le-champ.

« Visé par l'inspecteur.

« AUGER.

« Collationné à l'original par nous, secrétaire de la Convention nationale. Paris, le quinze germinal l'an deuxième de la République française une et indivisible.

« BÉRARD, M.-A. BAUDOT, LEGRIS, *secrét.*

« Paraphé par les membres de la commission

« A. Q. FOUQUIER, L. LE COINTRE, BEAUPREY. »

parmi ces *modérés* qui, plus tard, renverseront Maximilien Robespierre, parmi ceux qui s'élèveront un jour contre les *buveurs de sang,* il ne s'en trouva pas un pour réclamer en faveur de Camille coupable de pitié et condamné pour sa clémence! Et parmi ceux qui savaient bien que Danton eût sauvé et acclimaté la République, il ne s'en rencontra pas un seul pour repousser la stupide accusation de *royalisme* lancée au front de l'homme du 10 août! Quel spectacle attristant! Et comme on se prend à mépriser, devant de tels spectacles, la lâcheté des assemblées apeurées et tremblantes, toutes prêtes à frapper, à bannir, à immoler pour échapper au danger qu'elles croient suspendues sur elles! La nature humaine a de ces vilenies insondables, et ce sont, en vérité, de malsaines journées que celles où la peur, la hideuse peur, courbe ainsi au même niveau les méchants et les trembleurs.

Nous reviendrons tout à l'heure sur la dénonciation de ce La Flotte, qui devait envoyer l'infortunée Lucile à l'échafaud. La Flotte accusait Arthur Dillon de s'être concerté avec le conventionnel Simon pour soulever les faubourgs, tandis que Lucile Desmoulins essayerait d'attendrir le peuple. Le malheureux Camille avait donc appris, au moment où on menaçait sa vie, qu'on venait encore de le frapper dans l'être cher, coupable de porter son nom. Lucile était arrêtée! Lucile était menacée comme lui! De quelle poignante douleur l'âme de l'écrivain dût-elle être saisie! C'était, en vérité, trop de coups à la fois. La fureur de Camille et celle des autres accusés ne connut dès lors plus de bornes. Le président Herman, fort du décret de la Convention, ne devait pas, comme on l'a vu par la déposition du greffier *Fabricius,* se soucier beaucoup de ce redoublement de désespoir et de colère.

Il allait donner l'ordre de faire sortir les accusés de la salle

CAMILLE DESMOULINS, PAR SUVÉE.
(Collection de M. J. Claretie.)

LE COMÉDIEN DESSESSART, D'APRÈS CHANET.
(Bibliothèque Nationale. Estampes.)

SAINT-JUST.
(Collection de M. Chevrier.)

d'audience. Cette mise hors du tribunal équivalait à une mise hors la loi.

« Mais, s'écrie Danton devant cette condamnation véritable, mais aucune pièce n'a été produite contre nous ! Aucun témoin n'a encore été entendu !

— C'est une infâmie ! répétait Lacroix. — On nous juge sans nous entendre, disait un autre. — Ah ! les brigands ! les assassins ! — Toute délibération est inutile ! — On ne nous juge pas, on nous tue ! — Qu'on nous mène à l'échafaud ! »

Ainsi les cris des malheureux se croisaient, frappaient au visage, et souffletaient les juges impassibles. Le président donna l'ordre aux gendarmes d'emmener les accusés. Ce fut une scène effroyable. Pendant que Danton jetait, comme un dernier défi, un regard méprisant à ses juges, Camille se cramponnait à son banc ; il refusait de sortir. Trois hommes s'accrochèrent à lui, l'arrachèrent à sa place et littéralement l'emportèrent. Le dernier cri de Desmoulins était une injure.

Ces terribles scènes n'avaient pas laissé de faire une impression profonde autant que violente sur l'esprit des jurés. Tandis que le jury délibérait, un moment le bruit courut dans le tribunal que « la majorité des jurés votait pour l'innocence des accusés. » Depuis, Lecointre déclara qu'à ce moment même, Amar Voulland et Vadier, passant par la buvette, allèrent trouver, en compagnie de Fouquier, le président Herman pour l'engager à « user de tous les moyens possibles pour faire prononcer la mort. » A cela, Fouquier répond, dans son interrogatoire[1], qu'il n'a « pas même sou-

[1] Voyez les pièces de son procès aux *Archives nationales*.

venir que les citoyens Amar et Voulland lui aient remis le décret du 15 germinal, et que quant au citoyen Vadier, il n'a su que longtemps après qu'il était venu au tribunal. » — « Il n'est venu, ajoutait Fouquier, ni à mon cabinet, ni ne l'ai vu à audience. » Vadier était là cependant.

Bref, les terribles questions allaient être soumises au jury, et Trinchard, qui en était le chef et se démenait si fort pour obtenir la condamnation, ne devait pas attendre longtemps.

Voici textuellement les questions soumises au jury et sa réponse :

Questions.

« Citoyens jurés,

Il a existé une conspiration tendante (*sic*) à rétablir la monarchie, à détruire la représentation nationale et le gouvernement républicain.

1° Jean-François Lacroix, homme de loi, député à la Convention nationale, est-il convaincu d'avoir trempé dans cette conspiration ?

2° Georges-Jacques Danton, homme de loi, député ;

3° Benoît-Camille Desmoulins, homme de loi, député ;

4° Pierre Philippeaux, homme de loi, député ;

5° Marie-Joseph Hérault de Séchelles, député ;

6° François-Joseph Westermann, député ;

Sont-ils convaincus d'avoir trempé dans cette conspiration ?

Il a existé une conspiration tendante à diffamer et à avilir la représentation nationale et à détruire par la corruption le gouvernement républicain.

7° Philippe-François-Nézaire Fabre Déglantine, homme de lettres, député à la Convention nationale, est-il convaincu d'avoir trafiqué de son op^on comme représentant du peuple ?

8° Joseph Delaunai, homme de loi, député à la Convention nationale, est-il convaincu, etc. ?

9° François Chabot, ex-capucin, député à la Convention nationale, est-il convaincu, etc. ?

10° Claude Bazire, archiviste des cy devant États de Bourgogne est-il convaincu d'être le complice de Chabot et de Delaunai, en gardant le silence soit sur les révélations qu'ils lui ont faites de leurs manœuvres criminelles, soit sur les propositions intéressées qui lui ont été faites ?

11° Marie-René Sahuguet Despagnac, ex-abbé, fournisseur des armées de la République, est-il convenu d'avoir trempé dans la conspiration ?

(*Nous passons les noms des autres accusés.*)

La déclaration du juré (*ou jury*) est affirmative sur toutes les questions ; négative seulement à l'égard de Lullier.

Herman, *président*.

Ducray, *commis-greffier*.

Sur la réquisition de Fouquier, accusateur public, le tribunal ordonna aussitôt qu'attendu « *l'indécence, les brocards et les blasphèmes des accusés* contre le tribunal, les questions seront posées et le jugement à intervenir prononcé en l'absence des accusés. »

Herman et Fouquier avaient bien mérité du Comité de Salut public.

CHAPITRE CINQUIÈME

L'ÉCHAFAUD

I. DERNIERS MOMENTS DES DANTONISTES || LA CHARRETTE || L'ÉCHAFAUD || MORT DE CAMILLE ET DE DANTON. II. LA « CONSPIRATION DES PRISONS » || LUCILE ACCUSÉE || ARTHUR DILLON || LA VEUVE DE DESMOULINS ET LA VEUVE D'HÉBERT || MORT DE LUCILE. III. LES LENDEMAINS DE BATAILLES || MADAME DUPLESSIS || LE PETIT HORACE || LE FILS DE CAMILLE ET LE FILS DE PHILIPPEAUX || « LETTRES INÉDITES » || MORT D'HORACE DESMOULINS || LES RELIQUES DE CAMILLE.

I

C'EN était fait. Les Dantonistes allaient mourir. Tandis que le jury délibérait encore, hésitant, malgré Fouquier, malgré Herman, malgré Trinchard, devant ce meurtre juridique, les imprimeurs *composaient* déjà le texte même de la condamnation à mort que les crieurs publics allaient tout à l'heure débiter à la foule. A la Conciergerie, où, après les avoir arrachés de leurs bancs, on les avait reconduits, les accusés attendaient une sentence qu'ils savaient maintenant inévitable. Calme et superbe, Danton dit au greffier Ducray qui vint bientôt leur lire l'arrêt (on les fit mander un à un au greffe pour entendre cette lecture) : « C'est inutile, on peut nous conduire sur-le-champ à la guillotine. Ton jugement ? Je ne veux pas l'écouter. » — Pas un d'ailleurs ne voulut entendre le greffier lire la sentence. A quoi bon ? « Qu'on nous assassine, dit l'un d'eux, cela suffit. »

Camille Desmoulins, avec sa sensibilité féminine, s'était accroupi dans un coin de la prison. Il pleurait. Il songeait à cette jeune femme qu'il laissait maintenant aux mains de ses bourreaux. Il répétait, avec des sanglots, le triste adieu qu'il écrivait à sa Lucile, la veille même du procès. « Horace ! Lucile ! Mon Horace ! Ma bien-aimée ! Que vont-ils devenir ? » Faiblesse si l'on veut, Camille, du moins, n'avait pas été faible en flétrissant la Terreur et en réclamant de la pitié pour tous. Qu'un autre lui reproche ces larmes versées sur lui-même, sur son bonheur écroulé, sur son foyer où la mort entrait, sinistre, emportant du même coup le père et l'épouse et laissant au berceau un enfant orphelin ; je ne veux, moi, me ressouvenir que de la cause même de cette mort. Lorsqu'il écrivait le *Vieux Cordelier,* Camille savait bien qu'il s'exposait à cet échafaud dressé pour les hésitants. Mais il savait aussi qu'une parole de pitié pouvait aider à renverser les ais sanglants de la rouge machine. Cette parole, il l'avait jetée. Celui que Lamartine a appelé un *flaireur de vent* avait du moins, cette fois, flairé le vent d'orage et couru où soufflait la tempête, quitte à se faire emporter par elle comme un fétu de paille. Ce sacrifice de Camille lui sera éternellement compté. Et quant à ses larmes, ne sont-ce pas elles qui ont attendri la postérité ? Quoi qu'on fasse, Camille Desmoulins apparaîtra toujours à l'imagination des foules debout sur la table du Palais-Royal ou, le cœur broyé, appelant sa Lucile, au pied de l'échafaud.

Danton, qui cependant laissait, lui aussi, une jeune femme adorée, Danton, plus mâle et plus dédaigneux de ces joies humaines dont il avait épuisé la coupe et dont, amer et hautain, il avait déjà trouvé la lie, Danton demeurait plus altier devant cette mort qui semblait ne pas l'atteindre et ne devait point le faire pâlir. Lui qui disait, dans sa prison, nous rapporte Riouffe, que Robespierre, Billaut, Collot d'Herbois et les autres, étaient tous des « frères Caïn », il voulait prouver à ceux qui l'immolaient qu'un Danton meurt comme il a vécu.

Ses dernières paroles, ses dernières pensées, en ces heures qui s'écoulaient si vite, gardaient la double expression de mâle énergie et de sarcasme superbe qui faisait le fond même de sa nature. Tantôt il raisonnait avec un calme absolu sur le jugement que porterait sur lui l'avenir : « J'ai la douce consolation de croire, disait-il, que l'homme qui va mourir comme chef de la *faction des Indulgents* trouvera grâce aux yeux de la postérité. D'ailleurs, ajoutait-il, qu'on continue tant qu'on voudra les rigueurs actuelles. Lorsque les condamnés marchent en riant au supplice, il est temps de briser la faux de la mort [1] ! » Et, comme pour prouver que le rire, cet outrage fait à l'échafaud, cette bravade insolente à la face du trépas, pouvait retentir jusque devant la charrette du bourreau, il se tournait vers Desmoulins et, raillant à demi les larmes de Camille (on a prêté le mot à Lacroix) : « En vérité, faisait-il, que diras-tu donc lorsque Sanson te *démantibulera les vertèbres cervicales* ? » Terrible ironie, plaisanterie de Titan qui brave, non seulement la mort, mais la douleur ! Insolent défi au lourd couperet qui va tomber ! Nasarde suprême à la fin rapide qui guette ce corps si vivant et si fort ! C'est bien le même homme qui, tout à l'heure, à Fabre d'Églantine s'inquiétant d'une comédie inachevée, l'*Orange de Malte* (perdue en effet), et que le dramaturge eût voulu terminer, dira, en marchant au supplice : « Des vers !

[1] Notes de Courtois (de l'Aube).

Bah ! des vers ! Dans huit jours tu en feras plus que tu ne voudras ! » Le rire de Danton est frère de la plaisanterie de Shakespeare.

Puis Danton, redevenant grave, ajoutait noblement : « Nous avons fini notre tâche, allons dormir ! »

Cependant l'heure approchait. Le bourreau et ses aides vinrent faire, dans la salle basse, la toilette des condamnés. Camille essaya de lutter encore. Il se débattait ; comme il avait fallu l'emporter de son banc d'accusé, il fallut l'attacher sur la chaise tandis qu'on lui coupait le col de sa chemise. On assure qu'il demanda à Danton de lui mettre entre ses mains liées par des cordes une boucle des cheveux de Lucile qu'il gardait sur son cœur. Danton obéit, puis, à son tour, il se livra aux ciseaux et aux cordes de l'exécuteur. Sa face terrible souriait, dédaigneuse.

Chabot embrassait Bazire et lui disait : « C'est pour moi que tu meurs ! Pauvre Bazire, qu'as-tu fait ? »

Il y avait là quinze condamnés qui tout à l'heure allaient mourir ensemble. Deux charrettes les devaient emporter. Elles attendaient, entourées de gendarmes, dans cette cour du Palais de Justice, devant la porte lugubre qu'on voit encore. La foule, pressée contre la grille, attendait, impatiente de revoir Danton. Camille Desmoulins monta l'avant-dernier dans la charrette. Danton vint après lui. Il se plaça entre Camille et Fabre d'Églantine. Leurs coudes se touchaient et le torse de Danton servait d'appui à l'épaule de Camille. — « Les f... bêtes, disait Danton en regardant la foule. Ils vont crier : *Vive la République !* en nous voyant passer. Dans une heure la République n'aura plus de tête ! »

Tout à coup, la voiture s'ébranla et, sabre au poing, les gendarmes éperonnèrent leurs chevaux. Il y eut un terrible remous dans cette foule immense qui remplissait les abords du Palais de Justice, se ruait sur les quais et allait faire comme un cortège houleux et bruyant au sombre tombereau jusqu'à la place de la Révolution. Danton la regardait, cette foule, cette immense chose anonyme prête à toutes les fureurs, à toutes les réactions, prête à élever le tyran jusqu'à l'apothéose, prête à traîner le juste aux gémonies. Il la regardait, l'éternelle masse flottante, celle qui avait commis le crime du 2 septembre dont sa mémoire, à lui, était chargée. Il y avait, dans ce tas mouvant de curieux, des affolés qui, joyeux, chantaient la *Marseillaise.* Il y en avait d'autres, plus rares et plus intelligents, qui voyant Danton, Camille, Hérault, Philippeaux aller à l'échafaud, se demandaient, comme Fabre, si la contre-révolution était faite. Quelles pensées devaient assaillir ces hommes, mourant ainsi pour le peuple qui, les regardant passer garrottés, les insultait ! Passe encore que la foule se mît à rire devant l'ex-capucin Chabot ; mais Danton, qui eût voulu conduire tout ce peuple à la frontière et faire jaillir l'héroïsme de ces haillons ; mais Desmoulins qui, à l'aurore de la Révolution, avait montré à cette foule le chemin de la Bastille ! De quels amers retours de pensées les cerveaux prêts à se refroidir des condamnés furent-ils remplis ! Un homme qui se noie revoit soudain, comme à la lumière rapide d'un éclair, sa vie tout entière, ses premiers souvenirs, ses premières joies, ses anciennes amours. Ainsi, Camille revivait ses journées d'autrefois, ses promenades au Luxembourg, ses rêves de liberté, de gloire, ses premières rencontres avec Lucile, sa fièvre heureuse du mariage, ses joies intimes, ses causeries au coin du feu avec Brune ou Fréron, et ses longues stations devant le berceau blanc où dormait le petit Horace. Quoi !

tout cela était fini, anéanti ? Chaque tour de roue du tombereau le rapprochait du terme inévitable. Sanson, là-bas, guettait tous ces beaux rêves.

Alors, pris de désespoir et de colère, Camille, essayant de rompre ses liens, mettant en lambeaux sa chemise, son épaule, son cou, sa poitrine apparaissant, amaigrie, sous la toile déchirée, jetait à la foule un dernier appel, plus perdu dans cette houle que dans un désert, dont l'écho ne lui eût point répondu par des insultes. « On te trompe, peuple, criait-il de sa voix qui s'enrouait. Peuple, ce sont tes serviteurs qu'on immole ! C'est moi qui, en 89, t'appelais aux armes ! C'est moi qui ai poussé le premier cri de liberté ! Mon crime, mon seul crime est d'avoir versé des larmes ! » Vains accents. Le condamné, comme tous les vaincus, ne recueillait que des injures. « Reste tranquille, lui dit Danton, et laisse là cette canaille [1] ! »

Le soir tombait. Il faisait un temps superbe, comme pendant tout ce terrible printemps de 1794 si beau, si brillant, si pur, que « de mémoire d'homme, disaient les vieillards,

[1] Voyez le récit de la mort de Camille par Beffroy de Reigny (le *cousin Jacques*). L'auteur s'étonne d'abord que Camille, qui avait eu pistolets et poignards pour exciter le peuple à l'insurrection, n'en ait pas trouvé pour se défendre au moment de son arrestation ou pour faire sauter la cervelle des juges du tribunal révolutionnaire. Mais après de longs commentaires, il ajoute : « Camille avait fait des efforts incroyables pour s'arracher des mains des exécrables, qui ont été les plus bas valets des despotes ; de sorte qu'en allant à l'échafaud, il était absolument nu jusqu'à la ceinture, parce que sa chemise était en lambeaux.

« *Je le vis* traverser l'espace du Palais à la *place du Sang*, ayant un air effaré, parlant à ses voisins avec beaucoup d'agitation, et portant sur son visage le rire convulsif d'un homme qui n'a plus la tête à lui.

« Ainsi finit, à trente-quatre ans, Benoît-Camille Desmoulins, dupe et victime du vertigo du dix-huitième siècle, etc. » (*Dictionnaire néologique des hommes et des choses*, par le cousin Jacques. Paris, an VIII, t. II, p. 480.)

on n'avait vu d'aussi beaux jours. » La charrette avançait lentement, en fendant la foule. L'académicien Arnault, qui la vit passer, a tracé, dans ses *Souvenirs d'un Sexagénaire*, un inoubliable tableau de ce groupe d'hommes jeunes et hardis traînés à l'échafaud. Danton, le teint reposé, n'avait sur le visage qu'une expression dédaigneuse et méprisante. Hérault de Séchelles, le front rouge, la joue colorée, paraissait spectateur plutôt qu'acteur dans le drame qui se jouait. Il regardait cette mer houleuse de têtes féroces, indifférentes ou attristées avec le flegme d'un peintre qui étudierait un Océan durant la tempête. Fabre paraissait accablé ; Camille Desmoulins parlait, appelait, criait toujours. Devant un café, Danton aperçut David dessinant au passage les martyrs : « Valet ! » lui cria Danton. En passant devant la maison de Robespierre, dont les fenêtres closes comme pour un deuil, allaient être, quatre mois plus tard, barbouillées de sang par la foule en délire, Camille Desmoulins essaya de faire parvenir jusqu'à Maximilien une malédiction suprême : « Mes assassins, s'écria-t-il, ne me survivront pas ! » C'était le mot de Danton au tribunal répété devant la maison de l'ennemi.

Quelques tours de roue encore et, au-dessus de l'immense foule qui emplissait la place de la Révolution, les condamnés allaient apercevoir la hideuse machine dont le fer, quoique rouillé, scintillait au soleil couchant. Il y avait là des milliers d'êtres humains, avides de savoir comment mourraient les *indulgents*. Dans les fossés de la place, les guinguettes étaient remplies et, tout en trinquant, on chantait. Un rayon de soleil rougissait la haute statue de plâtre de la Liberté que madame Roland mourante avait saluée et où des pigeons, indifférents aux drames qui passionnaient les hommes, avaient paisiblement construit leur nid. Les lilas fleurissaient sur les terrasses des Tuileries. Toute cette printanière atmosphère de fête encadrait plus tristement encore le drame du supplice. La beauté de ce soir d'Avril rendait plus sinistre l'atroce dénoûment.

Le tombereau d'ailleurs était arrivé maintenant au pied de l'échafaud. L'exécuteur avait commencé son office. Hérault de Séchelles, toujours calme et résolu, descendit de la charrette le premier. Il regardait, du côté du Garde-Meuble, une main de femme qui, à travers les volets entr'ouverts, lui envoyait de loin un dernier adieu et disait au mourant : *On t'aimait* ! On sait qu'il voulut embrasser Danton, tendre sa joue à la joue de son ami. Les aides de Sanson l'en empêchèrent. Danton haussa les épaules : « Imbéciles, dit-il, vous n'empêcherez pas tout à l'heure nos têtes de s'embrasser dans le panier ! » Il continuait à bafouer la mort. Hérault monta à la guillotine, parut, debout sur la plate-forme, et, tandis que la foule répétait son nom sur la place, attaché sur la planche, il bascula et disparut. Lacroix fut exécuté après lui [1].

[1] Arnault dans ses *Souvenirs* est sévère pour Hérault. Dans les fragments d'André Chénier, on a retrouvé aussi des lignes mordantes qui, nous dit le parent et l'éditeur d'André, M. Gabriel de Chénier, visent Hérault de Séchelles. Au tome III de l'édition des *Œuvres poétiques d'André de Chénier* (*Iambes*, XI, page 291, édit. A. Lemerre, 1874), je lis ce qui suit :

« Mais quel est ce grand brun (décrit en quatre, six ou au plus huit vers) ? Ne l'ai-je pas connu jadis le dos couvert de longs cheveux dont il poudrait les fauteuils de damas, et ricanant et ne disant rien et ambitionnant le nom d'homme d'esprit, etc. ? Et vraiment c'est H... C'est lui-même réputé Cicéron chez toute la basoche,

Et bel esprit chez les c..ins ! »

L'iambe d'André, vengeur lorsqu'il parle des Suisses de Collot d'Herbois, devient diffamateur lorsqu'il attaque Hérault de Séchelles. Ce n'est plus Archi-

Lorsque ce fut le tour de Camille, il retrouva devant le couteau le calme qu'il n'avait pas eu durant le chemin. — « Voilà donc, dit-il amèrement en regardant les deux bras grêles et rouges de la guillotine, voilà comment devait finir le premier apôtre de la liberté ! » Et, désignant la mèche blonde des cheveux de Lucile qu'il serrait, depuis la Conciergerie, entre ses doigts : « Fais remettre ces cheveux à ma belle-mère !... » — « O ma pauvre femme ! » dit-il encore. On le poussa sous le couteau et sa tête tomba.

Danton surgit le dernier devant le couperet. Arnault, qui le vit se dresser ainsi, les pieds dans le sang de ses amis, sur l'horrible plate-forme, compare à une ombre du Dante, cette silhouette audacieuse et athlétique se découpant sur l'horizon. Le soleil mourant jetait à cette face altière comme des reflets de forge. Cette tête qui naguère apparaissait, à la tribune, inspirée et hautaine, gardait sa puissance encore et son expression souveraine jusque sur l'échafaud. Lui aussi, d'ailleurs, pensait à sa femme. Ses lèvres hardies laissèrent échapper ces paroles semblables à un soupir : « Ma bien-aimée, je ne te verrai donc plus ! » Mais, se redressant aussitôt et se retrouvant lui-même tout entier : — « Allons, Danton, dit-il tout haut, pas de faiblesse ! » Il regarda le

loque, c'est quelque Zoïle. Ce qu'on peut dire, c'est qu'André n'a point connu, c'est qu'il a méconnu Hérault. Et lui aussi le beau Séchelles en mourant pouvait dire, comme quelques mois plus tard l'infortuné Chénier : *J'avais pourtant quelque chose là !*

Ajoutons un détail bizarre et dramatique. Le jour même où Hérault de Séchelles était exécuté, le théâtre de l'Opéra national représentait une *sans-culottide* en 5 actes, la *Réunion du 10 août*, ou l'*Inauguration de la République française*, et l'on y voyait Hérault brûlant les emblèmes de la royauté. Ainsi, quelques heures après l'exécution du véritable Hérault, un comédien faisait son entrée sur la scène, *grimé* peut-être d'après le portrait d'Hérault de Séchelles par Laneuville.

bourreau en face, et de sa voix de tonnerre : « Tu montreras ma tête au peuple, elle en vaut la peine, il n'en voit pas de pareilles tous les jours ! » La dernière parole de Danton était formulée comme un ordre, et la foule frémissante se répétait ces mots hardis et si haut jetés que tout le monde les avait entendus. Le rouge couperet s'abaissa une dernière fois. Danton n'était plus.

« On ne frappe les rois qu'à la tête », avait-il dit un jour. C'était à la tête qu'on frappait aussi son éloquence, son courage, son audace, sa fierté qui sont aussi des royautés et les seules qu'on puisse admirer.

Et, comme pour les Girondins, il avait suffi de quelques instants — une demi-heure, peut-être, hélas ! moins que cela — pour immoler les Dantonistes. La promiscuité affreuse du supplice réunissait dans un même assemblage hideux de troncs sans têtes et de têtes sans corps tant de vertus et tant de vices, l'éloquence et le patriotisme avec Danton, l'esprit et l'ironie avec Desmoulins, la bravoure militaire avec Westermann, la probité avec Philippeaux, l'élégance et la foi profonde avec Hérault, l'art et le talent avec d'Églantine. Un greffier enregistrait, deux jours après, au tribunal, le tas sanglant d'objets disparates que lui apportait un valet du bourreau : médaillons, boucles de souliers, redingotes, écritoires, tabatières de carton, cravates ou fichus, chemises à jabots, tout ce qui restait de ces jeunes hommes dont les cœurs avaient battu si fort aux grands noms, aux beaux mots de liberté, de patrie, d'affranchissement, de République. De tout ce qui avait été chez eux fierté, audace, espoir, erreur souvent, mais erreur généreuse, de tout ce qui avait palpité, lutté, aimé, souffert, que restait-il ? Des cadavres entassés dans une fosse du cimetière de la Madeleine, des défroques apportées au greffe ; quant à leur mémoire, elle était encore livrée à la calomnie de leurs ennemis triomphants et à l'ingratitude de ceux pour qui ils étaient morts.

Car ce fut pour nous qu'ils tombèrent. Ouvriers sacrifiés de la première heure, de l'heure sanglante et sinistre, ils donnèrent sans compter leur existence pour nous assurer une liberté encore à venir. Avides de renouveler le monde, au point de vue politique, moral, judiciaire, législatif, en un mot de fonder une société nouvelle, ils se ruèrent à l'attaque du passé et, devant la résistance insensée, ils organisèrent la lutte formidable. Leur vie fut un combat, mais si — ce que nous souhaitons tous — nous parvenons à établir, après tant de douleurs et de crises, la paix sociale dans ce pays si cruellement tourmenté, c'est à eux que nous le devrons. Ils ont enfoncé la porte pour les générations à venir.

Sans doute, leur œuvre farouche a des pages qu'il faudrait arracher. Dans les heures troublées où ils se débattirent, ils firent trop bon marché des individus, oubliant que la personnalité humaine est sacrée et que les idées ne se détruisent pas en atteignant les corps. Ils furent plutôt révolutionnaires que républicains et il est temps que la République devienne gouvernement et cesse d'être révolution. Mais à quels irrésistibles courants ces hommes furent-ils en proie? Danton le savait bien, le sentait bien, et il périt pour avoir essayé d'opposer la liberté à un idéal surhumain et inhumain dont ceux qu'il appelait les « jansénistes de la République », voulaient faire la suprême loi. C'est qu'il prévoyait, lui, qu'une telle méthode de gouvernement, antipathique au tempérament français (les mots sont de sa bouche) conduisait infailliblement à une révolte, c'est-à-dire à une anarchie ou à une réaction, et ensuite à une dictature. Derrière Robespierre, il devinait César. « Il est faux, disait-il, qu'une révolution soit faite quand on ne sait pas en profiter[1] ! » Voilà bien pourquoi il s'efforçait de faire rentrer dans le lit le torrent débordé. Que ceux-là seuls lui en fassent un crime qui pensent que la pitié, la liberté, la justice, ne sont pas des vertus.

« Danton tué par Robespierre, écrit Courtois dans ses *Notes,* c'est Pyrrhus tué par une femme. » La vérité est que Danton tué par Robespierre, c'est Robespierre se vouant lui-même, et pour un prompt avenir, à l'échafaud. Robespierre a raison de s'enfermer, accablé, dans la maison de Duplay, tandis que la charrette qui emporte Camille passe devant le seuil. Le temps n'est pas loin où, lorsqu'il voudra lui-même défendre sa vie, une voix lui criera : « Le sang de Danton t'étouffe ! » Ce sang, il ne l'avait pas versé plus que les autres et sans doute avait-il hésité à signer l'ordre qui décapitait Camille avec Danton, mais une logique implacable entraînait les accusateurs après les accusés, et comme Desmoulins avait péri après la Gironde, Robespierre et ses amis devaient périr après Danton et les siens[2]. Que n'ont-ils tous unis leurs efforts pour fonder la République ! Que n'ont-ils

[1] *Notes* de Courtois (de l'Aube).

[2] L'épigramme suivante courut Paris après le supplice des Dantonistes (Voy. *Mémorial de la Révolution française*, par P.-C. Lecomte) :

> Lorsqu'arrivés au bord du Phlégéton,
> Camille Desmoulins, d'Églantine et Danton
> Payèrent pour passer ce fleuve redoutable,
> Le nautonier Caron, citoyen équitable,
> A nos trois passagers voulut remettre en mains
> L'excédant de la taxe imposée aux humains :
> « Garde, lui dit Danton, la somme tout entière !
> « Je paye pour Couthon, Saint-Just et Robespierre. »

abjuré leurs ressentiments et leurs préventions pour faire cesser le règne de la haine !

Danton, du moins, ne sut jamais haïr. Il y avait un cœur et un grand cœur dans cette poitrine d'athlète. S'il ne pleurait pas comme Desmoulins, il avait plus que lui des entrailles. Comme Desmoulins, il fut aimé durant sa vie et après sa mort. Le beau-père et la belle-mère de Danton, M. et Mme Gély, qui habitaient encore longtemps après, la maison même où Danton avait vécu, cour du Commerce, racontaient à M. Eugène Despois, leur jeune parent, de qui je tiens le détail, comment Danton vivait et pourquoi on l'aimait. Il y a loin des renseignements exacts donnés par ces survivants aux prétendues traditions qui voulaient faire de Danton un viveur luxueux. L'existence du tribun était celle d'un bourgeois honnête, adorant sa femme, son foyer, ses livres, préférant les douceurs privées aux grandeurs publiques, compatissant et terrible, un de ces hommes qu'on peut comparer à ces fleuves dont les débordements fécondent et dont les flots puissants emportent les hommes vers la haute mer.

C'est en pensant à Danton que la vieille mère Gély, qui avait toujours été très dévote, ne manquait jamais de dire au grand-père maternel de M. Despois : « Ah ! mon cousin, je suis au moins bien tranquille sur le sort de notre pauvre Danton. M. l'abbé de Kéravenant (le prêtre insermenté qui avait marié Danton) l'a suivi quand il allait à la mort, et il a profité d'un instant où Danton le regardait et lui faisait un signe d'intelligence pour lui donner *mentalement* l'absolution. » Danton, aux yeux d'un orthodoxe, ne serait peut-être pas de la sorte suffisamment muni des sacrements de l'Église ; mais, pour moi, la pensée de ce prêtre que Danton salue et la conviction de la vieille madame Gély me prouvent deux choses : c'est, encore une fois, le flegme de Danton mourant, saluant dans la foule un visage ami, et la mâle bonté d'un tel homme inspirant de telles sympathies. Heureux ceux qui meurent aimés ! Leur mémoire tôt ou tard sera vengée, et leur souvenir est pour les uns celui du martyre, pour d'autres celui de l'expiation, pour tous celui d'une douleur.

Être aimé ! C'est l'idéal parfois et souvent le salut. Aimé ! Camille Desmoulins le fut, et voilà pourquoi sa mémoire est si vivante encore, pourquoi, malgré les impardonnables écarts de ses pamphlets, il demeure absous et mieux encore célébré par ceux qui admirent son talent et compatissent à sa destinée. L'amour de sa femme, le roman de sa vie, fait oublier la réalité même de son histoire. Devant ce couple qui s'aimait et qu'un même couperet a frappé à deux jours de distance, on s'attendrit, on n'entend plus le rire sarcastique de Desmoulins poussant ou Brissot ou Chaumette à l'échafaud ; on n'entend plus le grincement de la corde de la lanterne glissant le long du « fatal réverbère ». On ne voit que ce jeune homme de trente ans arraché aux baisers de sa femme, aux bégayements de son enfant et jeté au couperet ; on n'entend que les sanglots éloquents des lettres immortelles qu'il jetait sur le papier, sans savoir ce qu'il écrivait et comme on pousserait des plaintes. Camille, ce gamin de génie, apparaît transfiguré par le malheur. C'est la plume d'un adolescent ivre de liberté qui a tracé la *France libre,* c'est le stylet d'un enfant terrible qui a écrit le *Discours de la Lanterne,* certaines pages des *Révolutions de France et de Brabant* et *Brissot démasqué* ; mais c'est la main d'un homme qui tenait le fer rouge du *Vieux Cordelier,* et c'est la tête d'un homme qu'a tranchée, le 16 germinal, la hache de Sanson.

II

« Les misérables ! non contents de m'assassiner, ils veulent encore tuer ma femme ! » avait dit Camille. A la même heure, madame Duplessis, effarée, écrivait à Robespierre une lettre demeurée inachevée et qui ne parvint pas à Maximilien, lettre où le cri de Camille était répété : « Robespierre, ce n'est donc pas assez d'avoir assassiné ton meilleur ami, tu veux encore le sang de sa femme ? » Lucile avait été en effet dénoncée par un certain Amans, chef d'escadron, détenu dans la prison du Luxembourg, misérable espion, délateur de ses supérieurs, *mouton* de ses codétenus, et qui avait accusé, dans une lettre à Robespierre, l'ex-général Dillon de conspirer en faveur de Danton, de Camille et de Philippeaux. « Dillon, écrivait cet Amans, travaille à son bureau toutes les nuits jusqu'à cinq ou six heures du matin ; il a un commissionnaire fidèle qui va et vient pour porter les paquets ; des êtres qui paraissent fort suspects viennent le voir et l'entretiennent en particulier...» Ce n'est pas la première fois, en effet, qu'on peut faire remarquer la liberté relative laissée aux prisonniers dans ces cachots de la Terreur [1]. Amans accusait Dillon d'avoir de l'argent, de fomenter une conspiration. L'agent Alexandre La Flotte vint bientôt donner un nom à ce complot fantastique ; Fouquier se plaignit qu'on voulût l'assassiner, et la *Conspiration des prisons* fut créée. Dillon, au dire de La Flotte, avait « un projet concerté avec

[1] Voyez les *Mémoires* de madame Roland sur la prison de Sainte-Pélagie, et les *Essais* de Beaulieu montrant comment on allait au café à la Conciergerie où, — quel étonnement ! — *il régnait*, dit-il, *une assez grande gaieté*.

Simond », le député (l'ami d'Hérault). On sèmerait de l'argent dans le peuple. On enverrait « du monde » autour du Tribunal révolutionnaire. La *femme de Desmoulins,* ajoutait La Flotte, était du complot [1].

La perte de Lucile — une femme ! — était décidée. Le Comité ne se trouvait point satisfait d'avoir broyé la plume du pamphlétaire ; il voulait encore frapper l'auteur du *Vieux Cordelier* dans celle qui portait son nom.

A l'heure même où tombaient les têtes de Danton et de Camille, Vadier montait à la tribune de la Convention, et déclarant qu'il avait pu assister « sans être vu aux *scandaleux* débats du Tribunal révolutionnaire », il déclara qu'à ce moment Dillon et Simond conspiraient dans leur prison.

[1] On lira avec intérêt, à propos des Dantonistes et du lendemain de leur mort, le *Rapport fait à la Société des Amis de la Liberté et de l'Égalité, séante aux Jacobins,* rue Honoré, à Paris, sur les conspirations d'Hébert, Ronsin, Vincent et leurs complices ; de Fabre d'Églantines (*sic*), Chabot, Delaunay d'Angers, Bazire, Danton, Lacroix, Hérault, Camille Desmoulins, Philippeaux, Westerman, et leurs complices, par Dumas, président du tribunal révolutionnaire, l'un des membres de la Société. Séance du 23 germinal (la veille de l'exécution de Lucile). Le rapport met sur la même ligne les « enragés » et les « indulgents ».

« Des brigands, dit Dumas, usurpateurs de quelque confiance, ont trahi la cause du peuple. La surveillance du gouvernement les a suivis jusqu'aux portes du tombeau qu'ils creusoient à la liberté, et la justice nationale les a précipités dans le néant. Ils ne sont plus, et bientôt nous dirons de leurs complices : *Ils ont vécu !* »

A propos des Dantonistes, il les signale comme les « protégés et émules de l'immoral Mirabeau, esclaves orgueilleux de d'Orléans, qui n'ont attaqué que *le Roi et jamais la royauté.* » Il les présente comme « chargés des dépouilles de la Belgique et *rêvant un nouveau Cromwell.* » Quelle rhétorique ! « Vous vendiez, leur dit-il, à vil prix la fortune publique aux ennemis. » Toujours le système qui consiste à confondre avec les partisans de la clémence les falsificateurs de décrets.

(La société a arrêté l'impression du présent discours, la distribution à ses membres et à ceux des tribunes, et aux sociétés affiliées. — *Signé* : Veau, député, président ; Maillard, vice-président ; Lequinio, député ; Voiron, Lassis, Leclerc et Poidevin, secrétaires.)

« Ils avaient, dit-il, organisé une cohorte de scélérats qui devaient sortir du Luxembourg avec un mot d'ordre, s'emparer des avenues des Comités de salut public et de sûreté générale, tomber sur les membres qui les composent et les immoler à leur fureur. » — « Et ces hommes, ajoutait Vadier, ces hommes respirent encore ! » Couthon — ce Couthon sans jambes qui restait avec Robespierre sans..., avait dit Danton, — Couthon lui succédait à la tribune et demandait un nouvel arrêt de mort. Dans la nuit qui suivit, les détenus accusés d'avoir pris part à la conspiration des prisons furent transportés à la Conciergerie. Il y avait là Arthur Dillon, le député Simond, l'ex-évêque Gobel, Anaxagoras Chaumette, une des victimes de Camille, Grammont-Roselly, le comédien, adjudant général de l'armée révolutionnaire, et qui avait insulté Marie-Antoinette allant à l'échafaud ; et avec Grammont, son fils ; il y avait encore Lambert, le porte-clefs, le chirurgien Beyssier, il y avait la veuve d'Hébert et la veuve de Camille.

Promiscuité ironique de l'accusation et de la mort ! La *Jacqueline* du *Père Duchesne* et le *Rouleau,* le *bon loup* de Camille, jetées côte à côte, accusées ensemble, menacées du même danger ! « Elles s'asseyaient souvent sur la même pierre, dans la cour de la Conciergerie, dit Riouffe [1], et pleuraient ensemble. »

Des geôliers du Luxembourg, des anciens soldats de l'armée de Ph. Ronsin, un ancien porte-arquebuse du comte d'Artois, le commissaire Lapalue, le capitaine Lasalle, de la marine marchande, l'adjudant Denet, le lieutenant de gendarmerie Lebrasse étaient accolés à ces pauvres femmes.

[1] *Mémoires d'un détenu,* p. 66.

Tous ces êtres, réunis sous la menace d'une accusation commune, furent envoyés au Tribunal révolutionnaire comme coupables d'avoir conspiré contre la sûreté du peuple, et d'avoir voulu égorger la Convention nationale. Égorger la Convention ! Lucile aurait pu vouloir cela ? Fouquier-Tinville ira même plus loin dans l'odieux absurde : il accusera Dillon, Lambert, Simond et *la veuve Desmoulins*, « d'avoir eu pour but de replacer sur le trône de France le fils de Louis XVI. » — L'*or de l'étranger soudoyait leurs manœuvres,* dit l'accusateur public. Lucile s'inquiétait bien d'égorger la Convention ou de rendre un trône au Dauphin ! Ce qu'elle voulait, c'était revoir Camille, le sauver, si elle le pouvait, et le retrouver dans la mort, si tous ses efforts étaient vains. La malheureuse femme n'avait point reçu ces lettres éloquentes, émouvantes et sublimes que Camille lui avait, du fond de sa prison, adressées comme un adieu [1]. Elle n'avait pu baiser une dernière fois ce papier tout trempé des larmes de Camille. Elle souhaitait donc, avec une ardeur fébrile, — celle des martyrs avides d'être livrés aux tortionnaires, — le supplice qui devait la réunir à celui qu'elle avait perdu.

Devant ses juges, elle fut résolue, intrépide, et pourtant demeura femme. Elle nia que le général Dillon lui eût écrit et lui eût envoyé trois mille livres pour solder une émeute contre la Convention. « Au moins, demanda à Dillon le pré-

[1] Avant de quitter le Luxembourg, dit M. Émile Campardon, Camille avait écrit à sa femme une touchante lettre... En arrivant à la Conciergerie, il la remit au citoyen Grossé-Beaurepaire, qui s'y trouvait détenu, en le chargeant de la faire passer à sa femme. Mais madame Desmoulins suivit bientôt son mari à l'échafaud, et cette lettre ne lui parvint jamais. Grossé-Beaurepaire la transmit à Jules Paré, ancien ministre de l'intérieur, ami de Danton et de Camille, qui en est resté possesseur. (Le *Tribunal révolutionnaire*, t. II, p. 254.) La lettre autographe appartient aujourd'hui à M. le marquis de l'Aigle.

sident Dumas, vous ne pouvez nier avoir allumé le feu de la révolte dans les prisons ? — J'ai dit, répondit l'ex-général, que si les journées du mois de Septembre se renouvelaient dans les prisons (comme on put le croire un moment), il était du devoir d'un homme courageux de défendre ses jours, et de demander à être entendu et jugé avant de se laisser immoler. » C'était là, en effet, tout le crime des accusés ; ils avaient voulu disputer au bourreau leur existence ou celle des êtres qui leur étaient chers.

Presque tous ces condamnés pouvaient dire comme Chaumette au tribunal : « Vous pouvez prononcer sur mon sort ; je suis tranquille sur la destinée qui m'attend ! » Lucile n'était coupable que de désespoir et d'amour. Elle n'avait point conspiré ; elle avait erré autour de la prison comme l'oiseau autour du nid. Elle avait appelé Camille, elle lui avait fait, de loin, de ces signes douloureux où l'on voudrait mettre toute sa passion dans un geste, dans un regard. Ce fut assez pour la perdre. Elle fut, avec dix-huit autres accusés (sur vingt-six), condamnée à mort le 24 germinal, après trois jours de débats.

Lucile, dont l'exaltation avait fait place à une sérénité étonnante, et qui était demeurée calme, indifférente durant le procès, avec un regard qui semblait voir au delà de la salle des jugements, Lucile entendant la condamnation qui la frappait, releva la tête, et, les yeux brillants d'une généreuse fièvre : « O joie ! s'écria-t-elle, dans quelques heures je vais donc revoir mon Camille ! » Et ce regard loyal descendant ensuite sur les juges : « En quittant cette terre où ce que j'aimais ne me retient plus, dit-elle, je suis moins à plaindre que vous, car jusqu'à votre trépas, qui sera infâme, vous garderez le remords de ce que vous avez fait ! »

Avec la veuve de Camille, le tribunal condamnait la veuve d'Hébert. L'ancienne religieuse du couvent de la Conception de la rue Saint-Honoré, la femme que Fouquier venait d'accuser d'employer « son esprit et ses charmes à recruter des conjurateurs contre sa patrie », allait mourir avec la veuve de Camille. Vainement la femme d'Hébert déclara-t-elle qu'elle était enceinte ; Théry et Naury, officiers de santé, furent d'avis qu'il n'y avait pas lieu à surseoir. Il était dit que la femme du tragique héritier de Marat et celle du promoteur du *Comité de clémence* seraient exécutées le même jour. Mais quelle différence entre ces deux femmes, différence que sentait elle-même la veuve d'Hébert ! Un des témoins du procès de Fouquier-Tinville, Grandpré, a déposé que, le jour même du jugement qui les condamnait, la veuve d'Hébert disait à Lucile : « Tu es bien heureuse, toi, personne n'a parlé contre toi, il n'y a pas d'ombre sur ta conduite ; tu sortiras de la vie par le grand escalier ! » Ainsi, devant le supplice, la réconciliation se faisait entre ces deux êtres qui portaient deux noms éternellement ennemis. Les époux s'étaient entre-tués ; les veuves abjuraient leur haine sur les marches de l'échafaud.

Qu'importait, d'ailleurs, à Lucile qu'on l'accusât ou qu'on la défendît ? Elle n'avait plus, en ce monde, de prétexte pour vivre. Elle était de ces héroïnes de l'amour conjugal qui sont épouses avant d'être mères. D'ailleurs, Horace vivait et Camille était mort. C'était à l'absent seul qu'elle songeait. Quant à l'enfant, madame Duplessis n'était-elle pas là pour lui servir de mère ? L'aïeule veillerait sur l'orphelin. Lucile vivante n'eût pu, pensant à Camille, que pleurer sur ce berceau.

Pour aller à la mort, Lucile se para comme pour les fiançailles. Il y avait en elle, je le répète, de cette exaltation sainte qui fait les martyrs. « Le sang d'une femme a chassé les Tarquins de Rome. Puisse le mien, disait-elle, emporter aussi la tyrannie[1] ! » Tandis que la veuve d'Hébert pleurait, Lucile souriait. Elle avait coupé ses cheveux « sur le devant et sur les faces de sa tête », nous dit l'homme qui l'exécuta[2] ; elle les envoya à sa mère, peut-être avec cette lettre écrite dans sa prison, courte mais irrésistible missive de dévouement, de résignation et d'une sorte de ferveur :

Bonsoir, ma chère maman. Une larme s'échappe de mes yeux ; elle est pour toi. Je vais m'endormir dans le calme de l'innocence.

LUCILE.

Lorsque la charrette s'avança pour emporter les condamnés — cette même charrette peut-être où, huit jours auparavant, Camille était monté, — l'ex-général Arthur Dillon s'approcha de la pauvre femme et la salua encore de la tête : « Je regrette, lui dit-elle alors, d'être la cause de votre mort. »

[1] M. Ed. Fleury pense que ces paroles sont apocryphes, parce qu'elles ne sont point dans le caractère de Lucile, qui fut *simple, digne, touchante et modeste*. L'enthousiasme n'exclut cependant point la dignité, et nous avons vu, par les extraits de son cahier de jeune fille, que Lucile était à la fois exaltée et charmante.

[2] « Le 24, dit un contemporain, voit périr plusieurs personnes, parmi lesquelles sont les femmes de Camille Desmoulins et d'Hébert. La première fit beaucoup de sensation sur le public, tant par sa beauté que par sa contenance. Un seul homme eut le courage d'insulter Lucile morte, ce fut ce misérable Guffroy, l'auteur du *Rougyff ou le Frankenvedette*, un journal de sang et de boue, celui que Camille avait eu la faiblesse d'appeler *notre cher Rougyff*, et qui écrivait (nº 107) : « Les veuves Hébert et Desmoulins jasaient avec un calme apparent ; mais l'œil observateur y remarquait bien plus l'effet d'un sot orgueil d'avoir joué un rôle dans la Révolution ! » Et cet homme parle de la *morgue* des femmes devant l'échafaud ! »

(*Mémorial* de P. C. Lecomte, t. I, p. 276.)

Dillon sourit, répondit qu'elle en était tout au plus le prétexte, et se mit alors à la plaindre à son tour ; mais Lucile l'interrompant : « Regardez donc, dit-elle, si mon visage est celui d'une femme qui a besoin d'être consolée ! » En effet, elle rayonnait. Elle avait attaché sous son menton un fichu blanc qui lui couvrait les cheveux. Un peu pâlie, elle était charmante. « J'ai vu cette jeune femme, dit Tissot dans son *Histoire de la Révolution,* et je garde d'elle une impression ineffaçable, où le souvenir de sa beauté, des grâces virginales de sa personne, de la douceur de ses regards, de la mélodie de sa voix du cœur, se mêle à l'admiration pour son courage, et à un regret douloureux sur la fin cruelle qui l'a précipitée dans la mort peu de jours après son mari, sans qu'elle ait obtenu du moins la consolation d'être réunie à lui dans le même tombeau. » Le *bon diable* de Camille n'aurait eu qu'une chose à dire pour sa défense : *Je suis une enfant* ! Lucile aima mieux relever le front et demander la mort. « Ils ont assassiné le meilleur des hommes, dit-elle encore, si je ne les haïssais point pour cela, je les bénirais pour le service qu'ils me rendent aujourd'hui ! » Entre toutes ces héroïques femmes, mortes sur l'échafaud, la figure juvénile et souriante de Lucile se détache et apparaît comme illuminée d'un reflet de joie. C'est l'épouse mourant pour l'époux, c'est la victime de l'amour et de la passion la plus noble et la plus sainte.

Elle salua Dillon « avec enjouement » d'un signe de tête, comme si elle eût pris congé de lui dans un salon et qu'elle eût dû le retrouver bientôt, puis elle prit place dans la seconde charrette avec Grammont-Nourry et son fils, qui se reprochaient mutuellement leur mort durant le trajet, Brumeau-Lacroix, Lapaluc, Lasalle et la veuve Hébert. Lapalue avait vingt-six ans, Lasalle vingt-quatre. Elle causait avec eux, souriante et insouciante. Grammont-Nourry fils ayant en chemin traité son père de scélérat: « On prétend, lui dit Lucile Desmoulins, que vous avez insulté Antoinette dans la charrette ; cela ne m'étonne pas, mais vous auriez bien dû garder un peu de cette audace pour braver une autre reine, la mort, à laquelle nous allons. » — « Le fils Grammont, dit un témoin oculaire, lui répondit par des injures ; elle se détourna de lui avec mépris. » Au moment de mourir, Grammont le père allait demander à embrasser son fils, et le fils, refusant, repoussa d'un air farouche ce dernier baiser.

— Vive le Roi ! cria Dillon redevenant sur la plate-forme ce qu'il avait été à Versailles.

Quant à Lucile, elle ne dit rien ; elle gravit avec une sorte de fierté heureuse les marches de l'échafaud. C'était, pour elle, comme les marches d'un autel. Elle allait revoir Camille. Cette pensée lui laissait son sourire. Le bourreau la regardait, ému malgré lui. Elle était, a-t-il dit, *à peine pâlie*. Cette fillette de Greuze allait mourir comme une femme de Rome. Sa blonde tête d'enfant mutine devait garder encore une expression de joie profonde et d'extase passionnée lorsque les mains brutales de l'aide la jetèrent, toute sanglante, dans le son rougi du panier.

III

Ainsi, de tous ceux qui, en décembre 1790, avaient assisté à ce mariage de Camille et de Lucile, à Saint-Sulpice, trois étaient morts. Brissot, Pétion, Lucile, Camille avaient disparu. Et avant quatre mois, Robespierre allait périr !

Il restait encore, à cette heure, à Guise, un vieillard accablé et entouré de tombes, et que la douleur allait emporter bientôt. Il y avait à Paris un homme affaissé, pâle, bien près de mourir de chagrin, lui aussi, comme M. Desmoulins, et une vieille femme penchée sur un enfant orphelin. A peu de mois de distance, s'éteignaient M. Desmoulins et M. Duplessis. Les luttes politiques ont de ces *postfaces* lugubres, et la souffrance abat peu à peu ceux que le fer n'a pas atteints.

Demeurée seule avec sa fille Adèle, — cette fiancée de Robespierre qui demeura vieille fille et vivait encore à Vervins, auprès de M. Matton, il y a quelques années, — madame Duplessis se consacra tout entière à l'éducation du petit Horace Desmoulins. Elle fut vraiment sa mère. Elle l'éleva en même temps que la veuve de Philippeaux, fidèle à sa mémoire, élevait son fils.

Les deux pauvres femmes dirigeaient en commun leurs enfants, et rien n'est plus touchant que la correspondance échangée entre ces deux êtres survivant à de si cruelles épreuves.

Cependant l'ami fidèle de Camille veillait aussi sur Horace. Brune adressait bientôt cette lettre à madame Duplessis :

Je viens d'écrire à Fréron comme nous en sommes convenus.

Voici, je pense, ce que vous devez lui demander :

1° Qu'étant l'ami de vos enfants il fasse, près des comités, toutes les démarches convenables en faveur d'Horace ;

2° Qu'il réclame pour lui les papiers de famille et les manuscrits de son père. Le Comité de sûreté générale n'a droit que de retenir *momentanément* ceux qui peuvent immédiatement intéresser le salut de l'État. Les autres doivent sur-le-champ être rendus au jeune orphelin ; ils doivent servir à son instruction, ils lui apprendront à connaître les auteurs de ses jours.

3° Qu'il réclame les livres de famille en faveur d'Horace, ils sont utiles à son instruction, ce sont des meubles indispensables pour subvenir à ses besoins ; d'ailleurs cette justice à déjà été rendue à la veuve du citoyen Boucher, donc elle est d'usage.

Les comités composés d'amis de la justice doivent être glorieux d'être utiles aux orphelins des patriotes.

Fréron ne pourra se dispenser, ainsi que ses amis, d'agir de concert avec nous.

Salut et amitié.

Signé : BRUNE[1].

13 pluviôse.

O lendemain des révolutions et des inutiles tueries ! Le temps n'était pas loin où la Convention elle-même — cette Convention qui votait à l'*unanimité* l'arrestation de Danton, de Camille et de leurs amis — allait proclamer que Desmoulins et Philippeaux avaient bien mérité de l'humanité. Le 10 thermidor, deux mois après la publication faite par Desenne du septième numéro du *Vieux Cordelier* (1795), Merlin de Thionville, l'ami et le collaborateur de Camille, montait à la tribune, et, aux applaudissements de tous, déclarait qu'il fallait « jeter des fleurs sur la tombe du malheureux Philippeaux » et de ce Camille Desmoulins qui « le premier arbora au Palais-Égalité la cocarde tricolore. » C'était la *cocarde verte*, mais la pensée, si fort applaudie, de Merlin de Thionville s'adressait bien à celui qui s'appelait fièrement le « premier apôtre de la liberté ».

Un an plus tard, le député Bailleul présentait au Conseil

[1] *Inédit.*

des Cinq-Cents un rapport sur une pétition des veuves de Carra, Gorsas, Pétion, Valazé, Brissot et Philippeaux réclamant les secours de la nation pour elles et leurs enfants. Sur la demande de Goupillau, le nom du fils de Camille Desmoulins, « qui est *dans l'indigence* », dit-il, fut ajouté au projet de décret voté le 28 avril 1796.

« Considérant que Camille Desmoulins, aussi représentant du peuple, membre de la Convention nationale, fut conduit à la mort pour s'être élevé contre les proscriptions et avoir rappelé des principes d'humanité depuis trop longtemps oubliés... » A la suite de cette phrase le décret portait un vote de deux mille francs accordés au fils de Camille Desmoulins et qui lui seraient payés jusqu'au jour où il aurait atteint sa dix-huitième année.

La vie de cet enfant orphelin devait être courte et attristée.

Placé en l'an IX au Prytanée de Paris (ce même lycée Louis-le-Grand où son père allait rêver dans la *Chartreuse* de Gresset), il demeura là jusqu'au moment où l'on forma les lycées des départements avec des boursiers envoyés du Prytanée. Horace avait été, nous apprend M. J. Quicherat, désigné pour le lycée de Bordeaux : « C'était donner le coup de la mort à madame Duplessis. Elle porta au ministère ses supplications et ses larmes. Fourcroy, qui était déjà directeur de l'instruction publique, crut qu'il serait facile d'effacer de la liste le nom de l'enfant : son pouvoir y échoua. De sorte que pour tirer la pauvre vieille dame de l'alternative où elle se trouvait de se séparer de son petit-fils ou de renoncer à lui faire faire son éducation, il n'eut pas d'autre ressource que de s'adresser à l'humanité du directeur de Sainte-Barbe, M. de Lanneau. Si malsonnant que fût alors le nom de Desmoulins, si peu assurée que se montrât la faveur de Fourcroy, M. de Lanneau s'empressa de recevoir l'orphelin au nombre de ses pensionnaires gratuits [1]. »

Madame Duplessis défendait de son mieux, en femme forte et que les épreuves avaient rendue virile, les intérêts de son petit-fils.

Horace mourut à Jacmel, à Haïti, et il y rencontra peut-être Virginie, la vieille négresse, — vivante encore aujourd'hui, — et dont le nom devait lui rappeler le proscripteur de son père. C'était la veuve Billaud-Varennes. Virginie conserve, vieille et courbée, le portrait de celui que Desmoulins appelait ironiquement le *rectiligne*.

Là-bas, Horace Desmoulins eut une fille, aujourd'hui

[1] Jules Quicherat, *Histoire de Sainte-Barbe*, t. III, p. 32, passage cité par M. E. Campardon. Nous possédons, parmi nos autographes, cette lettre de madame Duplessis adressée à M. de Lanneau :

« Monsieur,

« Jusqu'à ce jour une maladie, que j'ai crue sans cesse près de finir et qui dure encore, m'a privée d'aller vous offrir le tribut de reconnaissance que je vous dois. Croyez, je vous en supplie, Monsieur, que je regarde un tel empêchement comme un nouveau malheur ajouté à mes infortunes ; il me tarde de vous exprimer de vive voix l'impatience et la peine qu'il m'aura causées ; je destine à ce devoir les premiers pas de ma convalescence. Mais en attendant que je m'en acquitte, agréez ici l'hommage des sentiments les plus dignes de vous être offerts. J'irai vous le renouveler bientôt, je l'espère, accompagnée du fils de Camille. Veuillez, Monsieur, continuer à ce jeune Horace les bontés du véritable Mécène qu'il trouve en vous ; et recevez en cette occasion avec indulgence le salut de la gratitude unie à la plus haute considération.

« Veuve Duplessis.

« Au Bourg-Égalité, ce 4 nivôse an XII. »

Une fiche anonyme piquée à l'autographe contient cette note bonne à recueillir d'un *professeur* du petit Horace :

« J'ai connu cet enfant, jeune élève à l'institution Sainte-Barbe, de M. Lanneau, et j'ai été son professeur. Il était fort aimable et fort intéressant. Je n'en ai jamais entendu parler depuis, et, s'il existe, on peut dire qu'il n'a pas fait tant de bruit que son père. »

madame Boom, héritière des reliques d'Horace à Haïti, et qui possède, parmi les souvenirs de son père, les cuillers marquées C. D., la *timbale* de Camille et autres objets :

1° Un diplôme daté du 16 (ou 10) novembre 1816, donné et signé par Charles-Philippe de France, *Monsieur,* comte d'Artois, colonel général des gardes nationales, autorisant Horace-Camille Desmoulins, avocat, caporal des grenadiers de la garde nationale, à porter la *médaille du Lys.*

La médaille du Lys ! Étrange retour des choses d'ici-bas, et qu'eût dit Camille s'il eût pu voir une telle décoration sur la poitrine de son fils ?

2° Un diplôme de bachelier en droit du même Horace-Camille Desmoulins, au nom de Napoléon, empereur des Français, roi d'Italie et protecteur de la Confédération du Rhin. — Paris, 24 août 1813. Signé : Louis de Fontanes, grand maître de l'Université.

3° Un diplôme de Royal Arch. Mason Eagle Chapter, n° 54, à New York (5 avril 1824).

4° L'acte de décès de Horace-Camille Desmoulins.

Horace, arrivé à Haïti en 1817, mourut à l'âge du *sans-culotte Jésus,* comme son père ; il avait trente-trois ans, et l'acte de décès nous donne la date de cette mort : le 29 juin 1825 [1].

Il était dans la destinée de la pauvre madame Duplessis de survivre même à cet enfant. Elle demeura donc comme un de ces témoins des autres âges qui parlent éloquemment du passé aux petits-neveux étonnés. Dans son modeste appartement de la rue de Sorbonne, oubliée, silencieuse,

[1] Nous devons la communication de ces renseignements à un homme distingué et obligeant M. le docteur Bretonces (d'Haïti).

recherchant l'ombre, n'entr'ouvrant sa porte qu'à de rares amis, elle parlait tout bas de choses évanouies et de grands noms disparus. Elle racontait ces romanesques souvenirs, à la fois attristés et glorieux : le 14 juillet, le 20 juin, le 10 août, et les sombres tragédies des 13 et 24 germinal, la mort de Camille et de Lucile. Vivant là, parmi les reliques de son passé, madame Duplessis feuilletait parfois, avec sa fille Adèle, les manuscrits tout brûlants encore des numéros inédits du *Vieux Cordelier* ou les carnets de jeune fille de la pauvre Lucile. Ou bien elle regardait les portraits de ses enfants. Elle était là, semblable à la Rachel antique, moins bruyante, mais frappée aussi profondément qu'elle, et ne voulant, comme elle, ni consolation ni pitié.

C'est à cette femme pourtant que l'histoire devra d'avoir pu rétablir dans sa vérité la physionomie troublée, ondoyante mais sympathique de Camille Desmoulins. C'est elle qui aura conservé et transmis la tradition de cette existence tourmentée et dramatique. C'est elle qui aura plaidé, si je puis dire, devant l'avenir, la cause de ses enfants. Aussi bien, à côté des deux figures jeunes et souriantes de Camille et de Lucile, l'histoire a-t-elle conservé une place pour le visage attristé, sérieux et grave de cette aïeule en cheveux blancs qui survit à tous les siens, qui dure plus que les éblouissements de la popularité, plus que les clameurs de la haine, et qui est là, debout après la Terreur, comme le pardon, comme l'oubli, comme la consolation, comme l'apaisement et comme la vérité.

TABLE DES GRAVURES

TABLE DES MATIÈRES

CHAPITRE PREMIER

PREMIÈRES ANNÉES

CHAPITRE DEUXIÈME

PREMIERS COMBATS

CHAPITRE TROISIÈME
LES JOURNÉES HEUREUSES

CHAPITRE QUATRIÈME
L'ARRESTATION

CHAPITRE CINQUIÈME
L'ÉCHAFAUD

CHARTRES. — IMPRIMERIE DURAND, RUE FULBERT.

www.ingramcontent.com/pod-product-compliance
Lightning Source LLC
LaVergne TN
LVHW011944220826
846092LV00001B/82

9782329553153